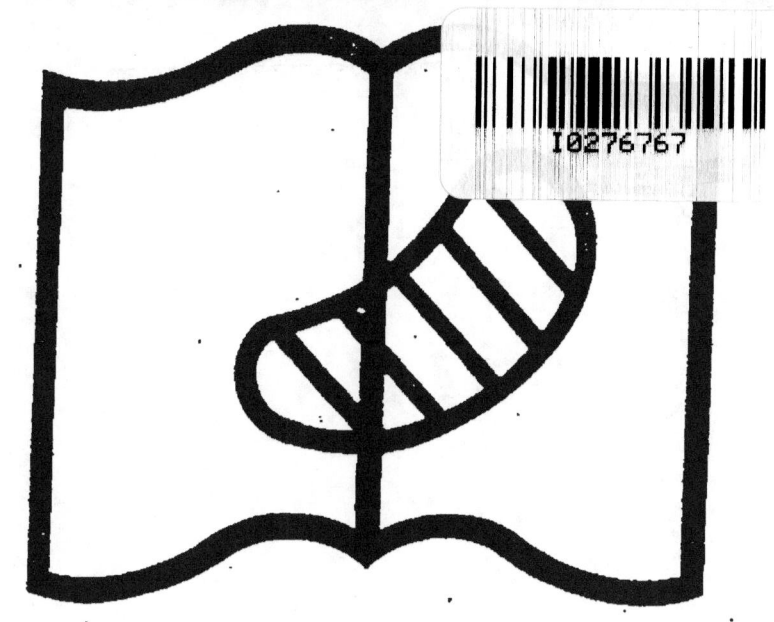

Original illisible

NF Z 43-120-10

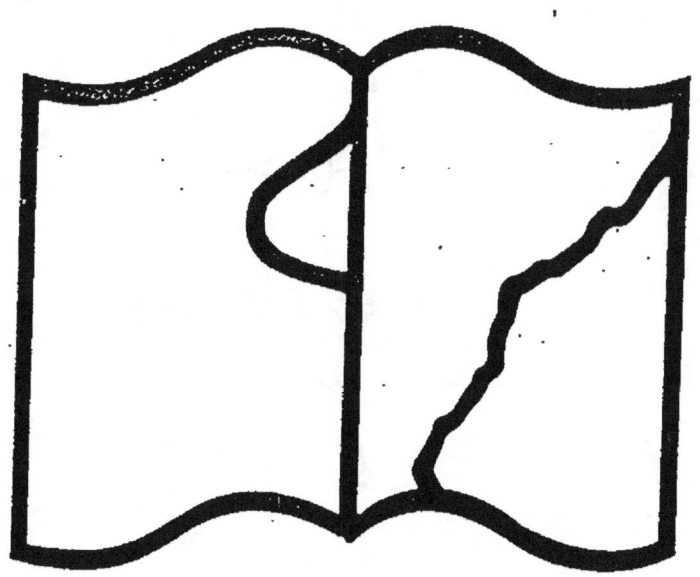

Texte détérioré — reliure défectueuse

NF Z 43-120-11

"VALABLE POUR TOUT OU PARTIE
DU DOCUMENT REPRODUIT".

O^3
70

O^3
70
(1)

~~O 1500~~
c.1.

et atlas in fol. O 1500
c.5.

HISTOIRE COMPLÈTE

DES

VOYAGES ET DÉCOUVERTES
EN AFRIQUE.

Ouvrages qui se trouvent chez le même Libraire:

VOYAGE AU BRÉSIL, dans les années 1815, 1816 et 1817, par S.A.S. Maximilien, Prince de Wied-Neuwied, traduit de l'Allemand par J.-B.-B. Eyriès. Trois vol. in-8°, papier fin, accompagnés d'un superbe atlas, composé de 41 belles planches gravées en taille-douce, et de trois cartes.

Nota. Il ne sera tiré que douze exemplaires sur beau papier vélin.

Conditions de la Souscription.

L'ouvrage sera publié en trois livraisons, composées d'un volume et d'une partie de l'atlas, qui sera dans un porte-feuille. L'atlas est entièrement gravé.

La première paraîtra le 1er. mars 1821, et les deux autres de deux en deux mois.

Le prix de chaque livraison, pour les souscripteurs, est de 25 fr., et de 30 fr. pour les personnes qui n'auront pas souscrit.

Le prix de la livraison papier vélin, dont il ne sera tiré que douze exemplaires, est de 45 fr.

Celui des trois volumes de texte et de l'atlas, composé de 41 belles planches et de 3 cartes, sera de 75 fr. papier ordinaire, et 135 fr. papier vélin.

Les personnes qui paieront les trois livraisons en retirant la première, jouiront d'une diminution de 6 pour cent.

La souscription sera irrévocablement fermée au premier mars prochain.

Il suffit pour être souscripteur, de se faire inscrire.

Ouvrages de M. de Lantier, Chevalier de Saint-Louis.

VOYAGES D'ANTÉNOR EN GRÈCE ET EN ASIE, avec des notions sur l'Égypte; manuscrit trouvé à Herculanum; 5 vol. in-18, quatorzième édition, 5 figures 1820.   6 fr.

LES VOYAGEURS EN SUISSE. 3 vol. in-8° avec portrait. Deuxième édition, 1820.   f.

VOYAGE EN ESPAGNE, du chevalier Saint-Gervais, officier français, et les divers événemens de son voyage; 2 forts vol. in-8° figures; deuxième édition, 1820.   12 f.

CONTES en vers et en prose. 3 vol. in-8°, fig.   11 f.

Nota. Le tome 3 se vend séparément.   3 f.

CORRESPONDANCE DE SUZETTE CÉSARINE D'ABLY. 2 vol. in-8.   10 f.

— la même, 3 vol. in-12   7 f. 50 c.

DE L'IMPRIMERIE DE D'HAUTEL,
rue de la Harpe, n° 80.

HISTOIRE COMPLÈTE

DES

VOYAGES ET DÉCOUVERTES

EN AFRIQUE,

DEPUIS LES SIÈCLES LES PLUS RECULÉS JUSQU'A NOS JOURS;

ACCOMPAGNÉE

D'un Précis géographique sur ce continent et des Iles qui l'environnent; de Notices sur l'état physique, moral et politique des divers peuples qui l'habitent, et d'un Tableau de son Histoire naturelle; par le Dr LEYDEN et M. HUGH MURRAY; traduite de l'Anglais et augmentée de toutes les découvertes faites jusqu'à ce jour;

PAR M. A. C.,

S. du S. de F.

AVEC UN ATLAS IN-4°., COMPOSÉ DE LA CARTE GÉNÉRALE DE L'AFRIQUE ET DE SIX AUTRES CARTES.

TOME PREMIER.

A PARIS,

CHEZ ARTHUS BERTRAND, LIBRAIRE,

RUE HAUTEFEUILLE, N°. 23.

1821.

AVERTISSEMENT.

Les découvertes en Afrique ont, de tout tems, excité un intérêt particulier dont il est facile d'expliquer la cause. Cet immense continent renferme un grand nombre de royaumes vastes, populeux, en partie civilisés, presque tous imparfaitement connus, et quelques-uns dont les noms même sont encore ignorés des Européens. Enveloppée d'une mystérieuse et impénétrable obscurité, l'Afrique humilie l'orgueilleux savoir dont l'Europe se glorifie, non sans raison, par rapport aux autres parties du globe. Cependant l'Angleterre déploie, depuis quelque temps, un zèle extraordinaire pour effacer cette tache, et ce zèle, secondé par le gouvernement, fait naturellement espérer d'utiles et brillantes découvertes; en sorte que, dans moins d'un demi-siècle peut-être, l'Afrique cessera de compter parmi les régions inconnues.

Mais le public a besoin de quelques notions préliminaires, afin de pouvoir suivre et juger le progrès des découvertes qu'on entreprend. Il est impossible, en effet, d'apprécier les travaux d'un voyageur, sans connaître ceux de ses prédécesseurs dans la même carrière : les relations des anciens voyageurs, disséminées dans une foule d'ouvrages souvent rares, surchargées d'ailleurs de détails inutiles et fastidieux, ont fait sentir la nécessité d'un ouvrage qui, réunissant tout ce que les autres renferment de curieux et d'intéressant, pût donner un aperçu exact de la marche et du progrès des découvertes depuis les temps antiques.

Le premier qui entreprit ce travail important fut le docteur Leyden dont l'ouvrage sert de base au nôtre (1). Ceux qui ont quelque connaissance de notre histoire littéraire, savent quelles furent son profond savoir et sa brillante imagination.

___

(1) An historical and philosophical Sketch of the Discoveries and Settlemens of Europeans in Northern and Western Africa, at the close of the eighteenth century. — 12 mo. 442 pages. Edinburgh, 1799.

Le docteur Leyden suivit son projet avec l'ardeur et l'enthousiasme, traits principaux de son caractère. « L'Afrique, « dit un biographe intimement lié avec « lui (1), avait un charme particulier pour « le docteur Leyden ; il se plaisait à lire les « descriptions de ces armées innombra- « bles dont les flèches obscurcissaient la « clarté du jour ; de ces rois qui jugeaient « du nombre de leurs soldats en les fe- « sant passer sur un tronc de cèdre ; de « ces palais de Dahomey construits avec « des crânes et des ossemens ; en un mot, « tout ce qui lui offrait des aperçus extraor- « dinaires, terribles ou romantiques sur « les extrêmes opposés de la nature ; tout « ce qui lui fournissait des faits nou- « veaux, frappans et rares sur l'histoire de « l'homme, avait un attrait irrésistible « pour son ardente imagination. » Il attachait tant de prix aux découvertes africaines qu'il offrit ses services à l'Association. Il publia, dans le même temps, un ouvrage digne en tout de son génie et de

---

(1) Annual Register, 1811.

son talent; répandu avec rapidité non-seulement dans son pays, mais sur le continent, il fut traduit en allemand, et cité par Eichborn comme un des meilleurs matériaux de son excellent ouvrage sur l'Afrique, intitulé *Histoire des trois derniers Siècles*. M. de la Richarderie en parle plusieurs fois avec les plus grands éloges dans son estimable recueil, *La Bibliothèque des Voyages*.

Depuis long-temps, on désirait une seconde édition de l'ouvrage du docteur Leyden, devenu très-rare. Il s'occupait d'en publier une, mais sur un plan plus vaste, se proposant d'embrasser l'histoire de l'Afrique entière. Son départ pour l'Inde l'empêcha malheureusement d'exécuter son dessein, et il n'écrivit qu'une petite portion de son travail qui fait partie de ces volumes. Nous nous sommes proposé non-seulement de donner le tableau complet de l'Afrique, mais de tracer la marche et les progrès des découvertes dans ce vaste continent depuis les temps les plus reculés. C'est à nos lecteurs à juger si nous avons heureusement surmonté les difficultés d'une pareille entreprise.

Nous désirions d'abord conserver intacte et séparée la partie rédigée par le docteur Leyden : mais nous avons craint, en suivant cette idée, de rompre l'unité de notre ouvrage et la liaison des faits. Nous avons donc jugé convenable de refondre ce travail, pour le faire entrer dans le plan que nous avons adopté (1), et dont voici l'esquisse :

Les deux premiers chapitres, servant d'introduction, retracent les progrès des découvertes depuis les temps antiques jusqu'à l'origine des entreprises maritimes dans l'Europe moderne. Le premier Livre est consacré aux découvertes des mo-

---

(1) La liste suivante mettra le lecteur à portée de connaître ce que l'on doit au docteur Leyden.

Livre Ier. CHAP. IV. *Voyages dans le Sahara.*
   Idem. CHAP. V. *Association Africaine.*
   Idem. CHAP. VI. *Premier Voyage de M. Parck.*
   Idem. CHAP. VII. *Voyage de Browne.*
Livre II. CHAP. II. *Description de l'Égypte.*
                (Publiée pour la première fois.)
   Idem. CHAP. IV. *Côte occidentale d'Afrique.*

Pour le reste de notre ouvrage, il a fallu puiser à d'autres sources.

dernes *dans l'intérieur* de l'Afrique. Ce sujet, très-intéressant, occupe tout le premier volume. Nous avons dû nécessairement comprendre dans ce Livre les parties de la côte, telles que les bords du Congo, du Sénégal et de la Gambie, où l'on a fait les principales tentatives pour pénétrer dans le cœur de l'Afrique. Le second Livre comprend les découvertes dans les contrées maritimes, en commençant par l'Abyssinie.

Le troisième renferme des notes géographiques, et un aperçu général de l'état actuel de l'Afrique. Pour cette partie de notre ouvrage nous avons eu le bonheur d'obtenir d'un de nos amis, le professeur Jameson, un tableau général de l'histoire naturelle de l'Afrique, dont tous nos lecteurs apprécieront certainement l'importance et l'utilité. Nous y avons joint une liste des meilleurs ouvrages publiés sur la géographie de ce grand continent; elle sera, nous l'espérons, d'une grande utilité à ceux qui voudraient faire des recherches plus étendues sur cet intéressant sujet. Les cartes qui accompagnent cet ouvrage, ont été exécutées avec le plus grand soin, d'après les renseignemens les plus récens et les plus authentiques.

Post-Scriptum de l'Éditeur français.

Tel est le compte que M. Hugh-Murray rend, au public anglais, de son travail. Nous nous sommes permis de dévier un peu de son plan. En effet, l'original anglais composé de deux volumes, après une courte Introduction sur la Géographie ancienne, attaque l'Afrique, Chap. I, par le Congo; saute, Chap. II, au Sénégal; passe, Chap. III, à la Gambie; monte, Chap. IV, au nord dans le désert de Sahara; pénètre, Chap. V, dans l'Afrique centrale; revient, Chap. VI, sur les rives du Sénégal; rentre, Chap. VII, avec Browne dans l'intérieur par l'est; parle, Chap. VIII, de Hornemann et des successeurs de Mungo-Park dont cependant le second voyage n'est relaté que dans le Chap. IX. Les Chap. X et XI nous ramènent dans le désert de Sahara, et l'Appendix nous conduit encore au Congo.

Au Chap. Ier. du second volume, l'original passe soudain à l'extrémité orientale du continent africain; les Chapitres II et III se suivent assez bien le long de la côte septentrionale; mais le Chap. IV nous transporte comme par enchantement à Sierra Leona. Puis, franchissant le Congo, le Chap. V nous fait parcourir l'intérieur de la péninsule du Cap, et dans le Chap. VI nous longeons la côte du sud-est.

Or, pour la facilité du lecteur, nous avons trouvé

plus simple d'arriver d'abord avec les anciens en Égypte, et d'offrir, dans un ordre naturel, le précis des connaissances qu'ils avaient de l'Afrique. Après avoir ensuite pénétré, avec les Arabes, dans des régions inconnues aux anciens, nous prolongeons, guidés par les voyageurs modernes, tout le continent 1°. de l'est à l'ouest, 2°. du nord-ouest à l'extrémité méridionale, et enfin 3°. du sud vers le nord-est jusqu'au bord de la mer des Indes. Nous espérons que l'auteur anglais nous pardonnera ces licences, aussi bien que les continuations et autres additions que le désir de satisfaire entièrement le public français nous prescrivait. L'ordre que nous avons adopté nous a paru d'autant plus simple et plus nécessaire que l'éditeur anglais a fait suivre, le tableau d'Afrique, d'une Histoire des Découvertes faites en Asie dont le public ne tardera pas à jouir également.

HISTOIRE DES VOYAGES ET DÉCOUVERTES EN AFRIQUE.

DÉCOUVERTES DES ANCIENS.

CHAPITRE Ier.

Navigation à l'Est.

Commerce avec *Tharsis* et *Ophir*. — Expédition des *Argonautes*. — Périple d'Afrique, ordonné par *Necho*. — Voyages d'*Eudoxus*. — Périple de la mer Erythrée.

Il est peu de sciences dont l'origine et les progrès excitent plus vivement la curiosité et l'intérêt que la géographie; il n'en est aucune à laquelle les hommes se soient plus anciennement appliqués, aucune qu'ils aient plus constamment cultivée, aucune qui embrasse une plus grande quantité d'élémens moraux et physiques. A toutes les époques, la découverte de régions inconnues excita d'une manière toute particulière la curiosité des hommes. L'aspect d'une nature nouvelle, la rencontre d'êtres qui, pareils aux autres dans l'ensemble, offraient dans le détail des différences frappantes, les aventures, les fatigues, les dangers même qui accompagnaient les découvertes, tout se réunit pour leur prêter un charme, un intérêt extraordinaire. Les auteurs anciens font mention de plusieurs entreprises de cette espèce : mais il est probable qu'il en fut tenté un bien plus grand nombre dont les récits ne sont point parvenus jusqu'à nous. Aussi, la marche et les progrès des premiers voyageurs ne peuvent-ils pas être tracés avec la même précision que ceux des modernes. L'antiquité ne nous a transmis aucun ouvrage méthodique dans ce genre : la plupart du tems on trouve les faits relatifs à ces sortes d'entreprises, indiqués seulement par des notes, des fragmens répandus dans les écrits des géographes, des historiens et des poëtes. C'est donc au moyen de ces fragmens, recueillis avec d'immenses recherches par une succession d'hommes studieux, examinés avec une saine critique, et comparés avec les textes originaux, que nous avons tâché d'offrir, sur les premières découvertes en Afrique, un aperçu capable de satisfaire peut-être la curiosité du public.

Les voyages à *Tharsis* (*Tharschisch*) et à *Ophir* (1), mentionnés dans les Saintes Écritures, sont les plus anciens dont la mémoire ait été conservée. Ils furent ordonnés par les Rois Juifs à l'époque de leur plus grande splendeur, et exécutés avec l'aide des Tyriens, la première puissance maritime de l'antiquité. Mais, après la mort de Salomon et la rupture de l'alliance avec Tyr, cette branche de commerce ne tarda pas à être détruite sans retour (2), malgré des efforts réitérés pour le rétablir, et son interruption pendant plusieurs siècles a fini par en faire perdre jusqu'aux traces. Un vaste champ est donc ouvert aux hypothèses, et plusieurs savans aiment à penser maintenant que ces navi-

---

(1) I Rois, IX, 26-28, X, 11.
(2) I Rois, XXII 49-50. II Chroniques, XX, 36-37.

gations doivent être renfermées dans les limites du golfe Arabique : mais, suivant d'autres, un voyage de trois ans (1), les détails sur le commerce de l'or, de l'ivoire, des pierres précieuses, du bois d'almugghim, des perroquets et des singes, le nom même d'Ophir (*Soopheira*, Septuag.) tout enfin semble se réunir pour indiquer une plus longue navigation le long des rivages de l'océan Éthiopien.

Les Grecs paraissent n'avoir pas eu la moindre notion de l'existence de Tarsis et d'Orphir, et marchèrent ainsi sans guides dans leurs découvertes, le long des côtes orientales de l'Afrique ; aussi leurs premières traditions sont-elles, à cet égard, vagues, incertaines et très-confuses. Un voyage remarquable qui s'y rattache, et que nous ne saurions passer sous silence, est celui de Jason et de ses compagnons, célèbres sous le nom des Argonautes. Comme presque toutes les entreprises maritimes, obscures ou fameuses, leur expédition avait la soif de l'or pour motif : il s'agissait d'enlever à Colchis, colonie

---

(1) I. Rois, x, 22 : cp. Job. xx, 24 et xxviii, 16.

égyptienne (1), située au fond de la mer Noire, des toisons de brebis qu'on y déposait, selon Strabon, dans l'eau, pour recueillir ainsi les paillettes d'or que les rivières chariaient. Mais, par suite de l'état imparfait de la science, les récits qui nous en ont été transmis, varient tant, sont hérissés de tant de contradictions, d'obscurités et d'erreurs, qu'ils ne peuvent servir qu'à faire deviner l'idée qu'on se formait à cette époque de notre hémisphère. Les anciens poëtes, les seuls savans, les seuls historiens des siècles primitifs de la Grèce, comme par-tout, n'étaient pas plus géographes que ceux de nos jours. Pour faire valoir une faible instruction, certains que leurs contemporains ne les démentiront pas, ils assortissent au hasard des noms que la mémoire leur rappelle, et brodent, chacun à sa manière, des évènemens merveilleux sur un fond historique conservé par la tradition. (2).

Toutes les données qui nous en restent, établissent le voyage par le Bosphore, en

---

(1) Dionys. Perieg. 689. — Hérod. II, 104.
(2) Odyssée, XII, 70.

partant de la baie Pagasée, aujourd'hui Golfo di Volo, en Thessalie ; mais deux versions prédominent sur le retour que les troupes colchiques empêchèrent les Argonautes d'effectuer par la route qu'ils avaient suivie antérieurement.

La plus ancienne tradition les ramène par le sud. Hécatée de Milète, qui vécut vers la 65.me olympiade, cité par le scholiaste d'Appollonius de Rhodes (1), affirme, sur l'autorité de prêtres égyptiens, que les Argonautes avaient passé du Phasis dans l'Océan, et delà par le Nil dans la mer Egée (2). La supposition de cette route ne peut rien avoir d'étonnant, à une époque où l'on ne connaissait en Grèce qu'un petit rayon de pays autour de la partie orientale de la Méditerranée, et où l'Océan incommensurable, infini (3), était considéré comme le père commun de tous les fleuves.

Selon le même scholiaste, Hésiode, Pindare et Antimachus établirent que les Argonautes, après avoir atteint la Libye, ont

---

(1) Au chant IV, vers. 259.
(2) Schœnemann, Comm. de Geogr. Argon. p. 41.
(3) Schlegel, de geogr. Homerica, p. 187 et 193. Schlichthorst, de geogr. Homer. p. 1.

porté leur navire, et sont ainsi revenus dans la Méditerranée. A l'exception d'un passage de la Théogonie (1), il n'y a rien, dans ce qui nous reste d'Hésiode, qui vienne à l'appui de ce fait. Pindare (2) est plus positif. « Pour se soustraire à la vengeance de Pelias, Jason gagne l'Océan, la mer Erythrée, et pénètre, guidé par les conseils de Médée, dans le Palus Tritonide, en traînant son navire l'espace de douze jours au travers d'un terrain désert ». Comment ne point reconnaître ici l'Océan indien ou oriental, la mer Rouge, l'isthme de Suez, et le golfe qui occupait jadis l'emplacement actuel du Delta (3). Il en est arrivé du Palus-Tritonide comme de beaucoup d'autres positions dans la géographie ancienne et moderne : lorsqu'on ne retrouva pas ce golfe, dont le nom s'était conservé dans toutes les traditions, on lui assigna sa position plus à l'ouest (4); comme on

___

(1) V. 340.
(2) Pyth. IV, v. 36 et suiv.
(3) Savary, lettres sur l'Egypte, I, p. 9 et suiv. — Andréossi, Mem. sur l'Eg. I, p. 165 et 223.
(4) Strabo, XVII.

successivement déplacé sur la même côte le jardin des Hespérides (1) ; comme on a reculé dans une autre région les Cimmeriens, les Hyperboréens, la mer Cronienne; comme on a procédé de notre mémoire à l'égard du détroit d'Anian, de la terre Drake et du passage nord-ouest.

Les romanciers postérieurs à Hérodote, qui montra l'impossibilité de la route orientale, font faire aux Argonautes le tour de l'Europe par le nord. L'auteur des Chants Orphiques qui, d'après plusieurs détails, ne peuvent remonter à une haute antiquité (2), les conduit (3) du Palus Méotide dans l'Océan *cronien* ou figé (glacé) (4), et les fait revenir par les colonnes d'Hercule, en passant devant l'embouchure du Ternesse, ou Tartesse. Ti-

---

(1) Schoenemann, comment. de geogr. Argon., p. 64.

(2) Malthe-Brun, histoire de la géographie, p. 44.

(3) 1064 et vers suiv.

(4) En cherchant, dans les idiomes du nord, l'étymologie du terme Κρονος, autrement *Morimorusa* ou mer Morte, (*Plin.*, hist. nat., cap. 13 et 16; Tacit. de M. Germ., cap. 45; Dion. Perieg., v. 32), nous trouvons (avec Toland, histoire des Druides) dans l'irlandais le mot *Croinn*, en gallois *Crounn*, et en

magète (1) les ramène par l'Ister ou le Danube dans la mer Tyrrhénienne. Suivant l'abréviateur de Trogue Pompée (2), ils remontent du Danube la Save, et transportent ensuite leur navire sur le dos, ou selon Pisandre (3), sur des machines par-dessus les Alpes Carniennes à la mer Adriatique. Enfin, Apollonius de Rhodes(4), après les avoir conduits sains et saufs des confins de la Scythie et de la Thrace, dans la mer Adriatique, les fait passer de l'Éridan dans le Rhodan en franchissant les Palus Celtiques. Puis, rendant hommage à la tradition primitive, il laisse Jason encore aborder l'Afrique, la première patrie de Médée : car, arrivés en vue du Péloponnèse, ses Argonautes sont surpris par une seconde tempête, ballottés pendant plusieurs jours dans la mer Libyenne, et finalement jetés au fond de la Syrte.

---

allemand *Gerinnen*, au participe *Gerunnen* (prononcés encore vulgairement *Grinne, Gronne*), mots qui tous signifient *se figer, se coaguler*. Schœn. de géogr. Argon., p. 37.

(1) Schol. d'Appoll. IV, 259-281.
(2) XXXII, 3.
(3) Zosimus, hist. V, 29.
(4) IV, p. 285 et suiv.

Là, par une inspiration divine, ils prennent leur navire sur les épaules, le lancent, après un portage de douze jours, dans quelque Palus Tritonide, et gagnent avec l'assistance du Dieu Triton, de nouveau la haute mer.

A côté de cet amalgame bizarre de notions vagues, incohérentes et dénaturées, que se sont permis les historiens des Argonautes, combien un autre rapport qu'offre Diodore de Sicile (1) d'une découverte dans la mer d'Afrique, doit paraître satisfaisant. Evhémérus, Messénien d'origine, voyageant par ordre de Cassandre, roi de Macedoine, découvrit, vis-à-vis de la côte méridionale de l'Arabie Heureuse, trois îles, désignées ensemble sous le nom de *Panchœa*; l'une très-grande, les deux autres plus petites, et à l'est de la première; de la plus orientale, l'Inde apparaissait comme une faible image à l'extrémité d'un immense horizon. Le sol produisait de la myrrhe et de l'encens dans une telle abondance, qu'elle suffirait pour en fournir les autels de tous les Dieux de

---

(1) v, 42.

l'univers entier. Une multitude de beaux arbres, de plantes aromatiques, la réunion de tout ce qui peut servir à l'utilité, à l'agrément de la vie, faisaient de ces îles délicieuses un véritable Paradis, malgré les lions et les éléphans qui séjournent dans les forêts. Il y avait trois villes nommées Hiracia, Dalis et Océanis. Le gouvernement était une monarchie tempérée ; le peuple, composé de quatre nations différentes, conservait de beaux privilèges, et les prêtres, entourés de la vénération publique, jouissaient d'une grande autorité ; un temple magnifique contenait des inscriptions en hiéroglyphes égyptiens.

La critique de plusieurs géographes, tant anciens que modernes, s'est élevée contre Evhémérus, de même que contre d'autres voyageurs de l'antiquité ; mais nous pensons que le doute, assez naturellement permis à l'égard des rapports des voyageurs qui, les premiers, découvrent des religions inconnues, devient souvent excessif, injuste, et se propage par l'ignorance de ceux auxquels ces rapports sont adressés. La position vis-à-vis la côte méridionale de l'Arabie, la prodigieuse abondance de la myrrhe et de l'encens conviennent parfaitement à la partie de la côte Africaine située à l'ouest du cap Guardafui, partie qui peut réellement présenter l'apparence d'une île au navigateur qui débouche du golfe Arabique. Ajoutons que la distinction des îles et des continens, toujours difficile, dut offrir des difficultés presqu'insurmontables dans l'enfance de la géographie. M. Malte-Brun, qui a l'habitude de compulser les sources et de les juger, demande (1): « La Panchæa est-elle une contrée imaginaire, une Atlantide ressuscitée ou quelque Ophir? de quelle contradiction manifeste la relation d'Evhémère se trouve-t-elle donc entachée? En effet, selon les poëtes cités par Pline (2), le phénix y déposait, sur l'autel du soleil, son nid qui était à-la-fois sa tombe et son berceau. Mais les traits physiques généraux rappellent la région de l'encens (3) et de la myrrhe sur la côte orientale d'Afrique; les institutions ressemblent à celles qui régissent l'Yemen : ainsi les Panchæens

---

(1) Histoire de la géographie, 1, 178.
(2) Hist. nat., x, 2.
(3) Virg. Georg., II, 139.

sembleraient être une colonie arabe, établie en Afrique. Or, c'est justement vers l'extrémité orientale de l'Afrique, semée d'Arabes, que Pomp. Méla (1) paraît placer ses Panchæi. Pourquoi ne pas chercher ici les régions visitées par Evhémère ? Le groupe des trois îles dont il parle, ne représenterait-il pas le cap Guardafui avec les îles de Socotora et d'Abdal-Curia ». Le nom grec donné, par le voyageur, à la population mélangée de ces contrées, ne détruit point la supposition. Homère déjà (2) place entre les Ethiopiens et les Erembes (Arabes) des Sidoniens dont les Phéniciens étaient peut-être eux-mêmes une colonie, et beaucoup de passages des anciens poëtes démontrent jusqu'à l'évidence que ces régions médionales n'étaient pas inconnues (3).

L'on conteste la petite découverte d'Evhémère; il paraît cependant qu'à une époque très-reculée on a tenté des efforts

---

(1) III, 8.

(2) Od. IV, 84.

(3) Heyne, novi comment. soc. Reg. Goett., t. VIII.

pour effectuer la circumnavigation de l'Afrique entière.

Suivant Hérodote, ce fut Nécho, roi d'Egypte, qui ordonna cette entreprise (1); il rapporte que des navigateurs phéniciens, employés par ce prince qui venait de creuser du Nil à la mer Rouge, débouquèrent dans l'Océan méridional, et continuèrent à longer la côte extérieure de l'Afrique, jusqu'au moment où ils manquèrent de vivres. Ils débarquèrent alors, ensemencèrent la terre et attendirent l'époque de la récolte, après laquelle ils continuèrent leur voyage. Après deux ans et demi de navigation, ils atteignirent les colonnes d'Hercule, et, delà, revinrent au point de départ. Ils racontèrent qu'en côtoyant l'extrémité de l'Afrique, ils avaient le soleil à leur droite, c'est-à-dire au nord de leur route, fait qu'Hérodote refuse de croire, mais qui devient à nos yeux une forte présomption en leur faveur, puisque nous savons que telle devait être la position du soleil à leur égard. Cette expédition est devenue le sujet de nom-

---

(1) Hérodote, IV, 42.

breuses et savantes discussions. Gosselin 1), Vincent (2), Mannert (3) et Zeune (4) se sont efforcés de prouver qu'elle était impraticable à cette époque où la navigation se trouvait encore dans l'enfance. D'un autre côté le major Rennel (5), par la force de ses argumens, donne une grande apparence de probabilité au récit des Phéniciens.

On objecte que l'espace de tems assigné à ce voyage, est trop court ; que les Phéniciens ne se sont pas seulement aperçu de la marche inverse des saisons, et que les anciens n'ont eux-mêmes pas ajouté foi à la relation d'Hérodote. Mais d'abord la relation originale a été perdue avec d'autres monumens historiques de l'antiquité, et nous ne connaissons ce voyage que par la notice abrégée d'Hérodote qui lui-même n'y croyait pas, et qui certainement n'en a pas rapporté tous les détails. Le doute qu'il énonce, est une preuve qu'il a puisé, quoi-

---

(1) Géographie des anciens, 1, 199, 216.
(2) Périple de la mer Erythrée.
(3) Géogr. des Grecs et des Romains, VI, p. 12 et suiv.
(4) Zeune de Historia geographiæ, 1.
(5) Géographie d'Hérodote.

que avec défiance, dans des sources qu'il n'a pu dédaigner, et la position du soleil à la droite des voyageurs démontre jusqu'à l'évidence qu'ils avaient passé la ligne. Loin de trouver le tems trop court, il doit même sembler bien long, si l'on réfléchit qu'en allant de l'est à l'ouest, l'expédition suivit le courant équinoxial qui porte avec rapidité dans cette direction autour de l'Afrique. La récolte qu'ils ont faite n'a pu les retarder beaucoup, puisque dans les climats d'Afrique les moissons mûrissent en peu de tems (1) ; et si en Égypte les grains commencent à jaunir vers le milieu de février, si à cette époque le lin et les fèves approchent de leur maturité; si dans la Nubie la la terre produit plusieurs récoltes successives en une saison (2) : l'équipage phénicien, sous quelque latitude correspondante de l'hémisphère méridional, a très-bien pu ne pas remarquer l'opposition des saisons, à plus forte raison que, dans les régions équinoxiales, les travaux champêtres ne commencent qu'après la saison des pluies quand le soleil s'éloigne. L'opinion de quel-

---

(1) Savary, lettres sur l'Egypte, 1, p. 56 et 275.
(2) Quatremère, Mém. sur l'Egypte. II, p. 8.

ques géographes, ou critiques postérieurs, tels que Posidonius, Mela, Pline, ne nous paraît être ici d'aucun poids.

Au milieu des expéditions tentées pour la circumnavigation de l'Afrique avec de grandes ressources, et par les ordres de monarques puissans, on distingue l'entreprise hardie d'un simple particulier, sans appui et même persécuté. Eudoxus (1), natif de Cyzique, chargé de porter à Corinthe l'offrande de sa patrie, relâcha, dans sa route, à Alexandrie. Ses connaissances en géographie et son zèle ardent pour les découvertes, attirèrent l'attention de Ptolémée Evergètes qui régnait alors en Egypte : ce prince semble avoir eu d'abord le projet de faire explorer le cours supérieur du Nil. Pendant qu'on délibérait sur les moyens d'exécution, le hasard amena dans Alexandrie un Indien qui avait été jeté à la côte au fond du golfe Arabique. Cet homme s'offrit à montrer la route navale de l'Inde aux vaisseaux égyptiens. Une telle entreprise convenait parfaitement au génie, au goût aventureux d'Eudoxus; le roi lui en confia la

---

(1) Strabon, 11, 67, 68 et 69.

direction. Eudoxus revint chargé de richesses, trouvées dans les rivières ou tirées des mines, d'aromates et de pierres précieuses. Evergètes, en roi, s'appropria tout. Cependant Eudoxus ne se découragea pas, et sous le règne de Cléopâtre, veuve d'Evergètes, il repartit pour la même destination. Les vents le portèrent sur les côtes orientales de l'Afrique ; il y débarqua plusieurs fois, et communiqua fréquemment avec les naturels du pays, qu'il se conciliait par des largesses en froment, en vin, en figues, etc. Les événemens de ce voyage lui inspirèrent un si violent désir de faire le tour du continent africain que, depuis, il paraît n'avoir eu d'autre pensée. Il avait trouvé les débris d'un vaisseau arrivé, disait-on, de l'occident ; on remarquait surtout, parmi ces débris l'extrémité d'une proue sculptée en tête de cheval. Les présomptions les plus légères, lorsqu'elles s'accordent avec leurs espérances, prennent, aux yeux des hommes, le caractère de l'évidence. Cette proue, transportée à Alexandrie, fut examinée par des marchands de Cadix, qui la déclarèrent entièrement semblable à celles de certains navires employés à la pêche sur les côtes de la Mauritanie ; ils ajoutèrent que plusieurs de ces navires, partis quelque temps auparavant pour l'ouest, n'avaient jamais reparu. Ces éclaircissemens achevèrent de lever tous les doutes d'Eudoxus qui, dès cet instant, ne rêva plus qu'aux moyens d'effectuer son projet favori. Mécontent avec raison du successeur de Cléopâtre qui, dans l'intervalle, était morte ; il retourna chez lui, réalisa sa fortune et tenta de nouvelles aventures. Si nous en croyons Cornélius Nepos, cité par Pomponius Mela (1) et Pline (2), Eudoxus, pour se soustraire aux persécutions de Ptolemée Lathyre, serait sorti du golphe Arabique, et aurait atteint Cadix en traversant la mer d'Ethiopie. Mais, suivant le récit plus simple et plus probable de Posidonius (3), après avoir visité Marseille et d'autres ports célèbres de la Méditérranée, il se rendit à Cadix, alors déjà grande ville de commerce, où l'espoir de s'ouvrir

---

(1) III., 10.
(2) Hist. nat., II ; 67.
(3) Strabon, loc. cit.

une nouvelle route commerciale ne pouvait manquer d'exciter un vif intérêt. Secondé par d'autres hommes entreprenans, il équipa trois vaisseaux, un grand et deux petits, avec une magnificence presque royale. Il embarqua, non-seulement des provisions et des marchandises, mais des médecins, des savans, des artisans et une troupe nombreuse de musiciens. Les équipages, composés principalement de volontaires remplis d'espérances extravagantes, incapables de se soumettre aux règles de la discipline et de supporter les fatigues d'un tel voyage, se soulevèrent contre Eudoxus qui voulait tenir la haute mer, et le forcèrent à naviguer près des côtes, ce qui occasionna un accident que ce navigateur avait craint. Son vaisseau toucha sur un banc de sable, et n'en put être dégagé. On parvint à sauver la cargaison et même une grande partie de la charpente. Eudoxus en fit construire une barque du port d'un navire à trente rames. Ayant repris son voyage, il finit par rencontrer des peuplades qui parlaient le même langage que les habitans des côtes orientales où il avait précédemment abordé, et qui lui semblaient appartenir à la race d'hommes qu'il avait vus dans la Mauritanie. La petitesse de son navire ne lui permit pas de pousser plus loin.

A son retour il alla trouver Bocchus, roi de Mauritanie, et tâcha de faire partager à ce barbare son propre goût pour les entreprises maritimes. D'après les préparatifs ordonnés pour l'équipement d'une flotte, Eudoxus s'imagina qu'il avait réussi : mais instruit par des avis particuliers que le roi, prévenu contre lui par des insinuations perfides, avait donné l'ordre secret de l'abandonner dans une île déserte, il se détermina à prendre soudain la fuite. Retiré d'abord en Italie, il se rendit une seconde fois en Espagne, et réussit à équiper une nouvelle expédition, moins considérable que la première, mais mieux appropriée au but de son voyage. Elle consistait en deux vaisseaux construits, l'un pour tenir la haute mer, l'autre pour reconnaître les côtes ; ils étaient pourvus, tous deux, de grains propres à ensemencer et d'instrumens de labour, afin de pouvoir obtenir une moisson pendant le voyage, ainsi que l'avaient pratiqué les Phéniciens, si les événemens l'obligeaient d'hiverner dans une île qu'il avait découverte. Malheureusement la narration de Strabon finit en cet endroit, et ne donne aucune lumière sur le résultat de cette dernière expédition.

D'après l'extrait que nous avons donné des voyages d'Eudoxus, il paraît qu'il côtoya certaine partie des rives orientales de l'Afrique, baignées par l'Océan Indien. Depuis cette époque, les voyages et les découvertes se sont multipliés, certainement; mais il n'en reste d'autres traces qu'un ouvrage intitulé : *Périple de la mer Erythrée*, publié probablement par un écrivain postérieur au siècle de Pline. C'est moins le récit d'un voyage particulier qu'un itinéraire à l'usage des commerçans qui trafiquaient alors le long des côtes de l'Afrique et de l'Inde. Ils s'embarquaient à Myos-Hormos (près Cosseir), et, dépassant Bérénice (Biled el Habbesh), arrivaient à Ptolémaïs Therôn (promontoire par les 17° 6' de lat. N.), nom qui lui a été donné, parce qu'il est très-fréquenté par les chasseurs.

Le port le plus voisin était Adulis, marché principal de la contrée, situé près de l'emplacement actuel de Masserah qui est encore l'entrepôt de tout le commerce extérieur de l'Abyssinie. Il s'y fesait surtout un débit considérable d'excellent ivoire apporté de Coloë, situé dans l'intérieur, à trois journées de distance. Cinq journées au-delà s'élevait la cité d'Axum dont il reste encore de magnifiques ruines. En quittant Adulis, on arrivait dans un canton gouverné, à l'époque du récit de l'auteur, par un prince nommé Zoskales, objet d'un brillant panégyrique, et dépeint comme brave, généreux et profondément versé dans les arts et sciences de la Grèce. Les objets d'exportation consistaient principalement en ivoire et cornes de rhinocéros; ceux d'importation étaient des étoffes, du fer, du cuivre, du vin, de l'huile, et quelques ornemens d'or et d'argent destinés comme présens au roi. Les vaisseaux passaient ensuite le détroit et entraient dans le golfe d'Avalites. De cette côte jusqu'au cap Aromata (Guardafui), on exportait de la myrrhe, de l'encens, de la casse, et beaucoup d'autres aromates, ainsi qu'une petite quantité d'ivoire et d'écailles de tortues.

Le cap Guardafui doublé, on côtoyait le stérile rivage d'Azania (Ajan). Le navigateur rencontrait, pendant cette route, plusieurs ports, distans entr'eux environ d'une journée de navigation, et placés chacun à des embouchures de rivière que le docteur Vincent suppose être les bouches du fleuve Quillimanci. Non loin delà, s'offre aux regards une île basse et boisée, désignée sous le nom extraordinaire d'*Eitenediommenouthesias* (probablement Zanzibar). Deux jours de navigation conduisaient ensuite à Rhapta (1), le plus éloigné des ports connus alors, et l'entrepôt du commerce d'Azania. Ce pays était, dans le temps, gouverné par un prince appelé *Mopharites*, d'origine Arabe, et tributaire des habitans de Musa auxquels le commerce de Rhapta payait certains droits. Cette ville fournissait de l'ivoire en grande quantité, mais non pas autant qu'Adulis, des cornes de rhinocéros et de l'écaille de tortue réputée la meilleure de toute l'Afrique ; elle recevait principalement des armes à l'usage des peuplades barbares de

---

(1) *Quiloa*, suivant le docteur Vincent.

la contrée; du blé, du vin, moins comme objets de commerce ordinaire, que comme présens destinés à entretenir bonne intelligence avec les naturels.

L'auteur du Périple s'arrête à Rhapta, mais il estime qu'à partir de ce point la côte se dirige constamment vers l'ouest, jusqu'au point où elle atteint l'Océan Atlantique. Marinus de Tyr, géographe, a recueilli les récits de quelques voyageurs qui ont poussé leur navigation jusqu'à Prasum, promontoire où se trouvent une ville et un port. Rhapta dépassé, ils font courir la côte du sud-ouest au sud-est; elle conserve cette dernière direction jusqu'à Prasum, et même beaucoup au-delà, jusqu'à ce qu'elle rejoigne la côte orientale de l'Asie.

M. Gosselin s'est efforcé de prouver que l'antique Rhapta était situé à l'embouchure de la Doara, et que Prasum n'était autre que Brava moderne (1), réduisant, par cette hypothèse, à un espace très-borné, la navigation dont nous venons de parler. Mais l'opinion du docteur Vincent paraît

---

(1) Géographie ancienne, I., 188, etc., etc.

préférable par deux circonstances, 1°. le rapprochement de ces nombreuses embouchures décrites dans le Périple, et qui ne peuvent se trouver qu'au seul endroit décrit par l'auteur ; 2°. le changement de la côte du sud-ouest au sud-est, changement qui n'existe point en se renfermant dans les limites conjecturées par M. Gosselin (1). Nous penchons toutefois à ne pas placer Prasum au-delà du cap Delgado, passé lequel cesse le changement de direction. Le silence gardé sur le commerce de l'or ne permet pas de conjecturer qu'aucun voyageur se soit, à cette époque, approché de Sofala.

---

(1) M. Salt indique les bouches de la Doara comme le point où la côte change, du sud presque plein, au sud-ouest : il n'est pas probable, d'après cela, que les navigateurs aient pu supposer que, dans ce même endroit, la direction changeait de l'ouest à l'est.

CHAPITRE II.

Voyages à la Côte occidentale.

Tentative de *Sataspes*. — Navigation d'*Hannon*. —Rapports d'*Euthimène*, — de *Scylax*, — de *Polybe*.

Conduits par Eudoxus à la côte occidentale, nous allons passer brièvement en revue les voyages maritimes dans cette direction, dont les auteurs anciens ont conservé quelques détails. Environ 150 ans après l'expédition exécutée sous Necho, *Sataspes*, noble persan, avait été condamné par Xerxès au supplice de la croix. A la sollicitation d'un des amis du coupable, le monarque commua la peine en un voyage autour de l'Afrique (1) ; tant il est vrai que l'opinion de la possibilité de ce voyage était alors généralement accréditée dans l'Orient. Sataspes équipa donc un navire dans l'un des ports de l'Egypte, mit à la voile, franchit le détroit de Gibral-

---
(1) Hérodote, IV, 43.

tar, entra dans l'Océan, passa le cap Syleos, ou Soloeis, et, gouvernant au midi, côtoya pendant plusieurs mois les côtes occidentales de l'Afrique. L'aspect lugubre de ces rivages déserts et stériles, la prespective menaçante d'un Océan sans bornes, devaient nécessairement intimider un navigateur novice, élevé dans le luxe et la mollesse de la cour de Perse. Sataspés, saisi en effet d'une terreur invincible, se hâta de revenir sur ses pas, et de repasser le détroit ; il n'hésita pas même à se présenter devant Xercès, dans l'espoir que le récit de ses aventures et de ses souffrances engagerait le monarque à lui pardonner tout à-la-fois son premier crime et sa désobéissance. Il affirma qu'après avoir reconnu une immense étendue de côtes, en dépit de dangers et de difficultés de toute espèce, et sans pouvoir se mettre en relation avec les indigènes qui par-tout s'enfuyaient dans les montagnes, il avait enfin rencontré des obstacles insurmontables. Une pareille excuse ne pouvait être admise par Xercès, ce monarque impérieux qui prétendait soumettre les élémens même à ses volontés. Il ne vit que la désobéissance de

Sataspes, et donna l'ordre d'exécuter sa première sentence. Sataspes parvint toutefois à se soutraire au supplice en fuyant à Samos. La connaissance que nous avons aujourd'hui de ces parages et de leurs courans, doit nous faire paraître l'excuse de Sataspes très-raisonnable ; elle indique même qu'il avait au moins passé la ligne, puisque alors seulement il a pu sentir la force du courant méridional qui lui fesait obstacle (1). Combien de temps et de tentatives n'a-t-il pas fallu aux Portugais, qui venaient aussi de l'ouest, pour atteindre seulement le cap de Bonne-Espérance!

Environ un siècle après, du temps de Philippe-le-Grand, père d'Alexandre, les Carthaginois équipèrent, pour l'Océan Atlantique, deux grands armemens sous les ordres des généraux Himilcon et Hannon. Le premier se dirigea vers le nord. L'expédition commandée par *Hannon* avait le double but d'établir des colonies et de faire découvertes sur les côtes d'Afrique. L'on possède encore une traduction grecque de la relation de son voyage, que Hannon,

---

(1) Kant., géogr. phys., ii, 142, édit. de Hambourg.

suivant l'usage (1), déposa dans le temple de Kronos à Carthage.

L'expédition, composée de soixante vaisseaux, portait trente mille individus des deux sexes, et tous les moyens d'établissement. La narration commence au passage du détroit appelé Colonnes d'Hercule. « Après deux journées de navigation, ils débarquèrent, et fondèrent, dans une vaste plaine la ville de Thymiaterium, ensuite ils se dirigèrent à l'ouest sur le promontoire Libyen de Soloé qui était tout couvert d'arbres. Ils y construisirent un temple à Neptune (c'était, selon Scylax, un grand autel, orné de reliefs qui représentaient des figures d'hommes, de lions et de dauphins); puis ils gouvernèrent un demi-jour vers l'est, jusqu'à ce qu'ils parvinrent à une lagune ou baie garnie de roseaux, où paissaient beaucoup d'éléphans et d'autres animaux sauvages; ils passèrent cette baie l'espace d'une journée, et fondèrent successivement sur la mer cinq villes qui reçurent les noms de Caricum-Teichos, Gytté, Acra, Melitté et Arambé. Ayant

---

(1) Polyb., 1.

remis à la voile, ils gagnèrent l'embouchure de la grande rivière Lixus qui vient de la Libye. Ses bords étaient occupés par un peuple nomade, les Lixites qui fesaient paître leurs troupeaux. Hannon relâcha quelque temps, et conclut avec eux un traité d'amitié. Au-dessus de ces nomades demeuraient des Ethiopiens farouches, dans un pays montueux et plein de bêtes féroces, où le Lixus prend sa source. Ces montagnes récelaient des hommes d'une configuration étrange, des troglodytes qui surpassaient en agilité les chevaux, suivant l'assertion des Lixites. Hannon prit des interprètes chez ces derniers, et longea le désert pendant deux jours. Ayant ensuite cinglé de nouveau vers l'est pendant un jour, il découvrit, au fond d'un golfe, une petite île à laquelle il donna le nom de Cerné, et qui devint le siége d'une nouvelle colonie. « Nous calculâmes, dit la relation, qu'elle devait être à la même distance du détroit que Carthage ; car notre voyage jusqu'aux Colonnes a duré autant que depuis là jusqu'à Cerné. Après y avoir remonté une grande rivière nommée Chrètes, nous arrivâmes à un lac qui renfermait trois îles plus grandes que Cerné. En continuant de-là notre navigation une journée, nous atteignîmes la fin du lac. Au-dessus de ce lac s'élevaient de hautes montagnes occupées par des hommes féroces vêtus de peaux d'animaux, qui nous lançaient des pierres, et nous empêchaient de descendre à terre. Nous reprîmes notre route et arrivâmes à une autre rivière très-grande, qui fourmillait de crocodiles et d'hippopotames. Là nous virâmes de bord et nous en retournâmes à Cerné.

« De Cerné nous mîmes une seconde fois à la voile pour le sud, l'espace de douze journées; et, serrant toujours la côte, entièrement habitée par des Éthiopiens qui fuyaient notre rencontre. Ils parlaient un langage inintelligible, même aux Lixites qui étaient avec nous. Le douzième jour nous atterrîmes à de hautes montagnes couvertes de différens bois adoriférans. Ayant navigué deux jours plus loin, nous pénétrâmes dans un très-grand golfe, bordé d'un pays plat où nous vîmes partout, à une certaine distance, briller la nuit des feux plus ou moins considérables. Nous y prîmes de l'eau et continuâmes de longer la côte pendant cinq jours de plus, jusqu'à ce que nous nous trouvâmes à l'entrée d'une grande baie nommée, par nos interprêtes, la Corne du Couchant. Il y avait une grande île, et dans cette île un lac, et dans le lac une petite île. Nous y débarquâmes. Un profond silence régnait pendant le jour, la côte paraissait inhabitée et rien ne s'offrait aux regards que de vastes et sombres forêts : mais à la nuit, des feux éclataient de tous côtés sur le rivage qui retentissait de cris tumultueux, du bruit des cymbales, des trompettes, et d'instrumens de toute espèce. Nous fûmes saisis de peur, et nos devins nous ordonnèrent de quitter l'île. Nous levâmes à l'instant les ancres et nous voguâmes le long d'un pays excessivement chaud, nommé Thymiamata ; il était coupé de torrens de flammes qui coulaient dans la mer, et la terre était inaccessible à cause de la chaleur. Nous nous en éloignâmes encore au plus vite, et durant quatre jours que nous tînmes le large nous vîmes la terre remplie de feux toutes les nuits. Au milieu de ces feux, nous en aperçûmes un très-élevé qui semblait atteindre jusqu'aux étoiles. Le jour, nous remarquâmes à cet endroit une haute montagne qu'on nomma le Char des Dieux. Après avoir ainsi passé des torrens de feu continus pendant trois jours, nous arrivâmes à une baie appelée Corne du Midi. Au fond de cette baie était une île qui, comme la précédente, renfermait un lac où se trouvait une autre île peuplée de sauvages. C'étaient la plupart des femmes, très-velues par tout le corps, et que nos interprètes appelaient Gorilles. Nous ne pûmes saisir aucun homme ; ils fuyaient tous dans les montagnes et se défendaient à coups de pierres : mais nous prîmes trois femmes, qui mordaient et égratignaient leurs conducteurs, et ne voulaient se laisser dompter. Nous les tuâmes donc, et les ayant dépouillées, nous en rapportâmes les peaux à Carthage ; car nous ne pûmes naviguer plus loin, puisque nos provisions étaient épuisées ».

Telles sont les principales circonstances de cette fameuse expédition qui, plus qu'aucune autre, a fourni, dans les temps modernes, une ample matière aux méditations des savans. Il n'y a plus à douter aujourd'hui de l'authenticité du récit :

grand nombre de circonstances, merveilleuses en apparence, se sont trouvées d'accord avec les observations de voyageurs récens. Les feux et les concerts nocturnes correspondent aux habitudes constantes des peuplades nègres ; repos pendant le jour, musique et danse pendant la nuit. Les flammes qui semblaient couler par torrens sur le sol pouvaient être occasionnées par l'usage, encore suivi généralement, de mettre le feu aux mauvaises herbes et aux brousailles ; les gorilles sont évidemment cette remarquable espèce de singes désignés sous les noms de chimpanzée ou pongo. Toutefois une grande diversité d'opinions s'est établie, tant sur la nature du document, que sur l'étendue de côtes reconnues et sur les points principaux auxquels répondent les différentes parties de la narration. Le périple était, sans doute, rédigé primitivement en carthaginois, et nous n'en avons que la traduction grecque, faite peut-être par quelque curieux pour son propre usage. Qui sait par quelle succession de circonstances fortuites cette relation du commandant de l'expédition même s'est conservée à travers les siècles. Ainsi félicitons-nous de la posséder, sans trop nous plaindre des irrégularités de forme, des négligences et des inexactitudes qu'on y remarque (1). Après Bochart (2), Campomanes (3), Dodwell (4), et Bougainville (5), qui tous étendent les découvertes de Hannon jusqu'à la Guinée, deux géographes distingués ont récemment soumis à leur critique son périple. Le major Rennell reconnaît l'île de Cerné dans Arguin, par 20° 20′ de lat. N, la grande rivière dans le Sénégal, le groupe d'îles dans l'archipel des Bissagos, et prétend que l'expédition a dépassé de quelque peu la Sierra-Leone, par 8° 30′ de lat. N. (6). M. Gosselin soutient au contraire que la navigation a eu lieu le long des côtes de Maroc, que le fleuve Lixus est le moderne Lucos, que Cerné est Fedala par 33° 49′ de lat. N., et que l'expédition s'est arrêtée un peu au-delà

―――――

(1) Heeren, idées sur la politique, etc., des principaux peuples de l'antiquité, II, 736 (en allem.).

(2) Geogr. sacra, I, 33.

(3) Antiguedad. mar. de Chartago, II.

(4) Dissert. I. in geogr. min., ed. Hudson, t.

(5) Mém. de l'Ac. des Inscr., XXVI et XXVIII.

(6) Géography of Herodotus, sect. 16-20, p. 169 suiv.

de la rivière de Non, par 28° 40' de lat. (1).

Cette diversité d'opinion doit paraître d'autant plus surprenante, que le navigateur Hannon a, la plupart du temps, indiqué les distances d'après des journées. M. Gosselin suppose gratuitement que le terme *au-delà* des colonnes, où Hannon était chargé d'établir des colonies, comprend encore le détroit même; il place donc Thymiaterium à l'endroit où est maintenant Ceuta, et il voit dans le cap Spartel qui forme la pointe S. O. du détroit, le promontoire de Soloé que Hannon avait reconnu seulement après deux jours de navigation. Ensuite, M. Gosselin établit un calcul suivant lequel une journée de navigation ne formerait que cinq lieues marines (de 20 au degré), en citant à l'appui l'exemple de Cook qui, le long des côtes de la Nouvelle Hollande, n'avait pas fait plus de dix-sept lieues en vingt-quatre heures : mais Cook explorait, la sonde à la main, une côte semée de

___

(1) Recherches sur la géographie des anciens, 1, 63 et suiv.

récifs de corail dont il voulait dresser des cartes exactes ; tandis que Hannon n'avait point de relèvemens pénibles à faire : il ne cherchait que des emplacemens propres à l'établissement des colons qu'il avait à bord, et il était favorisé par les vents et les courans qui, dans ces parages, viennent régulièrement du nord ou nord-ouest. D'ailleurs M. Gosselin se met en opposition manifeste avec les auteurs anciens eux-mêmes, qui portent la journée de navigation à 12 et 16 ou 17 milles géogr. (1); Scylax l'évalue à 500, et Hérodote à 700 stades. M. Heeren pense qu'il serait inutile de vouloir déterminer tous les points du voyage d'Hannon, puisque la relation qui nous en reste n'énonce pas toujours les journées, et que l'on ne possède au surplus, de cette partie de la côte d'Afrique, aucune description assez détaillée pour nous servir de guide. Ensuite, il faut distinguer deux navigations dans ce voyage. Pendant la première, Hannon escortait un grand convoi ; à la seconde, libre de toute entrave, il naviguait nécessairement avec plus de

---

(1) Heeren, p. 738.

rapidité : la première s'arrête à l'île de Cerne, la seconde va jusqu'à la baie appelée Corne du Midi.

Dans la première partie, nous trouvons, 1°. la ville de *Thymiaterium*, à deux journées du débarquement ou du cap Spartel. En admettant même seulement dix lieues marines par journée, cette ville doit avoir été bâtie près de Larache, ou entre Larache et Mamora ; 2°. le promontoire de *Soloé* : la relation n'indique pas la distance de Thymiaterium à Soloé, mais on voit que c'était le premier cap très-avancé vers l'ouest (1); il ne paraît donc point douteux que ce soit le cap Blanc; situé près d'Azimor, par environ 33° de lat.; 3°. les autres colonies Acra, Gytté, Caricum - Teichos, Arambé et Melitté étaient à une journée et demie plus loin, par conséquent aux envions de Safy, par 32°. de lat. La grande rivière *Lixus* serait alors celle qui porte aujourd'hui le nom de Tensif, et l'île de *Cerné* se trouverait près de Mogador ou près de Santa-Cruz. Cependant, comme il a fallu à Hannon, quoi-

(1) Hérodote, II, 32.

que favorisé par le courant, pour y arriver autant de temps qu'il lui en avait fallu pour gagner le détroit ; il paraît plus exact de la chercher avec J. Voss (1), Cellarius (2), Rennel et autres, derrière le cap Bajador. Le reste de cette navigation est absolument obscur, à moins que nous ne voyons dans le Chrètes quelque canal ou marigot dernière le banc d'Arguin.

La seconde partie de la navigation rentre dans la classe des simples voyages de découverte. Hannon cingla d'abord vers le sud, reconnut une grande rivière remplie de crocodiles et d'hippopotames, qui ne peut être que le Sénégal, et retourna à Cerné, sans s'expliquer sur le motif de cette détermination, et sans indiquer le temps qu'il y employa. Ayant remis à la voile dans la même direction, il atteignit au bout de quatorze jours une grande baie, et cinq jours après une autre, la Corne du Couchant. Rien ne donne à deviner l'étendue de la terre de Thymiamata ; mais sept jours de navigation ultérieure le con-

―――――――――――――――――

(1) Ad Pomp. Mel., p. 509.
(2) Geogr. Ant. II., 940.

duisirent dans la baie Corne-du-Sud où se termina le voyage. Dans tout ce trajet le courant est encore favorable aux navigateurs qui viennent du nord, et nous ne craignons certainement pas d'être accusés d'exagération en évaluant ici la journée à 12 ou 15 lieues marines, et la distance parcourue à 350 lieues pour le moins. D'après cela, si nous cherchons l'île de Cerné à la côte du Maroc, tout concourt à nous faire reconnaître dans la Corne-du-Sud l'embouchure de la Gambie et dans la Corne-du-Couchant, le Sénégal. Si Cerné est l'île d'Arguin, M. Rennel a raison, et les Carthaginois peuvent avoir été redevables à Hannon du commerce lucratif qu'ils entretenaient, suivant Hérodote (1), avec la Sénégambie ou la Guinée.

Quoi qu'il en soit, les découvertes d'Hannon avaient fait tant de bruit que les Marseillais, jaloux de s'en approprier les avantages, envoyèrent sur ses traces Euthymènes, en même temps que Pytheas allait chercher la route d'Himilcon. Mais la relation d'Euthymènes est perdue, et l'on sait seu-

---

(1) IV, 196.

lement (1) qu'il parvint à l'embouchure d'un grand fleuve semblable au Nil, et qui paraît être le Sénégal ou la Gambie.

Les Grecs et les Romains paraissent n'avoir jamais beaucoup étendu leur navigation le long de cette côte extérieure de l'Afrique. Cependant il existe un autre document assez important : nous voulons parler du Périple de Scylax (2). Cet ouvrage consiste, non dans la narration d'un voyage particulier, mais dans une description du monde alors connu, description puisée probablement à diverses sources. Son tableau de la côte occidentale d'Afrique se trouve à-peu-près d'accord avec le récit d'Hannon, excepté qu'il assigne l'île de Cerné comme une limite que l'accumulation des herbes et des plantes marines rend impossible à franchir (3). Suivant lui, ce fut la principale échelle du commerce de ses contrées. Après y avoir dressé des tentes et déchargé les vaisseaux, on transportait les marchandises sur le continent dans de petites

---

(1) Seneca, Nat. Quæst. IV, 2.—Marcian Héracl., p. 63, dans Geogr. Min. ed. Hudson, 1.

(2) Geogr. Græc. minores, vol. 1, éd. Hudson.

(3) Humboldt, Tableaux de la Nature, 1, 98 et suiv.

embarcations. Le pays était habité par un peuple pasteur, noir, à cheveux longs, d'une stature superbe, habile à manier l'arc et très-adonné à la parure. Il choisissait ses rois en raison de la hauteur de la taille ; l'ivoire, principal objet du commerce, était si abondant dans cette contrée, que les naturels l'employaient à une infinité d'usages, dans leurs ménages dans leurs parures et dans l'équipement de leurs coursiers. Ils possédaient beaucoup de chevaux et de bestiaux, vivaient de chair et de laitage, recueillaient et importaient une grande quantité de vin ; les autres objets d'importation consistaient en objets d'ornement, en bocaux artistement faits, en vases de terre, en parfums et toiles d'Egypte, qu'ils échangeaient contre du morfil et des peaux tant d'animaux sauvages que domestiques. (1) D'après d'autres renseignemens, il s'y fesait en outre une pêche très-productive (2). Le thon (*scomber thynnus*) qu'on y prenait et salait, paraissait si précieux à

---

(1) Scylax, p. 54.
(2) Arist. de Mirab., cap. 148.

Carthage que l'exportation en était défendue.

Plus tard, cette même contrée fixa l'attention des Romains, et Polybe l'historien y fut envoyé par Scipion. On ne saurait trop regretter qu'il ne nous soit rien parvenu du travail d'un observateur si instruit et si judicieux. Pline a conservé seulement un mince itinéraire d'après lequel Gosselin semble conclure avec raison que le voyageur romain ne poussa pas son excursion aussi loin que les Carthaginois.

CHAPITRE III.

Découvertes dans l'intérieur.

Expéditions de Cambyse et d'Alexandre. — Entreprise des Nasamons. — Expéditions de Sept. Flaccus et Jul. Maternus. — De Suet, Paulinus et Corn. Balbus. — Relation de Juba.

Il ne nous reste plus qu'à rendre compte des efforts tentés pour pénétrer dans l'intérieur de l'Afrique. Ce vaste continent inspira toujours aux anciens un étonnement, une curiosité mêlés d'une espèce de terreur. Ce fut pour eux la région du mystère, des fables, des superstitions. L'hideux et singulier aspect de l'homme et de la nature ; des contrées immenses devenues le partage des bêtes féroces ; par-delà, d'incommensurables déserts de sable ; le destin funeste de ceux qui avaient osé s'y aventurer ; tout se réunissait pour élever d'effrayantes barrières autour des limites étroites dans lesquelles vivaient les nations civilisées de ce continent. L'Homme, avec des traits et une couleur inconnus dans le reste du globe, des animaux d'une forme étrange et d'une grandeur extraordinaire, des usages bizarres, une façon de vivre toute particulière, tout ce qu'on parvenait à découvrir, en un mot, ajoutait encore à l'étonnement ; l'imagination conservait ces impressions premières et créait encore des merveilles lors même que la nature cessait d'en produire. Jamais, d'ailleurs, aucune partie de l'Afrique ne fut examinée avec assez de soin, assez d'exactitude pour que l'imagination ne conservât pas une libre carrière ; aussi ce continent tout entier devint-il, pour ainsi dire, le patrimoine des fables. Toutefois ces fables reposaient en général sur un fond vrai, et nous pensons qu'il est intéressant de connaître les notions qu'ont obtenues les anciens, toutes les fois qu'ils ont réussi à soulever un coin du voile mystérieux qui couvrait ces vastes régions.

Les Grecs donnaient d'abord le nom d'*Ethiopiens* (1) à tous les habitans de

---

(1) Iliade 1, 423. — Odyssée, 1, 23 V, 283, 287.

la zône-torride (1). Après Homère, ce nom devient particulièrement celui des peuples établis au-dessus de l'Egypte, et dans la suite presque le synonyme de *Nègre*, quoiqu'il n'entraînât pas toujours l'idée d'une noirceur complette ; Ptolémée et Pline, même distinguent une race par la dénomination d'Ethiopiens blancs. Le nom de royaume d'Ethiopie fut plus particulièrement appliqué au pays au-delà de l'Egypte, c'est-à-dire, la Nubie et partie de l'Abyssinie. Ce royaume, dont Méroé était la capitale, fut principalement connu par ses guerres avec l'Egypte que les souverains d'Ethiopie soumirent par la suite à leur domination. Diodore représente les Ethiopiens comme le plus ancien de tous les peuples, et leur pays comme le berceau de la civilisation ; il ajoute que l'Egypte leur fut redevable de sa science tant vantée. Mais suivant Hérodote, plus ancienne et plus puissante autorité, ce furent, au contraire, des colonies égyptiennes qui portèrent les premières semences de la civilisation en Ethiopie. Une con-

---

(1) Strabon, ed. Almelov., p. 58.

jecture plus vraisemblable, c'est que beaucoup d'objets du culte religieux des anciens ont été tirés de cette contrée, dont l'éloignement mystérieux inspirait naturellement des sentimens favorables aux progrès de la superstition.

Sous le gouvernement noble et éclairé des Ptolémées, on tenta, sans doute, de grands efforts pour étendre les découvertes dans l'intérieur de l'Afrique. L'histoire ne nous en a pas transmis les détails; il résulte cependant de l'inscription trouvée sur le célèbre monument d'Adule (1) que Ptolemée Evergète I avait poussé ses conquêtes jusqu'au fond de l'Ethiopie, et les fragmens qui se sont conservés des ouvrages des géographes alexandrins, mais particulièrement des œuvres d'Agatharchides (2), offrent une belle notice de ces régions écartées, dont le voyageur Bruce nous a de nos jours retracé le tableau.

Deux expéditions postérieures, de Cam-

---

(1) Cosmas, topogr. Christ., chez Montfaucon. coll. nova Patrum.; 1.

(2) Geogr. min., ed. Hudson.

byse, l'une vers le midi, l'autre vers l'ouest de l'Egypte (1), ont une triste célébrité. Conquérir, piller en fut le but principal : mais la curiosité entra probablement aussi pour quelque chose dans ces entreprises hasardeuses. Cambyse partagea son armée en deux corps ; il conduisit l'un, en personne, contre les Ethiopiens méridionaux, et envoya l'autre contre les Ammoniens (habitans de l'oase moderne de Siwah). Ce prince partit de Thèbes et marcha quelque temps plein de confiance dans le succès, mais les provisions de l'armée furent bientôt totalement épuisées. On y suppléa d'abord en tuant tout le bétail réservé pour l'expédition, ensuite en se nourissant des rares productions du sol. Cependant l'orgueil obstiné de Cambyse repoussait l'humiliante idée de renoncer à son projet. Enfin, dénués de tout au milieu d'un désert de sables stériles, les soldats se virent réduits à l'épouvantable nécessité de se dévorer les uns les autres. Cambyse, saisi d'une juste horreur, abandonna, quoique tyran,

---

(1) Hérod., III, 26.

son dessein, et revint à Thèbes avec une faible partie de sa troupe. D'après quelques auteurs (1), il paraîtrait s'être avancé, dans cette expédition, jusqu'à Meroé.

Un impénétrable mystère couvre le destin de l'autre corps d'armée, envoyé contre les Ammoniens. Il est constant, dit Hérodote, qu'ils atteignirent la grande Oise, El-Wah, habitée par des Samiens de la tribu Aichrion (peut-être Aschmoun (2)) : c'est, de Thèbes, un trajet de sept journées à travers les sables. Leur sort ultérieur est inconnu, car ils ne sont point parvenus jusque chez les Ammoniens, ni revenus en Egypte. Les Ammoniens seuls rapportent que, à moitié chemin entre eux et l'oise, l'armée entière a été ensevelie sous les sables apportés par un violent vent d'Est.

L'exemple de Cambyse n'effraya pas un autre conquérant accoutumé à braver tous les périls, à surmonter tous les obstacles.

---

(1) Diod. 1.
(2) Michaelis, adnotationes ad Abulfedam, p. 28.

Alexandre, conduit à Memphis par le cours de ses conquêtes, résolut de visiter le temple de Jupiter-Ammon. Au désir insensé de se faire reconnaître comme descendant de ce Dieu, se mêlait sans doute une certaine curiosité de pénétrer les mystères cachés dans la profondeur de ces terribles solitudes. Il se regardait comme un favori du destin, devant lequel devaient tomber les barrières qui, jusqu'à ce jour, avaient résisté à tous les efforts humains. Malgré la saison favorable, son armée éprouva d'horribles souffrances, et sans une pluie qui tomba fort à propos, elle eût peut être péri dans cette expédition. Enfin, au cœur même d'un immense désert, ils découvrirent avec étonnement une île de verdure, arrosée de ruisseaux limpides, et offrant aux regards charmés l'image d'un printemps perpétuel. Le conquérant interrogea le plus ancien des interprètes de l'Oracle sur son origine et sa destinée. Intimidé sans doute à l'aspect de l'invincible phalange, rangée en bataille, le ministre du Dieu reconnut Alexandre pour fils de Jupiter, et déclara que les honneurs divins devaient lui être rendus; déclaration qui fit plus de plaisir au fils de Philippe qu'à plusieurs de ses compagnons d'armes.

Michaelis (1) attribue le désastre qu'avait éprouvé l'armée de Cambyse, à la malveillance des Egyptiens qui la conduisirent par le plus long chemin, en prenant Thèbes et non pas Siout pour point de départ. Mais observons que la différence n'est pas très-considérable ; que l'armée aurait encore été obligée de traverser le désert où elle a péri, et que d'ailleurs, Thèbes, capitale de la Haute-Egypte, était anciennement le centre du commerce africain, et le rendez-vous général des caravanes, comme le Grand-Caire l'est aujourd'hui : toutes les routes en partaient alors. Hérodote (2) nous trace avec le plus grand détail le chemin que suivaient les caravanes depuis Thèbes, à travers les déserts de l'Afrique septentrionale, jusqu'au Fezzan et au-delà (3).

---

(1) Annot ad Abulf., p. 28 et 33.
(2) IV, 181—185.
(3) Heeren, idées II, p. 233—246. Rennel, géogr.

Les mêmes Libyens qui, en Egypte, avaient fait connaître à Hérodote cette route, l'informèrent aussi du voyage de quelques Nasamoniens dans l'intérieur de l'Afrique (1). Ce peuple occupait une province de l'Afrique septentrionale, située à l'ouest de Cyrène, et qui fait actuellement partie de l'État de Tripoli. Cinq jeunes gens, fils des principaux citoyens, entraînés par le désir de courir des aventures périlleuses, entreprirent de s'enfoncer dans l'Afrique en s'écartant de la route accoutumée. Ils parcoururent d'abord sans difficulté les parties cultivées de la Libye ; ils traversèrent aussi, sains et saufs, mais non sans danger, la région habitée par les animaux féroces, et parvinrent jusqu'au grand désert de sable. Bien pourvus d'eau et de provisions, ils osèrent s'y aventurer, marchèrent plusieurs jours *en tirant vers l'ouest*, et arrivèrent enfin dans une plaine où croissaient quelques arbres. Pendant qu'ils en cueillaient et mangeaient

---

of Hérod., p. 615. Journal of Horneman's Travels, p. 57 et 133.

(1) II, 32.

les fruits, d'une espèce nouvelle pour eux et d'un goût excellent, ils furent tout-à-coup surpris par une troupe d'hommes noirs et d'une petite stature, dont ils n'entendaient pas la langue, et qui les conduisirent, à travers de vastes marécages, jusqu'à une ville au milieu de laquelle coulait, de l'ouest à l'est, un fleuve fréquenté par des crocodiles. Tout ce que la relation dit du caractère des habitans, c'est qu'ils étaient devins ou sorciers, portrait qui s'accorde assez bien avec les coutumes superstitieuses généralement répandues parmi les Nègres. Une critique oiseuse s'est attachée à cette relation pour en contester l'authenticité. Cependant Hérodote, qui, par son esprit admirable (1), a su rassembler tant de connaissances sur une portion mystérieuse du globe, indique avec sincérité la source où il les puisa. L'évènement a été raconté comme un fait assez ordinaire : car, en effet, que pourrait-il y avoir d'étonnant que des Nasamons, qui par état circulaient dans le désert, et par l'intermédiaire desquels les Carthaginois fe-

---

(1) Heeren, idées II, 204.

saient principalement le commerce avec l'intérieur de l'Afrique, eussent pénétré jusqu'au bord d'un des grands fleuves qui arrosent les régions centrales. C'étaient d'ailleurs des jeunes gens des premières familles, qui sans doute avaient avec eux des valets et des chameaux en nombre suffisant pour former une petite caravane. Tous les détails qu'ils rapportent sur le terrain bas et marécageux et sur le fleuve qui coule à l'est, s'accordent avec ce que nous a récemment appris Mungo-Park sur le Joliba et sur les villes bâties le long de ses rives. Nous savons aussi, par Horneman et autres, que les peuples de la même contrée tripolitaine voyagent encore aujourd'hui à Bornou, Cassina, Tombuctou, etc. M. le major Rennell croit même pouvoir établir que la ville en question est le Tombuctou moderne, et que le fleuve n'est autre que le Niger.

Quoi qu'il en soit, on ne peut raisonnablement douter d'un fait qui n'a certainement rien de merveilleux, quand on se rappelle qu'outre l'itinéraire donné par Hérodote, une longue traînée de ruines que l'on peut suivre depuis les rives de l'Océan indien jusqu'aux côtes de la Méditerranée par la Mauritanie, dépose des relations commerciales très-anciennes entre l'Asie et l'Afrique, dont Meroé paraît avoir été le centre (1).

Nous savons peu des progrès que les Romains ont faits en Afrique. Il est évident toutefois qu'ils doivent y avoir pénétré fort avant ; ne fût-ce qu'à la chasse des bêtes féroces dont ils avaient besoin pour les jeux dont la manie augmenta, sous les empereurs surtout, en proportion de l'accroissement du despotisme et de la dépravation des mœurs. Comment auraient-ils eu autrement ces troupeaux de lions, d'éléphans, de giraffes (2) qu'on y sacrifiait pour le plaisir du peuple et de ses tyrans avilis.

Ptolémée (3) fait mention, d'après Marin de Tyr (dont les ouvrages sont perdus) de deux expéditions romaines, l'une entreprise par *Septimius Flaccus* qui, parti pour Garama et marchant droit au sud,

---

(1) Heeren, idées, II, 459.
(2) Scrip. Hist. Aug., II, p. 58, éd. Bip.
(3) Liv. 1, chap. 8.

parvint, après trois mois, en Ethiopie; l'autre par *Julius Maternus* qui, sur la nouvelle d'une attaque faite par les Ethiopiens contre Garama, employa quatre mois à se rendre de Leptis-Magna en Agisymba, pays habité par ce peuple, et situé au-delà de l'équateur.

Ces deux généraux traversèrent donc le désert. Ptolémée ne donne du reste aucun détail de leur marche, ni du pays où elle s'est terminée; il énonce même, sur la possibilité de tels voyages, quelques doutes accueillis par des critiques modernes, qui fondent leur jugement sur la considération qu'aucun historien contemporain n'en a parlé, et que la distance serait trop grande pour être franchie en trois ou quatre mois. Mais d'abord le calcul de Marin, en supposant même les chiffres exacts, est susceptible de modifications qui réduisent considérablement cette distance (1); puis, les Romains ont fait nécessairement bien des excursions du même genre sans en conserver le souvenir, soit pour réduire quelque horde

---

(1) Malte-Brun, Hist. de la géogr., p. 300.

sauvage, soit pour faire des esclaves, soit même pour prendre des bêtes féroces à l'exemple des Carthaginois, qui chargeaient de ces sortes de missions leurs premiers généraux (1).

C'est ainsi que Pline seul (2) fait mention, très-superficiellement, des expéditions militaires de *Cornelius-Balbus* et de *Suetonius Paulinus*. La première était même suivie du triomphe, et pourtant, à l'exception d'une foule de simples noms, tout ce que nous pouvons apprendre du récit de Pline, c'est que les Romains ont subjugué la Phazanie (Fezzan), et le pays des Garamantes, situé à trente journées de la côte, sur les confins de l'Ethiopie. *Suetonius Paulinus* se mit en marche du Lixus, atteignit en dix jours le mont Atlas, s'arrêta à quelques milles au-delà sur le bord d'une rivière, et crut avoir découvert le Niger.

---

(1) Apien I.
(2) V, 1 et 5.

CHAPITRE IV.

Examen historique des divers systèmes géographiques adoptés sur l'Afrique.

Erreurs des anciens géographes. — Système d'Hérodote, — d'Eratosthènes et de Strabon, — de Ptolémée. — Remarques sur Ophir et Taprobane.

La géographie est peut-être, de toutes les sciences, celle qui fait le mieux voir par quelle route longue et pénible l'esprit humain sort des ténèbres de l'incertitude et parvient à des connaissances étendues et positives. Mais l'Afrique, champ ouvert de tout temps aux conjectures et aux discussions, est particulièrement propre à marquer les premiers pas de la science.

Dans un genre étendu dont tous les objets sont perceptibles par les sens, on peut croire, au premier aperçu, que l'homme sera naturellement enclin à la négligence, et qu'après avoir examiné ce qui se trouve à sa portée, il attendra tranquillement tout du temps. Une telle marche, toutefois, convient mal à l'active impatience de l'esprit humain ; animé d'un amour invincible de la perfection, il éprouve un tourment réel, lorsqu'il se voit forcé d'abandonner ou seulement d'interrompre ses méditations ou ses recherches, et de laisser un travail imparfait. Ce sentiment si noble en lui-même, si capable de pousser l'esprit humain dans la carrière des sciences, fut, dans les premiers âges de ses progrès, une source continuelle d'erreurs. Pour le satisfaire, les géographes, avec les moyens les plus imparfaits, s'efforcèrent de remplir et de peupler la totalité du globe dont un sens intime semblait leur révéler la grandeur et la forme. Un examen plus approfondi prouvera cependant qu'ils ne marchèrent pas toujours sans règle et sans guides ; ils suivirent en général, dans leurs tracés géographiques, une direction qu'ils prolongèrent lors même qu'ils arrivaient à des espaces inconnus ; dans certains cas cependant, des courbures, des inflexions sont nécessaires pour compléter la figure d'un continent, d'une mer ou quelque grand trait géographique. Telle fut, dans le système de Ptolémée, la ligne au moyen de laquelle le continent africain s'arrondit pour aller rejoindre l'extrémité du continent de l'Asie. Les géographes anciens commirent aussi de graves erreurs dans l'estimation des distances, et presque toujours par exagération. Les observations astronomiques étaient rares et imparfaites, et le plus souvent on ne mettait en œuvre que des matériaux fournis par des voyageurs employés aux opérations. Les difficultés et les dangers du voyage, les sinuosités de la route, la disposition, commune à tous les hommes, d'amplifier leurs propres entreprises, tout se réunissait pour donner à ces voyageurs une haute idée des espaces qu'ils avaient parcourus. Quelquefois cependant la renommée publie le nom ou l'existence d'un objet inconnu, sans révéler sa distance réelle ni sa position précise : alors l'imagination rétrécit l'espace, rapproche l'objet éloigné ; c'est ainsi que les Grecs placèrent non loin des rivages de Sicile, les Colonnes d'Hercule illustrées par les exploits de ce héros ; ainsi, dans le système d'Eratosthènes, l'Asie perdit un tiers de sa longueur et de sa largeur, et, par une conséquence naturelle, l'Océan septentrional et l'Océan oriental furent supposés à de moindres distances.

Le premier système géographique qui mérite ce nom est celui d'*Hérodote*. Ce père de l'histoire donne, dans son ouvrage, une ample et excellente description des diverses régions du globe alors connues, et ses relations, dont l'exactitude fut d'abord regardée comme problématique, ont acquis un caractère d'authenticité à mesure que les découvertes se sont étendues. Comme tous les anciens qui tentèrent d'explorer l'intérieur de l'Afrique, Hérodote prit toujours le Nil pour guide ; la singularité de ses phénomènes, l'imposante grandeur des régions qu'il traverse, le mystère de sa source, tout se réunissait pour en faire l'objet le plus intéressant aux yeux des géographes. Hérodote paraît avoir connu son cours plus loin, probablement, que ne l'ont tracé les voyageurs européens modernes. D'Éléphantine, située à l'extrémité méridionale de l'Egypte, jusqu'à Meroé, capitale de l'Ethiopie, on comptait cinquante-deux journées, et pareille distance de cette ville au pays des Automoles ou exilés ; en tout cent quatre journées. Le terme en est difficile à fixer, cependant l'opinion qui fait venir ce grand fleuve de l'ouest, semble indiquer clairement le vrai Nil ou Bahr-el-Abiad des modernes.

En s'avançant vers l'ouest de l'Egypte, Hérodote (1) acquit des notions assez exactes sur les peuples qui habitaient les côtes de la Méditerranée jusqu'au détroit. Il eut aussi connaissance de la route qui conduisait à Fezzan, au travers du désert, par Ammon (Siwah) et Aegila (Augila), route que le major Rennell a parfaitement reconnue dans le pays des Garamantes ; de là, une chaîne de positions semble nous conduire jusqu'à ces monts les plus élevés de l'Atlas, qui séparent les pleines de Tafilet, de celles de Maroc. De ce côté, l'Afrique fut donc parfaitement explorée assez avant dans l'intérieur. Sa division en trois régions distinctes est exacte et judicieuse ; la première, fertile et cultivée ; la seconde agreste

―――――――――

(1) Lib. IV.

et habitée par les bêtes féroces, la troisième déserte et sablonneuse. Hérodote ne connut les régions du centre que par la courte narration de l'excursion des Nasamones que nous avons rapportée.

Au moyen de ces données positives, Hérodote complète son système par des suppositions arbitraires. Le Nil venant de l'ouest, il paraît très-naturel de penser que la rivière observée par les Nasamones y réunit ses eaux et forme la principale branche du plus grand fleuve de l'Afrique. Aucune observation moderne n'a, dans le fait, prouvé la fausseté de cette opinion, quoique les savans argumens du major Rennell l'aient dépouillée de toutes ses apparences de probabilité (1); il paraît, au contraire, d'après le témoignage de voyageurs très-modernes (2), que la même opinion, basée sur les mêmes données, prévaut dans tout le nord de l'Afrique.

Il est évident qu'Hérodote croyait l'Afrique environnée de tous les côtés par la mer, excepté ceux de l'isthme de Suez et

---

(1) Système géographique d'Hérodote.
(2) Jackson et Horneman.

du Nil : mais en donnant l'Arabie (1) pour la région du monde qui s'étend le plus loin vers le sud, il laisse voir, avec une égale évidence, qu'il se faisait une idée fausse des véritables proportions du continent Africain, dans cette direction.

Le second système généralement adopté par l'antiquité était celui d'*Eratosthènes*, bibliothécaire d'Alexandrie sous le règne de Ptolémée Philadelphe. Strabon développa ce système et n'y fit que de légères modifications; Mela, Pline et tous les auteurs classiques latins le prirent également pour base de leur travail.

Eratosthènes, comme son prédécesseur, pense que les côtes méridionales du continent Africain sont baignées par l'Océan : mais comme lui, aussi, il suppose que ce continent se termine au nord de l'équateur, et qu'au sortir du détroit, la côte tourne tout-à-coup vers l'est-sud-est, et suit cette direction jusqu'à ce qu'elle rejoigne la côte orientale, à peu près dans l'alignement du golfe Arabique. Il comparaît le continent Africain à un trapèse ou

---

(1) Lib. IV.

quadrilatère irrégulier, dont la Méditerranée formait un côté, le Nil un autre, la rive méridionale le grand côté, et la rive occidentale le petit côté (1). Les anciens géographes se trompaient tellement sur l'étendue de l'Afrique, que Pline même la regarde comme le moindre des trois continens connus (2).

Une autre hypothèse éminemment caractéristique de cette école, l'existence d'une zône torride inhabitable, fut sans doute suggérée par l'aspect des parties connues de l'Afrique. Ceux qui observèrent qu'au nord même du tropique, des sables arides réfléchissaient déjà une chaleur presque insupportable, en conclurent naturellement que l'homme ne pourrait exister dans un climat exposé aux rayons d'un soleil plus ardent. Ils auraient donc probablement fixé les frontières du désert, comme la limite que l'homme ne pouvait dépasser sans périr, si le long cours du Nil et la renommée du royaume d'Ethiopie ne leur avaient fait sentir la nécessité de

---

(1) Strabo. Lib. XVII.
(2) Plin. Lib. VI.

reculer cette barrière fatale. Ce fut donc sur le cours du Nil qu'on mesura l'étendue de l'Afrique habitable, vers le midi; et la limite fut poussée jusqu'au point de la navigation la plus reculée de ce fleuve, c'est-à-dire à trois mille stades environ, (près de quatre cents milles) au-delà de Meroé (1). Mais cette distance ne correspond point aux cinquante-deux jours de navigation indiqués par Hérodote ; d'où il faut conclure que, de son temps, on avait remonté le Nil plus haut que du temps d'Eratosthènes. Cependant ce dernier paraît connaître parfaitement toutes les particularités du cours supérieur de ce fleuve, la jonction avec ses eaux, par la rive orientale, de deux grandes rivières appelées Astabaras et Astaspus, dont la dernière, sortant des lacs situés dans la partie méridionale de l'Afrique, s'élevait à une grande hauteur pendant les pluies d'été, et fournissait alors presque seule les eaux du Nil. Il regarde comme impossible de découvrir les sources de ce grand fleuve,

---

(1) Lib. II, p. 65. (Ed. Casaub.)

qu'on croyait situées dans des régions que l'excès de la chaleur rendait inaccessibles. Néanmoins l'opinion qui faisait venir le Nil de l'occident prévalut encore, et Strabon rapporte une version qui place sa source aux extrémités de la Mauritanie. Mela et Pline adoptèrent cette idée en grande partie : nous rendrons, tout-à-l'heure, compte de leurs conjectures.

Le système de *Ptolémée*, qui obtint une réputation égale à celui d'Eratosthènes, ne se soutint pas, cependant, jusqu'au deuxième siècle de l'ère chrétienne. Son école augmenta beaucoup la somme des connaissances géographiques, mais n'apporta pas assez de soins et de circonspection dans quelques-unes de ses conjectures et de ses observations. Après avoir constaté que la limite océanique de l'Asie, fixée par Eratosthènes, n'était point exacte, elle tira de ce fait la conclusion téméraire que l'Asie n'était pas bornée par un Océan et se prolongeait, de toutes parts, continent inconnu et illimité. L'expédition d'un marchand d'Alexandrie leur fit connaître une partie considérable de la côte orientale d'Afrique, et comme cette partie se dirigeait vers l'Orient, on supposa hypothétiquement qu'elle continuait de suivre la même direction, et se réunissait à l'extrémité de l'Asie. Par cette supposition, la mer indienne ou Erythrée se trouvait renfermée dans un vaste bassin ; et des terres inconnues (*terra incognita*) formèrent en Asie, comme en Afrique, les limites du monde connu. Cette école rejeta toutefois l'opinion qui établissait une zône inhabitable. Ptolémée indique des lieux habités sous l'équateur et même près du tropique méridional : en admettant que plusieurs de ces lieux, tous même, aient été reculés trop loin vers le sud, on n'en voit pas moins clairement que Ptolémée croyait fermement qu'on pouvait habiter la région immédiatement placée sous la ligne.

Ptolémée paraît être le premier qui se soit formée une idée correcte du cours du Nil. Il le fait venir de l'ouest et place sa source dans les montagnes de la Lune. Ainsi qu'Eratosthènes, il amène de l'est, dans les eaux du Nil, les rivières Astaspus et Astabaras (les modernes Bahr-el-Azrek et Tacazze), et se trompe seulement en disant que leur jonction forme une isle à Meroé. A l'ouest du Nil, il décrit les vastes plaines de la Libye intérieure, arrosées par les grands fleuves Ghir et Niger. On a généralement pensé que cette description s'appliquait à la Nigritie moderne, que le Niger était le grand fleuve si connu en Europe sous cette dénomination, quoiqu'on ne la lui donne dans aucune partie de l'Afrique, et que le Ghir était la rivière de Bornou. M. Gosselin (1) cependant, et quelques géographes français ont prétendu récemment que Ptolémée ne connut jamais la Nigritie, et que, par les fleuves de la Libye intérieure, il faut entendre ceux qui arrosent le pays situé au sud de l'Atlas, et connu sous le nom de Bled-el-Jereede. Quelque paradoxale que puisse paraître cette opinion, au premier coup-d'œil, il ne faut pas la rejeter sans un sérieux examen. Le Ghir, en particulier, offre tant de points de ressemblance avec les fleuves réunis Adjidi et Blanco, qu'il paraît difficile d'en constater l'identité ;

---

(1) Géographie des anciens, vol. IV.

1°. le Ghir prend sa source dans le côté opposé de la même chaîne de montagnes qui sert de berceau au Bagrada, le moderne Mejerdah ; ce fait s'applique également à l'Adjidi : mais les fleuves de l'Afrique intérieure se trouvent à une énorme distance. 2°. Si les rivières de la Libye intérieure ne sont pas les mêmes que les rivières du Bled-el-Jereede, il faudrait donc supposer que Ptolémée ne connut jamais ces dernières, supposition tout-à-fait improbable. 3°. Les deux branches septentrionales du Ghir présentent une forte ressemblance avec l'Adjidi et le Blanco qui réunissent leurs eaux. Nous ajouterons que le mot *Ghir* appartient à l'idiome de ces contrées, et s'emploie pour désigner une rivière de Sigilmessa ; qu'enfin le nom de Libye convient mieux aux contrées méridionales de l'Atlas qu'aux régions centrales, constamment désignées sous le nom d'Ethiopie.

Malgré l'apparente impossibilité de réfuter de pareils argumens, d'autres circonstances de la description de Ptolémée nous portent à voir la Nigritie dans la contrée qu'il a décrite. Nuba Palus est un nom qui appartient à une partie de l'Afrique, toute différente de celle qu'arrose l'Adjidi ; le mont Mandrus, indiqué comme le terme occidental du cours du Niger, présente une forte analogie avec le pays de Manding ; Panagra rappelle également Wangara, et Caphas, Kaffaba. La description du Niger et du Ghir par Ptolémée et Agathemerus (1), qui les représentent comme μιγιϛτοι ποταμοι, des fleuves immenses, et les placent au même rang que le Nil, ne convient nullement à aucune des rivières qui descendent de la chaîne de l'Atlas ; on peut en dire autant de la direction du Niger : Ptolémée dit qu'il coule d'Orient en Occident, et toutes les rivières de Sigilmessa coulent du nord au sud. Enfin, si l'on ne suppose pas une communication ouverte à cette époque avec le centre du continent Africain, comment l'empire romain se serait-il procuré l'immense quantité d'or qu'il consommait et dont il ne paraît jamais avoir éprouvé la disette ? Le Périple (2) prouve que les

---

(1) Geog. Græc. minor. II, 49.
(2) Ib. 1, 4—10—51.

Romains ne tiraient l'or de la mer Rouge ni d'aucun des ports de l'Afrique, situés dans l'Océan. D'un autre côté, l'Inde était si loin de faire de ce métal un objet d'exportation, que, même à présent, la monnaie forme un article considérable d'importation européenne dans cette contrée; il semble, d'après cela, que les régions de Wangara et de Manding ont pu, seules, fournir une quantité suffisante de ce précieux métal à l'empire romain.

Comment parvenir à concilier deux opinions si différentes? Si des marchands égyptiens, du temps de Ptolémée, pénétrèrent réellement jusqu'aux bords du Niger, ils se dirigèrent certainement à l'ouest du Nil par la route de Darfour et de Beghermé; ils parvinrent donc au but de leur voyage, sans rencontrer aucune partie du grand désert dont Ptolémée ignora évidemment la véritable étendue. Ses descriptions ne fournissent aucune observation astronomique, aucune donnée positive, qui puissent servir à déterminer avec certitude les contrées traversées par ces marchands. En pareil cas, les anciens géographes, faute de renseignemens exacts, recouraient souvent aux conjectures, et, dans plus d'une circonstance, ils ont présenté comme limitrophes, des lieux séparés par de grandes distances. Nous pensons que Ptolémée, en suivant ici cette méthode, a rapproché du nord les régions centrales de l'Afrique ; que, dans le Ghir, il a réuni les sources de l'Adjidi à celles du Misselad, et qu'il a fait les rivières de Sigilmessa tributaires du Niger, en les rattachant, par hypothèse, à ce fleuve dont aucune portion cependant n'appartient à la région septentrionale. Tout considéré, Ptolémée, suivant grande apparence, ne connut rien de l'Afrique centrale au-delà du Niger, qu'il enferma, dans son système, avec la chaîne méridionale de l'Atlas ; par suite de ce système, les rivières qui sortent de cette chaîne, se trouvèrent transportées presque dans le voisinage immédiat du Niger.

Ce nous semble être ici le lieu de revendiquer pour l'Afrique, et le pays d'*Ophir* dont il a été fait mention au commencement du premier chapitre, et l'île de *Taprobane*. Si les Grecs et les Romains, dans les parties septentrionales de la Méditerranée, n'ont pas eu connaissance des mers qui baignent le continent africain au sud, et de la possibilité d'en faire le tour, doit-on inférer, de leur ignorance, que la navigation des peuples commerçans qui bordaient la mer rouge et l'Océan Atlantique n'était qu'imaginaire, et qu'ils ont simplement rêvé ce que les Portugais ont démontré par de nouveaux faits vers la fin du quinzième siècle. Mille ans avant notre ère, des vaisseaux phéniciens, frêtés par Salomon, faisaient le voyage d'Ophir, et revenaient la troisième année. Manquant de boussole, il est plus naturel de croire qu'ils suivaient les côtes, que de supposer qu'ils se soient aventurés dans la haute mer. On cite à la vérité Josephe (1), pour établir que les vaisseaux phéniciens fréquentèrent l'Indostan, mais un voyage où le grand trajet, depuis le débouquement du golfe arabique jusqu'à la côte du Malabar, est seulement d'un mois, ne pouvait employer trois ans. On prétend que les anciens, ignorant la nature des mous-

---

(1) S., 11.

sons périodiques, ne savaient pas en profiter pour accélérer leur voyage; mais il est difficile d'admettre qu'ils aient fréquenté les mers de l'Inde, sans être frappés de la régularité de ces vents ; il y a plus, la force de la mousson seule a pu les pousser au large, porter dans l'Inde, et leur faciliter le retour. Quels que soient le sens et l'origine inconnue du mot Tharsis, qu'il signifie l'Espagne ou la Grande mer, les flottes connues sous ce nom (1) revenaient chargées de productions évidemment africaines, mais principalement d'or. Aucune denrée propre à l'Inde, n'est citée. L'Ophir était le Pérou des Hébreux, et le livre de Job, le plus ancien peut-être qui existe, le nomme avec l'Ethiopie. En attendant donc que l'on prouve le contraire, nous croirons qu'il est plus naturel de chercher Ophir sur la route dont les anciens parlent le plus, et que les Phéniciens pouvaient suivre à l'aide du courant sans quitter la côte. Il faudrait le chercher jusqu'en Guinée, s'il n'y avait pas

---

(1) I Rois, 10 et 22.
(2) Job, 22, 24 et 28, 16.

Sofala sur la côte orientale, vis-à-vis de Madagascar. Sans rappeler ce que nous avons dit de la tentative ordonnée par Xerxès, des navigateurs phéniciens engagés par Necho, et d'Eudoxus qu'une tradition fait même aller en Espagne autour de l'Afrique, comme par le chemin le plus court (1), nous ferons remarquer seulement qu'Alexandre, après avoir conquis l'Inde, se proposait immédiatement d'envoyer, dans ces mêmes parages, une flotte entière, qui, mettant à la voile du golfe Persique, devait rentrer par les Colonnes d'Hercule (2).

Des critiques ont aussi placé *Taprobane* dans l'Asie, en faisant la plus grande violence aux termes et au sens précis des passages où les anciens en ont parlé. Elle était dans la mer orientale (3), vers le midi de l'Inde, à la distance de vingt journées, suivant Eratosthènes ; mais dans des embarcations de papyre, on y parvenait,

---

(1) Plin. Hist. nat., l. II, c. 68.
(2) Plut. Vie d'Alex., c. 68. Kant, Géogr. phys., II, p. 141—149.
(3) Strabon xv, 475.

suivant Onesicrite, amiral d'Alexandre, en sept journées (1). Strabon ajoute, pour plus de précision, qu'elle est située vis-à-vis de l'Ethiopie, à cinq cents stades plus à l'ouest que l'extrémité de l'Inde; qu'il y a, entre elle et l'Inde, un très-grand nombre d'îles, et que c'est la plus méridionale de toutes (2).

Comment a-t-il été possible de reconnaître Ceylan dans ces données qui toutes indiquent Madagascar (3)? Ceylan est à l'est du Decan, et Taprobane se trouvait dans l'ouest, à cinq cents stades de distance. A-t-on jamais pu employer sept jours et même vingt, pour découvrir Ceylan en partant du cap Comorin? Y rencontre-t-on une multitude d'îles? Mais, outre l'archipel des Maldives, il y a, sur la route de Madagascar, le groupe des Seychelles et des Amirantes. Etablir avec M. Gosselin (4), pour agrandir convenablement Ceylan, que les anciens avaient confondu

---

(1) Solini Polyhistor, c. LXVI.
(2) L. c. et II, 49, XI, 81.
(3) Kant, Géogr. phys. III, 385 et suiv.
(4) Géogr. des Grecs, p. 35 et 154.

avec cette île toute la côte de l'Inde depuis le golfe de Cambaye, ce ne serait qu'augmenter la difficulté, ce serait la rendre infinie. Quel serait alors ce cap méridional de l'Inde, duquel l'Inde-Taprobane fût éloignée de cinq cents stades? Peut-on admettre que les anciens, qui connaissent si bien l'intérieur de l'Inde, aient pris le golfe de Cambaye pour un canal, et n'aient pas remarqué le détroit de Manar? La supposition d'ailleurs est des plus gratuites: tous les géographes grecs et romains s'accordent à placer le cap Kory ou Coliaque sur le continent. Ils décrivent la Péninsule de Decan avec les plus grands détails, et ils en distinguent d'une manière très-positive l'île Taprobane, située dans le sud-ouest.

Les données varient beaucoup sur son étendue. Strabon (1) ne la croyait pas plus petite que la Grande-Bretagne en l'estimant, d'après Eratosthènes, à huit mille stades de long et à cinq mille de large. Onesicrite (2) lui en donnait sept mille de long sur cinq

---

(1) Lib. II, p. 89 ed Casaub.
(2) Solin, l. c.

mille de largeur. Denis Périegete (1) la peint comme très-vaste et entourée de monstres redoutables. P. Mela (2), s'appuyant du témoignage d'Hipparque, est incertain s'il doit voir en elle une île très-grande, ou l'extrémité d'un nouveau-monde. Pline (3) et Solin affirment que ce fut l'opinion dominante jusqu'au temps d'Alexandre. Suivant Ptolémée (4), elle occupe quinze degrés de latitude. Agathemer (5) la décrit comme la plus vaste de toutes les îles, en n'assignant à la Grande-Bretagne que le second rang. Il est impossible que les anciens aient parlé dans ce sens de Ceylan.

Aucun auteur ne cite la canelle parmi les productions de Taprobane ; Strabon, dans plusieurs passages, lui refuse même expressément cette denrée; mais le riz, le miel, le gingembre, les pierres précieuses, les métaux qu'elle récèle, suivant Ptolémée,

---

(1) Vers 592 et suiv.
(2) III, 7.
(3) VI, 22.
(4) VII, 4.
(5) II, 8.

appartiennent à Madagascar. Une double chaîne de montagnes traverse cette île dans toute sa longueur, et donne naissance à plusieurs belles rivières (1), dont une sort d'un grand lac. S'il n'y a plus d'éléphants aujourd'hui, leur race, d'ailleurs différente de celle de l'Inde, peut avoir été détruite dans l'espace de mille ans ; de même qu'on n'en trouve plus actuellement dans l'Afrique du N. O., où ils abondaient autrefois d'après le témoignage des anciens. Enfin, Taprobane était positivement dans l'hémisphère méridional, puisque les habitans avaient le soleil levant à leur droite, et qu'on n'y voyait plus l'étoile polaire ; Ceylan est en-deçà de la ligne.

---

(1) Malte-Brun, Précis de Géogr. un. v, p. 116.

CHAPITRE V.

Découvertes au moyen âge.

Le Califat. — Navigation des Arabes dans l'Océan Ethiopien et dans l'Océan Atlantique. — Notions sur l'intérieur de L'Afrique. — Les Zindges et les Ooucouacs.

A la décadence de l'Empire romain, une nouvelle puissance s'éleva dans l'Orient qui, par contre-coup, changea totalement l'état moral et politique du continent africain. Les Arabes mahométans, après avoir établi le siége de leur empire à Bagdad, dépouillant leur ancienne barbarie, commencèrent à prendre rang parmi les nations civilisées. Le califat offrit, pendant plusieurs siècles, une succession de souverains faits pour être comptés au nombre des princes les plus accomplis qui jamais aient occupé le trône. Les arts, enfans de la paix, se perfectionnèrent même au sein de la guerre, et les nations soumises à leur gouvernement entretenaient seules le feu sacré des sciences, éteint dans toutes les autres contrées. Le goût naturel de ce peuple célèbre pour les voyages, ses habitudes commerciales, son penchant décidé pour les études géographiques, tout l'entraînait vers des régions inconnues de l'Afrique. Le désert, loin d'effrayer les Arabes, leur rappelait, au contraire, le souvenir d'une patrie où les mêmes obstacles à franchir, les mêmes dangers à braver leur avaient appris depuis longtemps tous les moyens d'y pourvoir à leur sûreté. Le chameau, transporté sur un sol analogue à celui de sa naissance, donna la possibilité non-seulement de tenter, à travers le Sahara, de nouvelles découvertes, mais d'établir des communications régulières et assurées. Même avant l'introduction de l'islamisme, les Arabes, aussi cupides qu'audacieux, avaient pénétré chez les peuples les plus féroces aux extrémités de la terre connue. Suivant le témoignage d'Ezéchiel, d'Hérodote, de Diodore et de Strabon, ils apportaient de Canna, de Saba et d'Aden, des pierres et des métaux précieux; de l'Inde, des épices; d'Éthiopie, de l'ivoire et de l'encens : leurs villes Gerra et Petra étaient l'entrepôt général des denrées d'Afrique et d'Asie.

Le Coran, rédigé par un marchand-poëte, n'a point affaibli l'amour du gain chez cette nation ; quoiqu'il place le paradis des Musulmans à l'ombre des épées, il n'en recommande pas moins le négoce comme une industrie louable, et très-compatible même avec les expéditions militaires. Fidèles aux préceptes de Mahomet parfaitement adaptés à leur caractère, les Arabes ont étendu rapidement leur empire depuis les Moluques jusqu'aux Pyrénées. L'Afrique les intéressa principalement par les esclaves qu'elle a fournis toujours en abondance depuis l'antiquité la plus reculée, et par l'or qui venait des régions intérieures, non déguisé sous des formes qui exigeaient des connaissances et des manipulations chimiques, mais presque pur, et facile à séparer, par une simple opération mécanique, du sable qui s'y trouvait mêlé.

La première route qu'ils s'y ouvrirent paraît avoir été celle du Fezzan ; la caravane de Cassina la suit encore. Le passage est moins difficile par ce côté que par tout autre, l'immense largeur du désert se trouvant coupée par les grandes oasis de Fezzan, d'Agadez, et par plusieurs autres d'une moindre étendue. Au sortir du désert, les Arabes trouvèrent une contrée dont la fertilité, la beauté leur parurent d'autant plus grandes qu'ils avaient consumé plus de temps, supporté plus de fatigues pour y parvenir. Ce pays dut bientôt à l'imagination autant qu'à la réalité, une célébrité qui, vu l'état agité et incertain des provinces septentrionales, y attira de nombreux colons. Ceux qui se dérobèrent par la fuite aux armes victorieuses des Sarrasins, ceux qui succombèrent dans les querelles intestines, causes de la chûte du califat, cherchèrent également un asyle et une patrie nouvelle au fond de ce vaste continent. On ne peut assigner l'époque précise de ces émigrations : mais il paraît incontestable que du dixième au onzième siècle, il s'éleva, sur les rives du Niger, plusieurs royaumes dont les Mahométans formèrent la principale et dominante population.

A la côte orientale, poussant leurs navigations au-delà du détroit de Bab-el-Mandeb, le long de la terre Sendchebar, ils fondèrent Macdachoua, Melinda, Sofala, Keloua, Mosambique, et, franchissant le canal du dernier nom, s'établirent encore dans Madagascar (1), ainsi que dans les autres îles de cet archipel (2). Il paraîtrait même, d'après les débris d'un navire arabe de construction persane, trouvés dans la Méditerranée (3) qu'ils firent tout le tour de l'Afrique.

Du côté de l'Ouest, on a connaissance d'un voyage entrepris, par huit Arabes de Lisbonne, pour pénétrer jusqu'à l'extrémité de la mer *Ténébreuse*, et à la terre qui pouvait être à son occident. Après s'être avancés onze jours en pleine mer, dit la relation conservée par Ebn-al-Ouardi (4), ils traversèrent pendant douze jours une mer très houleuse et parvinrent, entraînés par les vents vers le Sud, à une île riche en

---

(1) Renaudot, anc. rel. des Indes, p. 305.
(2) Malte-Brun, Précis de Géogr. v, p. 114. — Cossigny, Amél. des Colonies, III, p. 245.
(3) Notice des Manuscr. du Roi, 1, p. 161.
(4) Ibid. II, p. 25.

brebis et appelée pour cette raison Djeziret el-Ghanam. Trouvant la chair de ces animaux trop amère, ils se contentèrent d'y faire de l'eau, et remirent à la voile. Après douze autres jours ils découvrirent une île dont les habitans se portèrent au-devant d'eux dans les barques et les conduisirent à une maison située sur le bord de la mer : ces hommes étaient rouges et de grande taille. Au bout de trois jours vint un interprète qui leur parla arabe. Informé du motif de leur voyage, le roi de l'île leur fit dire « qu'il avait également envoyé de ses sujets à la découverte dans cette vaste mer, qu'ils avaient cinglé vers l'Occident pendant un mois, et qu'enfin, arrêtés par les ténèbres dont ils furent surpris, ils étaient revenus sans avoir rien vu ». Ayant appris qu'ils étaient eux-mêmes à plus d'un mois de distance de chez eux, les navigateurs arabes se rembarquèrent et revinrent à Lisbonne où, en mémoire de cet événement, on donna à un quartier de la ville le nom d'*Almagrourim* (errans ou qui se sont trompés).

Il est difficile de concevoir comment on a pu reconnaître, dans ces aventuriers les précurseurs de Chr. Colomb, ou dans leurs îles l'ancienne Atlantide. Analysons un moment le récit d'Ebn-al-Ouardi. Les Almagrourim trouvent dans la principale île un interprète arabe; donc ils ne sont pas les premiers navigateurs de leur nation qui l'aient visitée. Il paraît que l'on y connaissait la distance de Lisbonne, et tout indique que cette tentative d'explorer l'Océan Atlantique, faite avant 1147 où les Arabes perdirent Lisbonne, n'était pas la seule de cette espèce. Elle a été répétée postérieurement en 1281 par deux frères Vivaldi, de Gênes, qui ne sont point revenus (1). Un Catalan, J. Ferne partit de Majorque en 1346 dans la même intention, et Ant. Usodimare y fut en 1455. Rien ne démontre, du reste, que les îles où les Almagrourim ont abordé, appartiennent au groupe des Canaries que les Arabes fréquentaient déjà.

Malheureusement les relations détaillées des différentes expéditions tentées ou exécutées à cette époque par les Arabes n'existent plus ou sont ignorées en Europe.

---

(1) Graberg, Annali di Stat, II, pag. 290 et 291.

Il est certain cependant qu'ils ont pénétré plus avant dans l'Afrique que n'avaient fait les Grecs et les Romains, et qu'ils connaissaient mieux l'intérieur de cette partie du globe que nous ne le connaissons même aujourd'hui. A défaut de relations historiques, nous donnerons donc une description sommaire du continent africain, puisée dans les monumens géographiques des Arabes, pour faciliter l'intelligence des itinéraires d'Ebn Batouta et de Léon, les seuls qui ne soient pas perdus.

Les géographes orientaux, dans leurs descriptions du globe, divisent généralement la terre par climats ou bandes parallèles, en allant de l'occident. C'est la méthode qu'a suivie *Ebn-al-Wardi*, auteur du treizième siècle, le premier qui, dans sa *Perle des Merveilles*, ait donné un précis de géographie universelle (1). L'Afrique qu'il nomme *Mogreb* ou l'occident, est bornée d'un côté par la mer *Ténébreuse* (Moudhlim), au-delà de laquelle personne n'a pénétré, et qui renferme entr'autres les îles *Khâlidat* ou Fortunées, dans chacune

---

(1) Notices des Manuscrits du Roi, II, p. 19 et s.

desquelles il y a une statue d'airain haute de cent coudées, qui montre de son doigt qu'on ne peut aller au-delà. Ebn al-Wardi n'en paraît connaître que quatre. Les Arabes en racontent généralement beaucoup de merveilles, mais comme ils appellent du même nom une île et une presqu'île, et souvent même des parties du continent environnées d'eau de plusieurs côtés, on ne sait toujours exactement à quelle contrée les détails doivent s'appliquer.

Ebn-al-Wardi divise le Mogreb en trois parties : 1°. Sous al-Aksa, 2°. Aousath, 3°. Sous al-Adna.

Sous al-Aksa (l'éloignée) est un pays vaste, très-fertile et très-peuplé ; il produit les plus hautes et les plus grosses cannes à sucre. On y fabrique aussi des étoffes très-estimées. Parmi les principales villes, l'auteur cite *Teroudant*, l'ancienne demeure des rois : elle est sur la route des Aghmât, près d'une chaîne de montagnes très-hautes, bien boisées et garnies d'un grand nombre de châteaux faciles à défendre. *Aghmât-Arika* est une ville riche, située dans un territoire très-fertile sur le penchant d'une montagne et traversée par une rivière. *Akhmât-Ilan*, au pied de la montagne, est habitée par des Juifs. *Sedgelmata*, belle ville située dans une contrée fertile, et si grande qu'on ne peut la traverser en une demi-journée. *Rhèz* est formée de deux villes, la grande et la petite, séparées l'une de l'autre par une rivière qui vient du pays des Senahedgiens : la première est appelée Andalous et la seconde Courounas. *Sebta* a des pêcheries de très-beau mirdgian ou corail.

Le nom de sous du milieu, *Aousath*, désigne l'Espagne et le Portugal.

Sous al-Adna, ou la plus voisine, comprend les Alouhat, Barca, le désert d'Occident et Alexandrie.

Les *Alouhat* ou Oisis sont habitées par des Berbers ou par des Noirs, remplies de villages et situées le long des montagnes qui s'étendent entre l'Egypte et le Désert. Elles recèlent des ânes sauvages marqués de blanc et de noir, et tellement attachés au territoire qu'ils meurent quand on les en fait sortir. On y plantait autrefois beaucoup de safran et des cannes à sucre. Le pays de *Schanteria* est peuplé de Berbers mêlés avec des Arabes. On y trouve une ville du même nom et des mines de fer. Entre Schanteria et Alexandrie il y a un grand désert qui renferme plusieurs villes enchantées dont Ebn al-Wardi lui-même dit qu'on ne raconte que des fables. La ville de *Barca*, qui a donné son nom au pays, est ruinée. Il n'y a que peu d'habitans qui cultivent du safran. *Alexandrie* est la dernière ville du Mogreb, située sur le bord de la mer de Syrie, très-industrieuse et très-commerçante. Son phare est surmonté d'un miroir qui sert à faire apercevoir les vaisseaux de très-loin en mer.

Selon *Masoudi* qui, au dixième siècle, écrivit une histoire universelle sous le titre de *Prairies d'or* (1), Sous-al-*Adna*, a d'étendue environ 20 jours de marche. Au-delà se trouve un torrent de sable que l'on traverse pour arriver dans la ville de Nehas. C'est dans ce pays qu'ont paru premièrement les *Kharedgites*, devenus très-puissans en Afrique, mais dont on ne connaît pas l'origine; quelques auteurs croient que

---

(1) Notices des Manuscrits du Roi, II, 14.

ce sont des Persans qui, abandonnant les environs d'Ispahan, sont venus s'établir dans ces contrées écartées. Les *Aglabites* qui régnaient dans le neuvième siècle et s'emparèrent de la Sicile, sont aussi sortis de cette partie de l'Afrique.

D'après *Tabari*, cité par Schéhabeddin (1) dans son *Livre des Perles*, les *Berbers*, arborigènes de cette partie d'Afrique, descendent des Amalécites, et ce fut *Afrikis*, prince hémyarite, qui les transféra, par l'ordre du prophète David, dans ces contrées éloignées. Les voyant mécontens, leur chef dit : « Ces Cananéens murmurent (*berberna*) de ce que je les ai fait passer d'une terre stérile dans un lieu d'abondance »; c'est de là que leur vint le nom de Berbers, et au pays celui d'Afrikia. Suivant l'opinion d'Abdolbar, dans son *Traité des Généalogies*, les Berbers ont une origine commune avec les Égyptiens qui sont les descendans de Kibt, fils de Cham, fils de Noé. Kibt s'établit en Égypte, et c'est sur sa postérité que régnèrent les Pharaons. Ce royaume étant passé à Kaïs-Gaila, un

---

(1) Notices des Manuscrits du Roi, II, p. 152.

de ses fils nommé *Berr* se sépara de lui et vint s'établir dans le pays de Mogreb (ou Magreb) ; ce qui fit dire de lui : *Berr berra*, Berr s'est retiré dans le désert, et depuis ce temps on lui donna le nom de Berber (1).

Mesr ou l'Egypte est située à l'occident la montagne de Dgialout ; du côté de l'orient elle a celle de Morattham qui s'étend jusqu'à Asouan : on compte dans la partie basse quatre-vingt cinq *koura* ou districts, et quarante dans la partie haute ; il y a de grands trésors enfouis, et beaucoup de savans. Parmi les villes d'Egypte, Ebnal-Wardi cite *Phosthath*, fondée par Amrou, fils d'Al-As, qui avait établi sa tente à cet endroit et fit construire une mosquée à la place d'une église des Chrétiens qu'il détruisit. Elle est vis-à-vis de l'île *Raoudha*, nommée encore *Dar al-Mikias* ou maison de la mesure, parce que c'est-là qu'on prend la hauteur du Nil. A l'orient de Phosthath sont des ruines qu'on dit être celles d'une autre ville, détruite par Schaour, vizir du Khalif Adhed, dans la crainte que les Francs ne s'en emparas-

---

(1) Sylvestre de Sacy, l. c. 154.

sent. *Aïn-Schams*, c'est-à-dire fontaine du soleil (Heliopolis) anciennement la demeure des rois, est située à l'orient ou *Caire*, alors déjà grande ville de commerce. On y trouve le baume *Balsan* transplanté de la Mecque et qu'on ne trouve point ailleurs. Près de *Dgizé*, située sur le bord occidental du Nil, se trouvent les pyramides *Haram*, elles sont hautes de 100 coudées mélikeennes équivalant à 500 coudées ordinaires. Tous les Arabes sont persuadés qu'elles renferment de grands trésors défendus par des talismans. Le Khalif Mamoum dépensa des sommes considérables pour en démolir une; mais il ne put parvenir qu'à faire une petite ouverture, ce qui a fait dire aux poëtes du temps : « Regarde ces pyramides et apprends d'elles à connaître les siècles qui se sont écoulés; si elles parlaient, elles t'instruiraient de celui qui a fait le passé, et qui fait l'avenir. Ce sont des édifices que les siècles redoutent; ceux que nous élevons redoutent les siècles! » *Phaïoum* est une grande ville bâtie par Joseph, dans un territoire très fertile, où l'on compte 360 villages; il y a un canal qui vient du Nil. *Zamackhir* ville ancienne et agréable, est voisine de la chaîne des montagnes de *Thilmouk* qui part de l'occident, et à travers laquelle le Nil passe avec une telle impétuosité que les vaisseaux ne peuvent le remonter pour aller à Asouan. Malgré cette cause naturelle l'auteur ajoute qu'on prétend qu'il y a sur le sommet de la montagne un palais, habité par une magicienne, nommée *Kharba* et que c'est elle qui arrête les vaisseaux. On gagne *Assouan* ville bâtie à l'extrémité du Saïd ou de la Haute-Egypte, par la montagne *Alaki* ou Allaki, située dans un terrain sablonneux qui renferme des mines d'or et d'argent. Au midi du Nil est une autre montagne où l'on exploite une mine d'émeraudes, la seule de cette espèce qui soit au monde. Les sables de *Remal-Addhim* (sables de Dhim) sont si extraordinaires qu'un os qu'on y enfouit est pétrifié sept jours après. Au midi d'Asouan il y avait une muraille actuellement ruinée qui défendait tout le pays. On la nomme *Hhaïth-al-Adgiouz*; (mur de la vieille) et on la croit bâtie par Dalouka, ancienne reine d'Egypte et magicienne fameuse. Masoudi, écrivain du dixième siècle, assure qu'on en voyait encore de son temps des vestiges (1).

Delà, Ebn-al-Wardi passe à *Kolzoum*, contrée située entre l'Egypte et la Syrie. Il y avait deux villes de ce nom qui sont tombées en ruines sous la domination des Arabes. Le désert de *Tih* que les Israélites ont traversé, a cinq journée d'étendue et est parfaitement uni. Près d'un fort du même nom est le petit village *Akaba-Ila*, (pointe ou fin d'Ila) situé sur une montagne très-escarpée, et dont Danville a fait deux places.

Dans la seconde bande, Ebn al-Wardi range, en recommençant par l'ouest, *Maghrara* (ou Taghrara ou Maghzara) contrée du pays des Soudans ou des Noirs, dont la principale ville, située sur le bord de la mer porte le nom d'*Oulili* (ou Oulbali ou Ouliki); il s'y fait un grand commerce de sel avec l'intérieur. *Sala*, grande ville sur le Nil, peuplée d'habitans braves. *Tekrour* (ou Tecdour), autre grande ville au sud-est du Nil, a des mines d'or, ainsi que *Lamlam* qui est dans l'intérieur des

---

(1) Not. des Man. du Roi, 1, 25. (2) Ib 11, 31.

terres. Tout le reste du pays de Maghrara ne consiste qu'en déserts où il n'y a ni eau ni pâturages.

Ouangara (ou Wabtara ou Wanfara), autre contrée des Soudans, à l'orient de Maghrara, a 300 milles de long sur 150 de large, et renferme entre beaucoup d'autres une ville du même nom. C'est le pays de l'or et des aromates. La grande eau l'environne de trois côtés, et le Nil, dans son débordement, en couvre la plus grande partie. Lorsqu'il est retiré, les habitans vont ramasser l'or; mais le roi possède un canton particulier où ses gens seuls le recueillent. Cet or s'exporte en grande partie à Sédgelmesse. La ville de *Samkara* se trouve située dans les terres, et au sud des peuples nommés *Ghama*: ce sont des nomades errant, avec leurs chameaux et leurs bestiaux sur le bord d'une rivière qui vient de l'orient et débouche dans le Nil. Les habitans de *Ghainara*, ville située sur le bord du Nil et ceinte d'un fossé rempli d'eau, sont braves et font des courses dans le pays de Lamlam pour enlever des hommes qu'ils vendent aux étrangers.

Le *Karkar* comprend plusieurs royaumes qui prennent le nom de leurs capitales. La ville de Karkar est sur une rivière qui vient du nord et va se perdre dans les sables du désert. Les peuples de cette contrée sont très-nombreux ; ils portent des ornemens d'or et s'habillent avec des peaux préparées. Le souverain est très-puissant, et met sur pied de grandes armées. Leur pays confine à celui des mines d'or. Lorsque les marchands s'y rendent, on tire une ligne; d'un côté les habitans mettent leur or et de l'autre les marchands placent leurs denrées : on se retire de part et d'autre et on ne revient que le lendemain matin. Alors si l'on est content de l'échange, on enlève la valeur offerte ; mais si l'on tarde trop longtemps, les habitans mettent le feu aux marchandises, reprennent leur or et massacrent les étrangers qui se révoltent. Le pays de *Dahdam* est sur le bord de l'eau, à l'ouest de celui de Karkar qu'on traverse pour y arriver. Il contient plusieurs royaumes dont les chefs sont soumis au roi de Dahdam. Ces peuples sont barbares, anthropophages et adorent la statue d'une femme vers laquelle ils vont en pèlerinage.

Ghana, capitale d'un royaume puissant du même nom, situé au nord de Maghrara, est une des plus grandes villes du pays des Noirs, et divisée en deux parties par le Nil. Tous les marchands des autres contrées y affluent pour en rapporter de l'or dont la terre est couverte. Ceux de Sedgelmesse s'y rendent en douze jours à travers des déserts où il n'y a point d'eau : on y porte des figues, du sel, du cuivre et de l'ouada. Les habitans ont sur le Nil des bateaux. On dit que le souverain est musulman. *Camdounia*, autre pays situé au nord de Maghrara près de la mer, a des déserts vers l'est, où l'on trouve des serpens monstrueux que les Noirs prennent à la chasse pour les saler et manger. Il y a dans ce pays une montagne aride appelée *Cahoun*, qui se perd dans les nues ; ses rochers sont si brillans qu'on ne peut les regarder lorsque le soleil y darde ses rayons. Les habitans de *Konem*, pays qui s'étend le long du Nil, sont presque tous des musulmans de la secte de l'Iman Malik.

Nouba ; ce vaste pays a trois mois de chemin d'étendue et commence aux frontières de l'Egypte ; il renferme des mines d'or et d'argent. On affirme que le philosophe Lokman était originaire de cette contrée. Les habitans sont chrétiens et divisés en deux parties : l'une appelée *Aloua* qui demeurent dans une grande ville nommée *Ouailoula* ; l'autre *Nouba*, dont la ville est *Dounkala*, située, comme la première, sur le bord occidental du Nil. Ces Noirs sont les plus beaux et les plus estimés que l'on connaisse ; les femmes sont également très belles, agréables, pleines de talens, et d'un haut prix. La ville de Nouba est à quatre journées du Nil. Le pays récèle des éléphans, des giraffes, des singes et des gazelles. *Tharmi* ou *Tarha* grande ville située sur un lac formé par les eaux du Nil est remarquable par une statue que l'on suppose être celle d'un homme qui, à cause de sa méchanceté, a été ainsi pétrifié. *Ouailac*, autre grande ville, sert de rendez-vous aux marchands Nubiens et Abyssins. Elle est à six journées de chemin de la montagne Dgianadel où les vaisseaux des Egyptiens et des noirs relâchent.

Habaschah, l'Abyssinie, grand pays situé vis-à-vis de l'Hedgiaz (en Arabie) dont il est séparé par la mer, s'étend depuis l'orient de la Nubie jusqu'à son midi. Les Abyssins s'étaient emparés de l'Yemen avant Mahomet; ils sont Chrétiens. On recherche beaucoup les eunuques de ce pays et les femmes esclaves, qui sont très belles. *Kaabar* est la résidence du Nadgiaschi (empereur d'Ethiopie); la contrée abonde en bananiers. *Zaila* (ou Zala) pays au sud de l'Ethiopie est très peuplé; les habitans suivent la religion musulmane. *Badgia* pays situé entre l'Ethiopie et la Nubie: les habitans mêlés d'Arabes sont idolâtres, mais braves et honnêtes envers les marchands; ils tirent beaucoup d'or des sables par le lavage. *Aidab* est une ville commerçante environnée de déserts. Il y a un officier de la part du roi de Badgia et un de la part du sultan d'Egypte. Les *Balioun* peuple établi sur le bord de la mer du côté de Badgia, vis-à-vis de Hedgiac sont chrétiens de la secte des Jacobites, braves et très incommodes à leurs voisins. Le *Barbara* situé sur le bord de la mer vis-à-vis de l'Yémen confine à la Nubie et est très peuplé. On y voit une montagne appelée *Canouni* qui a sept sommets et s'étend à quarante milles dans la mer. Sur un de ces sommets il y a une petite ville qu'on nomme Haouïa. Les Barbarans mangent des grenouilles et vont en mer à la pêche.

Le territoire des *Zindges* est situé vis-à-vis de l'Inde dont il est séparé par la grande mer, et s'étend jusqu'à la Sophala d'or et au pays de Ouacouac (1). Ses Zindges, qui sont les plus braves d'entre les Nègres, font la guerre sur des bœufs ; ils ne possèdent, ni chevaux, ni éléphants apprivoisés, ni chameaux. Ils n'ont point de vaisseaux non plus ; les habitans d'Oman vont chez eux pour acheter des enfans et les revendre ailleurs. On y traite aussi des dents d'éléphants, des peaux de tigres (onces, léopards), de la soie et de l'orcada qu'ils tirent des îles qui sont dans leur voisinage. Au-dessus de leur pays est une montagne où le Nil se divise.

Les habitans de *Damadem*, sont les Tatars des Soudans ; ils ne cessent de faire la guerre à leurs voisins et de ravager leur pays. C'est chez eux que le Nil se partage

---

(1) Manuscr. du Roi, II, 40.

pour aller d'un côté en Egypte et de l'autre dans le pays des Zindges.

Le *Sophala-eddhabad* ou Sophala d'or est voisin des Zindges, très étendu, riche en mines d'excellent fer et en or, que les vaisseaux d'Oman et de Siraph viennent y charger. Ce pays confine avec les *Ouacouacs*, qui suivant Massoudi, forment une nation très puissante. Leur roi peut mettre sur pied une armée de 300 mille hommes : il porte le titre de Phalimi, Aphlimi, ou suivant Quatremère (1), celui de *Wakliman* (fils du seigneur suprême), et tient les Zindges sous ses lois (2). Voilà donc les Zindges et les Ouacouacs réunis en un seul et même empire. A un jour ou deux de navigation du pays des Zindges est une île habitée par les Musulmans qu'on nomme Phanbalon ou Caniclou, c'est probablement Madagascar. (3)

Quelques critiques modernes ont pres-

---

(1) Mém. geogr. et hist. sur l'Egypte, etc. II, pag. 185 et 187.

(2) Manuscr. du Roi, 1, 15.

(3) Etienne Quatremère, Mém. géogr. et hist. sur l'Egypte, etc. II, p. 182 et suiv.

que douté de l'existence des *Ouacouacs*, parcequ'ils ne pouvaient les retrouver sous le même nom qui paraît avoir déjà frappé les oreilles Arabes. Bakoui, écrivain du quinzième siècle, en plaçant, (d'après des auteurs plus anciens qu'il a peut-être mal compris ou mal copiés) les *Dgeziret* (îles *ou* péninsules) Ouakouak dans la mer de Sin, autour des îles de Zanedge, rapporte qu'on y trouve un arbre extraordinaire auprès duquel on entend une voix qui semble dire Ouakouak (1). La carte jointe à l'ouvrage d'Ebn al-Wardi place aussi par un double emploi, dans la même région de la mer de Sin, près d'une île Zanedge, une autre appelée Ouacouac (2). Il faut chercher, sans doute la première cause de cette fausse position assignée au pays des Ouacouacs dans le Discours d'Abouzeïd el Hacen de Siraph, voyageur du neuvième siècle, et que l'abbé Renaudot a traduit dans ses *Anciennes Relations* des Indes et de la Chine. Abouzeïd dit (3), en

---

(1) Manuscr. du Roi, II, 339
(2) Idem. II, 56.
(3) Renaudot, p. 111.

parlant de l'Inde, que le pays de Zinges est d'une grande étendue : on y sème ordinairement du mil qui est la nourriture des nègres ; on y trouve aussi la canne à sucre. Les différens rois qui le gouvernent sont continuellement en guerre les uns contre les autres. Ils ont dans le cœur une grande vénération pour les Arabes, et lorsqu'ils en voyent un, ils se prosternent devant lui, et ils disent, cet homme vient du royaume où croissent les palmiers qui portent les dattes, dont ils font beaucoup d'estime. Il y en a qui, fesant profession d'une vie religieuse, sont couverts d'une peau de léopard ou de singe. On apporte de ce pays-là des peaux de léopards appelés *Zingiet*, tachetées de rouge et de noir, qui sont fort grandes et fort larges. Tous les détails de cette description s'appliquent parfaitement aux Nègres de l'Afrique. Au surplus, comme pour ne laisser aucun doute sur la région désignée, Abouzeïd ajoute immédiatement, qu'on trouve dans cette mer, près du pays des Zinges et de celui des Arabes, l'île de Socotra où croit l'aloès, et qu'Alexandre pour s'assurer la propriété de ce remède, alors précieux, y établit une colonie de Grecs qui dans la suite embrassèrent le christianisme. Après avoir dit ensuite quelques mots de la mer, nommée communément mer de la Chine (1), qui est à la droite des Indes en partant de Homan, et où l'on trouve, vers les confins des Nègres (2), le pays de Sihar qui produit l'encens, Abouzeïd décrit rapidement les côtes orientales de la mer Rouge où les vaisseaux de Siraph n'osent se hasarder (3), et termine ainsi la revue de ces parages : depuis Colzoum la mer s'étend le long de la côte du pays des Barbares jusqu'à l'opposite du pays de l'Yemen, et elle s'étend ensuite le long de la côte d'Ethiopie d'où on apporte des peaux de léopards de Barbarie, qui sont les meilleures de toutes et les mieux préparées, et le long de la côte de Zeilah où on trouve des écailles de tortue et le meilleur ambre gris.

Tous ces détails nous ramènent constamment vers le siége principal des Zin-

---

(1) Quatremère, Mém. sur l'Egypte, II, 22.
(2) Renaudot, p. 117.
(3) Idem, pag. 116.

ges, dans le voisinage de Sophola et de Ouacouac. En nous apprenant que Masoudi place aussi dans l'Inde des peuples qu'il appelle Zinges, Deguignes (1), rappelle très-justement l'idée des anciens qui ont également donné aux Ethiopiens le nom d'Indiens ; et d'Herbelot observe que les Persans nomment Siah-Hindou (Indiens noirs) les Zinges qui, sortis de l'Afrique, s'étaient rendus puissans dans la Syrie vers la fin du neuvième siècle.

Masoudi fait descendre les Soudans ou Nègres des enfans de Canaan qui, traversant le Nil, passèrent plus avant et se dispersèrent : les uns formèrent, à l'Orient, les Nubiens, les Badgé ; d'autres, à l'Occident, les Zaghoué, les Ghafou ou Kacou, les Akma, les Ghabé et autres Ethiopiens, et les Damadamiens. Quelques-uns allèrent entre l'Orient et l'Occident : ce sont les Zinges, les Maskou et les Berbers ; on passe par leur pays pour aller dans ceux de Dahlac, de Zila et de Badia.

Il ne nous reste plus maintenant que d'ajouter une note qui se trouve chez

---

(1) Manuscr. du Roi. 1, 15.

Schéhabeddin (1), sur la source mystérieuse du Nil dans les montagnes de la Lune, et sur le cours ultérieur de ce fleuve.

« Au milieu de l'île (presqu'île du Mogreb) sont les déserts des Nègres, qui séparent le pays des Nègres de celui des Berbers. Dans cette île est aussi la source de ce grand fleuve qui n'a point de pareil sur la terre : il sort de la *Montagne de la Lune* qui est au-delà de l'équateur. Dans la première nuit du mois lunaire, cette montagne commence à se colorer, et elle prend toujours de nouvelles couleurs, jusqu'au milieu du mois, où, la lune étant dans son plein, les yeux ne peuvent plus en soutenir l'éclat. Plusieurs sources jaillissent du pied de cette montagne, et se réunissent dans un grand lac dont les eaux prennent les mêmes couleurs que la montagne : on ignore si ces couleurs sont réfléchies du lac sur la montagne ou de la montagne sur le lac, ou si l'un et l'autre les reçoivent immédiatement de la lune. De ce lac sort le Nil, le plus grand et le

---

(1) Manuscr. du Roi, II, 155.

plus beau des fleuves de toute la terre. Plusieurs rivières, dérivées de ce grand fleuve, arrosent la Nubie et le pays de Djénawa. Il coupe horizontalement l'équateur, arrose l'Abyssinie et le pays de Coucou, vient à Syene, traverse l'Egypte dans toute sa longueur et se jette dans la mer entre Tunis et Damiette. La branche qui coule dans le pays Djénawa n'arrive point à l'Océan ; elle ne coule que jusqu'à l'extrémité de la partie de cette contrée qui est habitée. »

CHAPITRE VI.

Voyages d'Arabes dans l'Afrique centrale.

Ebn-Batouta. — Tégâsa. — Eiwelâten. — Saghari. — Kârssekhou. — Mâli. — Mœurs des Nègres. — Tombouctou. — Tekedda. — Dehkâr. — Tewât. — *El-Hassani* ou Léon l'Africain.

Abou Abd Allah Mohammed Bén Mohammed Bén Ibrahim el Liwâti Ettandschi, surnommé *Ebn Batouta*, de Tanger, quitta sa ville natale en 725 (de l'hégire) à l'âge de vingt-deux ans, pour faire le pèlerinage de la Mecque, parcourut ensuite seul, pendant vingt années, par un entraînement irrésistible de curiosité, l'Egypte, l'Arabie, la Syrie, l'empire Grec, la Tartarie, la Perse, l'Inde, les Maldives, Ceylan, le Bengale, Java, la Chine; de retour dans sa patrie, par l'Arabie et l'Egypte, il alla voir l'Espagne; enfin, ayant franchi de nouveau le détroit, il pénétra dans la Nigritie, et visita Tombouctou et Melli.

Il paraît avoir composé lui-même une relation étendue de ses voyages, dont un autre Arabe de la Mauritanie, Mohammed ben Mohammed ben Achmed ben Hasi el Kelebi, rédigea dans la suite un abrégé par ordre d'El Motewakkel Ala Allah, sultan de Fez. L'infortuné Seetzen l'a fait connaître le premier, quoique imparfaitement, en Europe (1), d'après un exemplaire du Précis qu'il avait acheté au Caire. Il existe à la vérité, dans la bibliothèque de Gotha, un manuscrit en caractères mauritaniens, sans commencement ni fin, portant à la tête ces mots : «grand itinéraire d'Ebn Batouta», et contenant en cinq chapitres, sur vingt-huit pages, le récit d'un voyage à la Mecque par l'Arabie, et de la Mecque à Médine ; rien cependant ne prouve que ce soit effectivement une partie de la relation originale d'Ebn Batouta. Seetzen affirme qu'il existe à Vienne, dans la bibliothèque de Dombay, un exemplaire du grand ouvrage, et que le fragment de Gotha n'en est pas. Quoi qu'il

---

(1) Zach, Correspondance astronomique de l'an 1808, tom. XVII, p. 293.

en soit, le monde savant a de grandes obligations à M. J. G. L. Kosegarten, professeur à Iéna, d'avoir publié, du manuscrit acquis au Caire; trois sections, dont une renferme le voyage d'Ebn Batouta en Afrique que nous nous empressons ici de faire connaître en entier à nos lecteurs.

» M'étant proposé de faire un voyage dans le pays des Nègres, je me rendis à *Sedgelmâsse*, ville très-belle, et riche en dattes comme Basra; je la quittai vers le commencement de l'année 53 avec une caravane de marchands. Au bout de vingt jours j'atteignis *Tegâsa*. Ce que cette ville offre de remarquable c'est que les maisons et les temples sont construits de sel gemme, et recouverts en peaux de chameaux. Le territoire est entièrement composé de sables et ne produit aucun arbre. Il y a des mines de bon sel (1) qui se trouve en forme de plaques épaisses et adhérentes les unes aux autres, comme si elles eussent été déposées dans la terre toutes polies : deux d'entre elles font la

(1) Cf. Léon, Descrip. de l'Afr., édit. de Lyon, pag. 319; Aloys. de Cadamoste, p. 412; et Adams, Narrative, p. 49.

charge d'un chameau. Elle n'est peuplée que d'esclaves des Messofites qui exploitent le sel, et vivent de dattes qu'on leur apporte de Sedgelmàsse, ou de chair de chameaux fournie par les Nègres qui viennent chercher du sel. On fait chez les Nègres commerce de sel, comme on en fait chez nous d'or et d'argent; ils le divisent en petites tablettes, dont ils se servent en guise d'eau, et qu'ils portent sur eux en traversant le désert. Le trajet est de dix jours; on n'y trouve point d'eau, mais beaucoup de truffes (1); pour tuer les tiques dont il y a une multitude, les hommes se mettent sur la nuque une baguette garnie de vif argent. Nous arrivâmes ensuite à *Tassahl* où les caravanes prennent quelques jours de repos. Les marchands y expédient aussi, par quelque Messofite, des lettres aux habitans de la ville Eiwelâtén (2), pour retenir des logemens. Entre Tassahl et Eiwelâten s'étend, l'espace de douze journées, un désert

---

(1) Cf. Saugnier, dans: Voyages au Sénégal, par Delaborde, p. 32.

(2) Probablement Walet, Cf. Adams, narrative, pag. 125.

fréquenté par des esprits qui souvent fascinent le messager au point qu'il périt, et occasionne ainsi la mort d'une grande partie de la caravane. Car si le messager atteint heureusement Eiwelâtén, les habitans vont au-devant de la caravane l'espace de quatre journées, en apportant de l'eau ; mais s'il lui arrive un accident, personne ne vient, et la caravane est exposée à périr de soif. Ce désert est si resplendissant que l'âme s'en réjouit ; on n'y rencontre point de voleurs.

Deux mois juste après notre départ de Sedgelmâsse nous gagnâmes *Eiwelâtén*, premier endroit dans le territoire des Nègres. A leur arrivée les marchands déposèrent leurs denrées dans une place, et les Nègres les prirent sous leur garde. Les Messofites, qui forment la majeure partie de la population d'Eiwelâtén, ont des mœurs particulières ; car les hommes ne sont point jaloux. La chaleur y est excessive ; les palmiers y sont rares, et l'on sème des melons à leur ombre ; les habitans entretiennent beaucoup de brebis. Les femmes sont d'une très grande beauté et plus considérées que les hommes. Les hommes ne prennent pas le nom de leur père, mais celui de leur oncle, et ils n'ont pour héritiers que les enfans de leurs sœurs : jusqu'alors j'avais observé cet usage seulement chez les payens du Malabar ; mais ceux-ci sont Musulmans et très assidus à la prière. Ils ont des relations étroites avec les femmes des autres, et les femmes en forment réciproquement avec les maris d'autres femmes : un homme qui, en rentrant chez lui, y surprend l'ami avec sa femme, ne s'en offense pas. En allant un jour voir le juge d'Eiwelâtén, je trouvai auprès de lui, une jeune femme fort belle : saisi de son aspect, je voulus reculer; mais le juge se mit à rire et la femme ne rougit point : C'est mon amie, me dit-il. Cette manière m'étonna, car c'était un homme très versé dans les lois et un pieux pélerin ; je ne suis plus allé chez lui.

Delà je me dirigeai vers la ville de Mali : le trajet, depuis Eiwelâtén est de vingt-quatre jours, lorsqu'on voyage rapidement. Le désert qu'il y faut franchir abonde en arbres hauts, touffus, où les caravanes peuvent se reposer à l'ombre.

Parmi ces arbres, il en est qui servent de réservoir aux eaux pluviales ; ils sont si creux que l'eau s'y rassemble comme dans un puits. D'autres sont occupés par des abeilles dont les voyageurs enlèvent le miel. Dans un de ces arbres s'était même établi un tisserand que j'y vis avec surprise travailler : il y a de même en Espagne deux châtaigniers où des tisserands ont formé leurs ateliers. Les courges deviennent très grandes dans le pays des Nègres; elles ont presque le volume d'un gros plat (1). Ceux qui voyagent à travers ce désert, ne portent avec eux ni eau ni d'autres provisions que des morceaux de sel, et des drogues aromatiques parmi lesquelles le girofle et le mastic obtiennent la préférence chez les habitans. Lorsqu'ils sont arrivés près d'une ville, les femmes des Nègres apportent du lait, des poules, du riz et de la farine ; mais leur riz est nuisible à la santé des Blancs.

Au bout de dix jours nous arrivâmes à *Sagheri* (2) grande ville habitée par des

---

(1) Cf. Dupuis dans Adams, narrat. p. 124.

(2) Probablement Sankari. Cf. Adams, narrat. p. 199.

marchands Nègres. Il y a parmi eux des Blancs qui suivent la doctrine des Ebadhiyites Kharedgitiques, et quelques Sunnites Malekites. Ensuite nous campâmes à *Kârssekhou*, ville située sur le bord du *Nil* qui delà descend à Kabra, puis baigne successivement *Sagha* dont les habitans n'ont pas une extrême vénération pour l'islamisme et ne s'appliquent pas même à le connaître parfaitement; Tombouctou et Kôk, dont je parlerai plus bas; *Mali*, dernière ville de l'empire du même nom; enfin *Ioï* : c'est le plus grand empire Nègre, et le sultan est le plus élevé des sultans Nègres; les Blancs ne le fréquentent pas; ils sont tués avant d'y pénétrer. Au delà de Ioï, le Nil arrose le pays des *Nubiens* qui professent la religion chrétienne, baigne *Donkola*, leur plus grande ville dont le sultan s'est fait Musulman sous le règne d'Elmelik Ennâsser Mohammed Ben Kelawoûn, et coule vers *Dgenâdel* dernière place du territoire des Nègres et première de la province d'Eswân qui appartient à la Haute-Egypte. A Kassekhou je vis sur le rivage un crocodile semblable à un petit canot. De cet endroit je rapiquai vers la rivière de *Ssanssara* (1) ; personne n'entre dans la ville qu'après en avoir obtenu la permission. Finalement j'atteignis la ville de *Mali*, résidence d'un prince Nègre, et je m'y logeai à l'hôtel des Blancs. Je fis ma visite au sultan qui se nomme Menassi Ssolimàn ; mais il n'y a point de ressource avec lui. C'est un avare : il m'envoya trois petits gâteaux, un morceau de bœuf et une courge ; un pareil présent de la part d'un roi me surprit. Une fois, lui ayant demandé directement quelquechose, dans une audience, il me donna environ trente mithkals d'or.

Les Nègres se montrent plus que les autres peuples, soumis et serviles envers leur roi. Ils jurent par son nom, et quand ils lui parlent, ils ôtent, en signe de respect, leur habit, et se couvrent la tête de poussière ; lorsque le sultan parle en son conseil, les assistans ôtent leurs bonnets et gardent le silence. Ce que j'ai trouvé

---

(1) Adams appelle Lamarsara la rivière sur laquelle est situé Tombouctou. Sidi-Hamed, voyageur Maure dont il sera question dans le second volume, parle d'une rivière Gosensaïr ; et Léon l'Africain cite une région nommée Sansara.

de beau dans les mœurs des Nègres c'est qu'on éprouve rarement une injustice chez eux, car le sultan n'en pardonnerait aucune; on y jouit de la plus grande sûreté; ils font fréquemment la prière dans leurs temples, et ils y forcent également leurs enfans, même par des coups; ils savent parfaitement le noble coran, et les garçons qui ne l'apprennent pas bien, reçoivent les fers aux pieds jusqu'à ce qu'ils le sachent. Lorsqu'en entrant un jour de fête dans la maison du juge, j'y vis les enfans ayant les fers aux pieds, je lui dis! Est-ce que tu ne leur fais pas grâce aujourd'hui ? Il me répondit : Certainement non ; leurs fers ne tomberont pas tant qu'ils ne sauront pas le coran. Ce qui me déplaît en eux, c'est qu'ils laissent aller nuds, les filles ainsi que les petits garçons sans leur couvrir les parties honteuses; que les femmes approchent le sultan nues, et que ses propres filles se présentent de même; enfin qu'ils répandent de la poussière sur leur tête en présence du roi pour lui témoigner leur respect.

On m'a raconté qu'un sultan, irrité contre un Blanc, l'avait exilé dans le pays des *Nègres payens* qui dévorent les hommes, et que ce Blanc, après y avoir demeuré deux ans, était revenu sain et sauf parce qu'ils le regardaient comme immonde ; car, dans leur opinion, les Nègres sont mondes, mais les Blancs immondes et l'on ne peut les manger. Il n'y a point de mines d'or chez eux. En revenant de Mali, je vis des hippopotames paître sur le bord de la rivière : plus grands qu'un cheval, ils en ont la tête, des queues et des crinières, et des pieds d'éléphans.

Le chemin me conduisit à *Tombouctou*, ville éloignée de quatre milles du Nil. Poursuivant de Tombouctou notre voyage sur le Nil dans un canot fait d'un seul tronc d'arbre, nous relâchâmes chaque jour à des villes pour acheter du sel et des drogues, jusqu'à ce que nous abordâmes *Koukou*, grande ville située sur le Nil, et plus belle que ne le sont communément celles des Nègres. De là je me rendis à *Bourdâma* ; c'est une tribu de Berbers qui fournissent des escortes aux caravanes. Puis nous gagnâmes *Tekedda*, ville bâtie de pierres rouges ; l'eau y filtre à travers des veines métalliques qui en changent la couleur et la saveur. Il y a beaucoup de scorpions, dont la morsure occasionne une mort subite aux enfans sans qu'on puisse y porter remède ; les hommes toutefois en périssent rarement. Le territoire est assez stérile. Les habitans de la ville se livrent uniquement au commerce ; ils vont en Egypte et en rapportent des vêtemens précieux ; ils tirent mutuellement vanité de la multitude de leurs domestiques. Au-dehors de la ville se trouvent des mines ; pour les exploiter, on fouille la terre, extrait le métal, le fait fondre et en forme des masses de la longueur d'une courroie qui entrent dans le commerce : la plus grande partie de ce métal est exporté chez les Nègres payens. J'ai fait ma visite au sultan qui me combla d'honneurs et m'offrit quelques présens.

Ayant résolu de m'en retourner à Sedggelmâsse, je partis de Tekedda avec une caravane dans la direction du Tewât : la distance est de soixante-dix stations. Il faut se munir de provisions pour cette route, attendu qu'on n'y peut avoir que du lait et du beurre en donnant des objets d'habillement en échange. Nous passâmes à

Kahor qui appartient aux domaines du sultan de Kerkerie et abonde en pâturages. Nous traversâmes ensuite, pendant trois jours, un désert inhabitable et dépourvu d'eau; puis, pendant quinze autres jours une région également inhabitée quoique l'eau ne manque pas. Au-delà nous arrivâmes à un chemin fourchu où la route d'Egypte se sépare de celle qui conduit au Tewât. Il y a des puits d'eau ferrugineuse; les vêtemens qu'on y lave deviennent noirs. Poursuivant notre chemin l'espace de dix jours, nous arrivâmes chez les *Dehkâr*, tribu de Berbers dont je n'ai rien de bon à dire. Après avoir voyagé pendant un mois dans leur territoire, nous atteignîmes *Bouda*, c'est une des grandes villes du Tewat, et enfin Sedgelmâsse : le temps était froid, il y avait beaucoup de neige. Delà, nous nous rendîmes à la résidence royale Fâs, et nous y déposâmes le bâton de voyageur.

El Hassani ben Mohammed el Wassân el Fasi, surnommé *Léon l'Africain*, est très-connu des géographes. Né à Grenade, il en sortit lorsque Ferdinand mit le siège devant cette ville, et réfugié à Fez, il se livra entièrement à la littérature arabe. Tantôt comme voyageur, tantôt comme ambassadeur, il parcourut plusieurs contrées de l'Afrique, et rédigea une description de ce continent, partie d'après ses propres observations, partie puisée à d'autres sources, mais qui jouit encore d'une juste estime. Fait prisonnier à bord d'un vaisseau maure et conduit à Rome, il attira l'attention du pape Léon X, protecteur déclaré des sciences et des arts, et traduisit, en italien, son ouvrage qui a été réimprimée par Ramusio dans sa Collection de Voyages. Cet ouvrage, écrit par un homme témoin oculaire de presque tous les événemens, de presque toutes les scènes qu'il retrace, est le second où l'on peut puiser des renseignemens authentiques sur les états septentrionaux et intérieurs de l'Afrique pendant l'époque à laquelle il se rapporte. Les nombreux rapports de sa relation avec les meilleurs ouvrages modernes ne laissent aucun doute sur son exactitude en général, et l'on est certain d'y trouver d'importans éclaircissemens tant sur le progrès des connaissances relatives à ce continent que sur les changemens politiques qui s'y sont introduits.

Jean Léon l'Africain a été l'objet de la critique sévère de M. le major Rennell qui, dans ses Annotations aux Voyages de Mungo Park, l'a presque traité de simple compilateur. La franchise avec laquelle il s'explique sur sa manière de prendre chaque jour des notes et de travailler, devait cependant le mettre à l'abri de ce reproche, et donner même une prévention favorable de son ouvrage (1). Il est constant qu'il a parcouru longtemps l'Afrique; il l'appelle lui-même sa nourrice (2), ajoutant qu'il y reçut non-seulement son éducation, mais qu'il y passa la plus belle et la plus grande partie de sa vie.

On ne sait rien de positif sur l'année de sa naissance, mais il paraît démontré (3) qu'il quitta l'Espagne en 1491, dans un âge fort tendre, et probablement âgé de moins d'un an; en sorte qu'il s'est même fait passer tantôt pour un Grenadien,

───────────

(1) Voyez l'édition de Lyon, 1556, p. 19, et 394, celle de Leyde, 1632, p. 42, et p. 775.

(2) Ed. de Leyde, page 95, éd. de Lyon.

(3). Bruns, Géogr. d'Afr. II, p. 5.

tantôt pour un Africain. On n'a pas plus de certitude relativement à l'époque où il revint en Europe ; mais il doit avoir été pris avant 1520, puisqu'on lui fit à Naples le récit d'un événement qui s'était passé cette même année en Afrique. Six ans après son ouvrage était achevé (1). Quoi qu'il en soit, s'il a visité dans un âge si peu avancé tous les pays dont il fait le recensement (2), et rédigé la description d'Afrique avant sa trente-cinquième année, nous devons payer un juste tribut d'admiration à ses connaissances dans les langues, dans l'histoire, la géographie, la physique, et lui accorder un rang parmi les principaux voyageurs. Personne ne regardera sans doute ses notices comme des productions scientifiques ; mais quel est le voyageur de cette époque dont les descriptions puissent nous satisfaire complètement aujourd'hui ? Léon annonce partout plus d'intelligence, plus d'élévation et moins de superstition ou de crédulité que la majeure partie des auteurs de son temps, soit Afri-

---

(1) Ed. de Leyde, p. 775,
(2) Ib. p. 11.

cains, soit Espagnols. Il semble à la vérité croire que le caméléon vit d'air et des rayons du soleil ; mais il relève aussi beaucoup de ridicules (1), et en nous instruisant qu'il n'y a ni pont ni bac sur la rivière Megarada près de l'ancienne Carthage, il ajoute avec regret qu'on peut voir par là combien ses compatriotes sont inférieurs aux anciens Africains qui fesaient trembler Rome. D'ailleurs, écrivant dans une langue étrangère, combien de fois ne peut-il pas avoir mal rendu le sens de ses notes ; combien de fautes ne peuvent pas s'être glissées dans son ouvrage par la négligence des imprimeurs ou correcteurs.

Au sujet de ses voyages hors d'Afrique, il dit brièvement qu'en partant de Khana (Kené) en Egypte, il traversa le désert pour se rendre sur le bord de la mer Rouge, sans doute à Coçeïr. Après avoir pris terre à la côte opposée, près de Yambou et Zidden, il visita l'Arabie, la partie asiatique de l'Egypte, la Babylonie, quelques parties de la Perse, de l'Arménie et de la Tatarie.

---

(1) Ed. de Leyde, p. 755 et 775.

Quant à ses voyages en Afrique, il déclare, dans son style, qu'il l'a parcourue en entier. Il a notamment exploré l'Afrique septentrionale dans toutes les directions jusqu'au quinzième degré de latitude Nord. Douter qu'il y ait été lui-même, ce serait sapper tous les fondemens de l'histoire, ce serait le déclarer pour l'imposteur le plus impudent; car souvent il affirme, dans sa nomenclature des places, qu'il y a été témoin de tel ou tel événement, qu'il y a parlé à telle ou telle personne, examiné telle curiosité, etc. Nous passerons sous silence son voyage en Egypte, postérieur à celui qu'il fit dans le Soudan à la suite de son oncle qui se rendait à la cour de Tombout comme ambassadeur du roi de Fez : c'est donc par inadvertance que M. Rennell en a fait un commerçant. Léon ne nous instruit pas du motif de l'ambassade, qu'il ignorait peut-être lui-même; mais son oncle mit tant d'ardeur à remplir cette mission qu'étant arrivé dans la province de *Dara*, sur la frontière de la Barbarie à l'entrée du grand désert, il refusa la pressante invitation d'un cheik de la montagne Tenueves.

Le *désert* que Léon traversa est borné au nord par les provinces de Sous, de Hanha, et de Dara, au sud par les royaumes de Gualata (Walet) et de Tombout : il est pierreux et très-aride. On n'y trouve que tous les 100 milles italiens (1) de l'eau saumâtre et fort désagréable à boire; on la tire de puits très-profonds. Les bêtes féroces et les reptiles y abondent. Depuis le puits d'Asanad jusqu'à celui d'Araoan qui est à 150 milles du Tombout, on ne rencontre plus ni eau ni habitation. Dans une contrée si triste, où l'excessive chaleur, le manque d'eau et la fatigue font périr un grand nombre de voyageurs, les compagnons de Léon durent trouver un grand soulagement dans l'hospitalité avec laquelle le cheik de *Zanaga* les accueillit.

Après avoir levé sur la caravane les droits ordinaires, il invita l'ambassade à passer quelques jours chez lui dans son camp. Les voyageurs pressés refusèrent d'abord et ne cédèrent qu'aux plus vives instances du cheik. Aussitôt leur arrivée,

---

(1) De 60 au degré, d'après lesquels Léon compte toujours.

il fit tuer un nombre considérable de chameaux, jeunes et vieux, ainsi que de moutons, et quelques autruches. Ses convives le prièrent d'épargner les chameaux, et de ne pas tuer non plus de moutons, puisqu'ils ne fesaient jamais usage de leur chair en public; mais le cheik aurait cru manquer aux convenances en servant seulement de petits animaux à des personnages aussi distingués qu'il voyait pour la première fois. On étala donc devant eux une quantité de viandes cuites et rôties, des autruches bien assaisonnées, du lait et des dattes en abondance avec de très-bon pain. Ils dînaient séparément comme ils l'avaient demandé, toutefois le cheik et sa suite vinrent animer le festin par leur présence. Les courtisans prirent de la viande et du lait sans toucher au pain, les grains étant réservés à l'usage des étrangers, suivant l'assertion du cheik. Après avoir ainsi traité fort splendidement ses convives pendant deux jours, le cheik les accompagna jusqu'à ce qu'ils eurent rejoint la caravane qui avait continué sa route. Afin qu'on ne pensât pas que le cheik avait sans doute trouvé une ample compensation de sa libéralité dans le produit des coutumes perçues sur la caravane, Léon affirme que les frais du régal en excédaient bien dix fois le montant. (1)

Bruns, (Diss. sur Léon,) ajoute ici la remarque : Dans les voyages de Mungo-Park, la route de Maroc à Benowe est indiquée ainsi qu'il suit : jusqu'à Suéra (Mogador), 3 jours ; Agadir, 3 ; Jiniken, 10 ; Weldenoun, 4 ; Lackeneig, 5 ; Zeriwan, 5 ; Tischît, 10 ; Benowe, 10 ; en tout, 50 jours. L'analogie des noms et la position me font soupçonner que Zeriwan est l'Araoan de Léon. Ce qui paraît certain, surtout, c'est que l'endroit que Mungo-Park appelle Tischît, est désigné par Léon (et Ebn-Batouta) sous le nom de Tegazza. Ils disent, l'un et l'autre, qu'il y a les salines de Tombout : les caravanes s'y arrêtent encore aujourd'hui, et Léon y resta trois jours, pendant lesquels il fut réduit à l'usage d'une eau saumâtre provenant de puits situés près des mines de sel. Léon a vu dans Gualata un fruit légumineux rond qu'il ne peut comparer à aucun de ceux qu'il rencontra

---

(1) Edit. de Leyde, p. 47.

en Europe. Cela ne dit rien pour un botaniste, mais j'en déduis la conclusion qu'il y a été, et le nom se retrouve en effet dans la carte dressée pour le voyage de Mungo-Park, à la place même où il doit être. »

Rennel a l'air de douter aussi que Léon a été à Tombouctou. Léon cependant l'affirme d'une manière si positive qu'on ne saurait nier ce fait, sans arguer de faux le récit entier de ses voyages. Il a visité non-seulement ce royaume, mais encore d'autres contrées de la Nigritie, telles que Ginea, Melli, Gagos, Gouber, Agades, Canos, Casena, Zegzega, Zanfara, Gouangara, Bournou, Gaoga, Nouba. Ses notices sont à la vérité maigres, pleines de lacunes et mêlées à beaucoup d'erreurs. Il donne surtout des renseignemens très-confus sur le cours du Niger, et pourtant il doit l'avoir vu, puisqu'il connut à Cabra, port de Tombuctou, le frère du roi Abou-Bacr-Pargama, qu'il peint comme un Nègre rempli de beaux sentimens. « Selon quelques-uns, est-il dit dans le texte italien, ce fleuve sort de certaines montagnes de l'ouest, coule vers l'orient, et se termine en un lac, *ce qui n'est pas vrai*, tandis que la version latine dit seulement que *cela n'est pas probable ;* car, ajoute-t-il, nous avons navigué de l'est, depuis le royaume de Tombuctou jusqu'à celui de Ghinea ou jusqu'au royaume de Melli, situés l'un et l'autre à l'ouest de Tombout. » On voit qu'il a été lui-même incertain relativement au terme de sa navigation ; Melli, d'ailleurs, est à l'est de Tombouctou. Il doit donc y avoir nécessairement une faute d'impression ou une erreur de mémoire. Au surplus, comme la phrase soulignée peut bien ne se rapporter qu'à la formation du lac, il semblerait que Léon a voulu citer ici son excursion uniquement pour prouver que ce lac n'existe du moins pas dans l'espace qu'il a parcouru. Pour ne pas trop nous appesantir sur cette matière, nous nous contenterons d'indiquer brièvement quelques particularités si simples qu'elles ne mériteraient pas la peine d'être inventées. Dans le royaume de Gouber il remarqua des fruits légumineux comme il n'en a point vu en Italie. Pendant son séjour à Bornou, qui a été d'un mois, le roi se préparait à une guerre contre Guangara.

A Gaoga, Léon fut admis à la cour. Des relations d'amitié subsistaient entre le roi de ce pays et le sultan d'Egypte ; ils s'envoyaient mutuellement des présens, ce qui ne peut paraître incroyable quand on réfléchit que les souverains du royaume de Darfour, qui confine également avec la Nubie, envoyent à Constantinople, des ambassadeurs qui reviennent chargés de présens.

CHAPITRE VII,

L'Afrique centrale au moyen-âge.

Les Arabes. — Royaumes de Ghana, Wangara, etc. — Bornes de leurs découvertes. — Révolutions dans l'intérieur de l'Afrique. — Fondation de Tombuctou. — Description de cette ville. — Ghinea. — Melli. — Gualata. — Le Niger.

On a vu qu'à la décadence de l'empire romain, une nouvelle puissance s'éleva, qui changea totalement l'aspect du continent africain. Les Arabes reculèrent jusqu'à l'Océan les bornes de leur empire dont l'Afrique septentrionale devint une des grandes divisions. Ce peuple remarquable, accoutumé, dans sa patrie, aux déserts, à la sobriété, aux fatigues, à toutes les manières de voyager par terre, semblait fait pour surmonter les obstacles de toute espèce que la nature avait semés sur le sol de l'Afrique. Bientôt leurs caravanes se frayèrent des routes à travers les sables brûlans du Désert ; non-seulement ils visitèrent les bords du Niger, mais ils y fondèrent des colonies, des royaumes, et toute l'Afrique centrale, ne tarda pas à subir le joug des Musulmans. Les géographes qui écrivirent à cette époque trouvèrent donc de grandes facilités pour connaître cette partie du continent ; aussi donnèrent-ils des descriptions des lieux connus plus satisfaisantes que celles des anciens. Suivant le témoignage unanime des écrivains arabes, le plus puissant, le plus florissant de tous ces royaumes fut celui de *Ghana*, situé à l'orient de la grande rivière centrale qu'ils appellent le Nil des Nègres : maître absolu dans son royaume, le roi de Ghana ne rendait hommage qu'au chef des Abassides. Ils parlent avec admiration de la pompe de sa cour où les arts et la civilisation parvinrent certainement, s'il faut les en croire, à un degré que n'a jamais atteint aucun des autres royaumes nègres. Le palais bâti sur le fleuve réunissait à l'avantage d'une construction solide les recherches d'un luxe à peine soupçonné dans ces contrées ; des fenêtres vitrées et d'excellens ouvrages de peinture et de sculpture, des éléphans apprivoisés, des caméléopards domptés, ajoutaient à la magnificence du cortége royal; enfin, une masse d'or natif, du poids de trente livres, servait d'ornement au trône. Nonobstant cette splendeur de la cour, il paraît que la nation conserva un caractère de simplicité et même de rudesse ; les gens du peuple ne portaient qu'une ceinture ordinairement faite avec la peau d'une bête fauve ; avoir un vêtement plus long, c'était déjà la marque d'un rang supérieur.

Au roi de Ghana appartient aussi *Wangara* ou le pays d'or , regardé comme le plus précieux joyau de la couronne. L'or de ce canton, supérieur à celui de tout le reste de l'Afrique, et provenant entièrement d'alluvions, est recueilli dans le lit des rivières ou sur les terreins inondés, après la retraite des eaux. Wangara est environné de tous côtés par divers bras du Nil qui, débordant lors de la saison des pluies, couvre presque toute la contrée ; aussitôt que l'inondation baisse, les habitans se précipitent, dit-on , hors de leurs asiles et creusent la terre pour y récolter l'or. Immédiatement après, arrivent, de toutes les parties de l'Afrique, des marchands pour échanger leurs diverses denrées contre de l'or seulement. Les principales cités de Wangara sont Réghebil et Semegonda, toutes deux agréables et situées sur le bord de grands lacs d'eau douce.

A l'ouest de Ghana s'étend le royaume de *Tocrour* dont la capitale porte le même nom; Sala et Berissa en sont les deux villes principales. Ce pays, très riche aussi et siége d'un grand commerce, ne saurait lutter sous ces deux rapports avec Ghana. Le Nil des Nègres traverse aussi le royaume de Tocrour et, après un cours de seize journées de marche vers l'ouest, de Tocrour à Sala, se jette dans la mer ou, plus probablement, dans un lac considérable. A quelque distance du rivage, se trouvait l'île d'*Oulil* qui fournissait du sel en assez grande quantité pour approvisionner tous les états de la Nigritie, alors, comme à présent, entièrement dépourvue de cette denrée de première nécessité. Le vaste pays de *Lamlam* (supposé le Melli de Leo) borne ces royaumes au sud. La plus grande partie était déserte et le reste habité par des peuplades à demi sauvages. C'était dans ces contrées que les habitans des rives du Niger, courant barbarement à la chasse des esclaves, faisaient de continuelles invasions pour enlever des victimes destinées à devenir un objet de trafic avec le Nord de l'Afrique; et il y a lieu de penser que le même usage subsiste toujours dans cette partie du continent africain. Edrisi ne connut aucune des régions habitées au midi de Lamlam; il doute même de leur existence.

Le royaume de *Bornou* n'est pas désigné sous ce nom par les auteurs arabes : mais il paraît certain que les pays décrits sous la dénomination de Zangara, Kanem, et Koukou (1) en fesaient partie, et que, des trois, Koukou était l'état le plus riche et le plus florissant. Le roi entretenait une armée nombreuse parfaitement équipée, et surpassait tous les autres princes de

_____

(1) Nos raisons, pour comprendre Koukou dans le royaume de Bornou, et même pour le considérer comme la partie la plus importante, seront développées lorsque nous traiterons du systême géographique des Arabes.

cette partie de l'Afrique par la splendeur de sa cour. Le bas peuple, comme dans tous les états Nègres, est vêtu de la même manière : mais les marchands, qui forment une classe nombreuse, portent des habits, des tuniques et des turbans enrichis d'or ; les nobles s'habillent, dit-on, avec des étoffes de soie. La ville capitale nommée aussi Bornou, est célèbre parmi les Nègres, par son extraordinaire étendue.

En s'avançant du coté de l'*Ouest* par la Barbarie, les Arabes ouvrirent continuellement de nouvelles routes à travers le désert ; et lorsque Maroc devint le siége principal de leur puissance, Segelmessa devint aussi l'entrepôt du commerce de la Nigritie. Un autre canton, celui de Varecla, probablement situé au sud de Maroc, faisait aussi un commerce considérable, et ses marchands allaient, pour chercher l'or, jusqu'à Wangara. La Nubie et l'Abyssinie furent les seules parties de l'intérieur où les Arabes ne formèrent point d'établissement. Ces contrés professant encore le christianisme dans les douzième et treizième siècles, demeurèrent en état d'hostilité avec les Sarrazins. Seulement les besoins réciproques produisaient une espèce de trêve sur les confins de l'Egypte et de la Nubie ; les marchands des deux nations amenaient leurs denrées près des Cataractes de Syene et les échangeaient sans sortir de leurs territoires respectifs.

La célèbre description de l'Afrique par Léon l'Africain forme le chaînon qui rattache les découvertes des modernes aux récits des géographes arabes. Pendant l'intervalle écoulé entre ces derniers et Léon, il paraît que plusieurs changemens importans ont eu lieu. Dans son ouvrage, Ghana, nommé Cano, ne tient plus le premier rang parmi les états situés sur les rives du Niger, il est devenu tributaire du royaume de Tombuctou ; Wangara, auquel il donne le nom de Guangara, figure comme un état indépendant dont le souverain entretient une armée considérable. L'or, qui rendit cette contrée si célèbre, se trouve, suivant Leon, non dans ce pays même, mais dans les montagnes vers le sud. Il décrit Bornou sous sa dénomination moderne, et Cassina sous le nom de Casena quoique ce dernier ne paraisse pas avoir acquis à cette époque la haute importance qu'il a obtenue depuis. Mais l'événement le plus remarquable est la fondation du royaume de Tombout, communément appelé *Tombuctou*, en l'année 610 de l'Hégire [A. D. 1215.]. Izchia, l'un de ses plus anciens souverains et l'un des plus puissants et des plus guerriers, soumit et rendit tributaires tous les états environnans dont les plus importans étaient Ghinea ou Genni, Melli, Casena, Gouber, Zanfara et Cano. Cependant la capitale n'était rien moins que magnifique ; des maisons construites en forme de cloches, dont les murs consistaient en claies enduites d'argile et les toits en roseaux entrelacés, offraient sans doute un aspect peu agréable : cependant une mosquée et le palais du roi étaient bâtis en pierres. Un architecte mandé de Grenade avait construit ce dernier. Il s'y fabriquait une grande quantité d'étoffes de coton ; les marchands possédaient d'immenses richesses, et deux d'entr'eux avaient épousé des filles du roi. La ville est abondamment approvisionnée d'eau, au moyen d'écluses qui retiennent celle du Niger à l'époque de ses débordemens. Le pays est riche en grains, en bestiaux, en toute espèce de denrées nécessaires à la vie, excepté le sel qu'il faut apporter de Tegazza, distant de 500 milles; il est devenu quelquefois si cher, que Léon a vu vendre une charge de chameau quatre-vingts ducats. Le roi a une cour brillante et beaucoup de meubles d'or dont quelques uns pèsent jusqu'à treize cents onces. Il entretient trois mille hommes de cavalerie et une infanterie nombreuse; la plupart des soldats sont dans l'usage d'empoisonner leurs flèches. On n'élève point de chevaux dans le pays, on les y importe de Barbarie; ils sont très recherchés, et toutes les fois qu'il en arrive, le roi se réserve le droit d'en choisir un certain nombre dont il donne toujours un bon prix. Les manuscrits sont particulièrement indiqués, non-seulement comme un des objets qu'on importe de Barbarie, mais comme celui qui procure le plus de bénéfices. Les Naturels, doux et gais, passent la plus grande partie des nuits à danser et à chanter. La manière dont la ville est construite l'expose à de fréquens et violens incendies. Notre auteur en cite un qui, en moins de cinq heures, en consuma la moitié. Le mahométisme domine dans le pays : mais cette intolérance dont on a tant parlé récemment, s'exercerait, suivant Léon, envers les juifs qui en ont toujours été rigoureusement exclus.

Cabra, ville bâtie de la même manière, mais plus petite, située sur le Niger, à douze milles de Tombuctou, était le port où les marchands s'embarquaient pour les contrées occidentales de la Guinée et de Melli. La Guinée est dépeinte comme une région immense de 500 milles de long sur 250 milles de large, côtoyée par le Niger jusqu'à l'embouchure de ce fleuve dans l'Océan, extrêmement fertile surtout en coton, qui forme la principale branche de son commerce. Pendant les mois de juillet, août et septembre, les marchands de Tombuctou profitent du débordement du Niger qui couvre presque tout le pays, pour transporter leurs marchandises dans des canots légers formés d'un seul tronc d'arbre ; ils naviguent à la rame durant le jour, et passent la nuit à terre après avoir amarré leurs embarcations au rivage. Ce fut au temps où Léon écrivait qu'Izchia, roi de Tombuctou conquit la

Guinée. Au midi de Tombouctou est la contrée de Melli, arrosée par une rivière qui se jette dans le Niger : aussi fertile que la Guinée, ce pays est peuplé de commerçans et d'artisans qui possèdent de grandes richesses ; ses habitans embrassèrent les premiers, dit-on, la religion de Mohomet, et se montraient supérieurs à tous les autres Nègres en esprit, en urbanité, en industrie. Au nord de la Guinée se trouvait *Gualata*, probablement Walet, qui paraît avoir été, dans un temps, le centre de la puissance mahométane en Afrique, et le principal marché des négocians de la Barbarie : mais bientôt après sa fondation, la ville de Tombouctou, plus favorablement située, attira tout le commerce à elle, et Gualata finit, comme tous les états voisins, par devenir tributaire du roi Izchia.

A l'égard du Niger, les auteurs arabes adoptèrent un système tout-à-fait à part. Hérodote, Méla et Pline avaient supposé que la rivière centrale de l'Afrique se dirigeait vers l'est et se jetait dans le Nil : les Arabes, au contraire, la firent sortir de la même source que le Nil, et couler vers l'ouest; ils appliquèrent à l'une et à l'autre la même dénomination, en les distinguant en Nil d'Egypte et Nil des Nègres. Gana, situé sur le Nil des Nègres, à peu-près au point milieu entre l'endroit où ce fleuve se sépare du Nil d'Egypte et celui où l'on supposait qu'il terminait son cours, devint la métropole de tous les établissemens mahométans de cette région, la principale voie de communication avec l'Afrique septentrionale, et, par conséquent, la plus abondante source de renseignemens. Par suite de leur première hypothèse, les auteurs arabes placèrent l'embouchure du Nil des Nègres dans la mer, à quarante journées de marche de Gana, et, près de cette embouchure, Oulil, où tous les royaumes situés sur les bords du fleuve allaient s'approvisionner de sel. Si l'on parvenait à déterminer la position d'Oulil, on tiendrait la clef de tout le système de la géographie arabe; mais la solution de ce problème offre des difficultés presqu'insurmontables. A en juger par les quarante journées de marche à partir de Gana, les trente journées à partir d'Agades, qu'il fallait parcourir pour arriver à Oulil, cette dernière ville ne pouvait se trouver située sur l'Océan, à moins qu'on ne suppose d'énormes erreurs dans les calculs de distance des auteurs arabes. Les expressions d'Edrisi permettent de penser que par *mer* il a voulu désigner un grand *lac* : mais d'après l'ensemble de son ouvrage, nous soupçonnons plutôt qu'il a pris un lac pour la mer, et quelque point de la rive opposée pour une île. Les géographes postérieurs paraissent mieux informés : Ibn-al-Wardi, sans doute instruit par le rapport de voyageurs qui avaient fait le tour du lac, semble avoir connu l'erreur d'Edrisi ; il décrit Oulil comme une ville située sur la rive d'un *Bahr* (mer ou lac.) (1). Un géographe plus moderne (Schehabeddin) dit expressément que la branche du Nil qui passe par Djenawa (Gana) ne va point jusqu'à la mer. (2) Le major Rennell remonte jusqu'à Oulil par les étymologies suivantes : Walet, Oualet, Oulili, Oulil. Si Walet, ou quelque partie

---

(1) Not. des Man. du Roi, II, 35.
(2) Ib. II, 156.

de son territoire est réellement Oulil, alors la mer indiquée par Edrisi serait probablement le lac Dibbie ; cependant les distances qu'il indique paraissent mieux convenir encore à un lac placé à l'est de Tombouctou, de l'existence duquel ont parlé des voyageurs modernes.

A l'Est de Gana, Wangara est connu seulement par les relations des Arabes ; leur description de Canga s'accorde parfaitement avec les notions de Browne et d'Hornemann, si habilement rapprochées par le major Rennell (1). Mais une grande obscurité enveloppe l'intervalle compris entre Canga et le Nil : nous pensons que, sur cette partie, les auteurs modernes ont manqué d'exactitude.

Les anciens écrivains arabes s'accordent à représenter Koukou comme le plus riche, le plus puissant de tous les royaumes africains de ces contrées ; dans nos cartes, Koukou se trouve placé dans une partie jusqu'à présent inexplorée par les voyageurs modernes, entre le nord de Bornou et cette portion de la Nubie limitrophe de

---

(1) Illustrations of Hornemann. ch. 3, p. 158.

l'Égypte. Dans ce cas, il resterait à faire encore une importante découverte, car la position qu'on assigne à ce royaume est incompatible avec les données suivantes d'Edrisi : — De Gana à Canga, près d'un mois et demi de marche vers l'est ; de Canga à Koukou, vingt journées au nord ; de Koukou à Gana, un mois et demi ; ce qui forme un triangle complet. En examinant sa construction, on trouvera Koukou trop reculé vers le nord et même incliné vers l'ouest de Canga, tandis qu'il devrait se trouver directement au nord-est de cette ville ; enfin cette position tombe précisément sur la capitale actuelle du royaume de Bornou. Koukou et Bornou seraient ils la même ville ? il y a lieu de le croire, d'après le caractère de grandeur extraordinaire (1) attribué à ces deux villes plus qu'à aucune autre cité de cette partie d'Afrique. Browne fait mention de Dar-Coulla comme d'une contrée voisine de Canga ou Fittri ; et il n'est pas difficile de supposer qu'à l'é-

---

(1) Celeberrima et magnitudine præstans. — Edrisi. The population of Bornou is described as a countless multitude. — Association, (1709.) p. 144.

poque en question, ce nom avait une plus grande extension.

Voici tout ce qu'Edrisi nous apprend sur les distances existantes entre Koukou et le Nil :

de Koukou à Tamalma, Est, 12 journées ;
de Tamalma à Matthan, 12
de Matthan à Angimi, 8
d'Angimi à Zaghara, 6
de Zaghara à Matthan, 8
de Matthan à Tagua, 13
Tagua touche à Nuba.

Nous avons vainement cherché, nous l'avouerons, à débrouiller les détours de ce labyrinthe. Zagara (Zagua d'Abulfeda) pourrait être considéré comme le moderne Zeghawa, dépendance de Darfour ; Angimi (Begama de Ibn-al-Wardi) comme le moderne Begarmée ou Beghermy : passé ces deux suppositions, nous n'en hasarderons aucune sur des données auxquelles, suivant nous, on ne saurait accorder une grande confiance.

CHAPITRE VIII. (1)

L'Égypte.

Tableau général de l'Egypte. — Alexandrie. — Basse Egypte. — Isthme de Suez — Fayoum. — Haute-Egypte. — Côtes. — Oasis. — Observations récentes de M. Denon. — Hamilton. — Legh. — Light. — Belzoni.

A côté de l'isthme étroit de Suez dont les sables arides reposent, par intervalles,

---

(1) Ce chapitre, composé par le Dr. Leyden, et publié aujourd'hui pour la première fois, devait faire partie d'un travail sur l'Afrique, que son départ pour l'Inde l'empêcha d'achever. Il s'écarte un peu du plan général de notre ouvrage, en ce qu'il ne présente pas la nomenclature successive des découvertes et des voyageurs, mais réunit en un seul tableau le résultat de toutes les recherches : cette légère différence ne nous a pas semblé un motif suffisant pour priver le public de cet intéressant morceau de géographie descriptive, d'autant plus que les voyages dans cette contrée, resserrés dans un espace étroit, offrent ordinairement peu d'événemens, et ne contiennent guère que la description des superbes monumens dont l'Égypte est couverte.

sur une profonde base de rochers, commence la fertile vallée de l'Egypte. Tant et de si imposantes idées d'antiquité reculée, de colossale grandeur sont associées à ce nom d'Egypte, qu'il faut de longues recherches et une sagacité peu commune pour saisir les traits de ressemblance existant entre les relations des voyageurs modernes et les descriptions des anciens historiens de la Grèce et de Rome. Depuis le temps d'Hérodote jusqu'à l'époque où les savans Français, sous les auspices d'un grand capitaine, ont visité l'Egypte, une foule d'historiens et de voyageurs ont tracé le tableau de cette contrée célèbre, avec des couleurs et un style bien différens. Si le portrait ne ressemble pas à l'original, il faut donc attribuer ce défaut moins à la faiblesse du trait qu'à la diversité des coloris, qui en dérobe la trace. Pour se faire une idée générale de cette contrée singulière, qu'on se figure une vallée de six cents milles de long, descendant des hauteurs de Syène entre deux chaînes grisâtres de montagnes sablonneuses, distantes quelquefois de cinq milles seulement, et se terminant à la mer par une immense plaine de plus de trois cents milles de largeur. Au milieu de cette vallée coule majestueusement le Nil. Tantôt clair et paisible, il se renferme dans ses rivages antiques; tantôt rapide et rougi par les sables de l'Ethiopie, il inonde la plaine et baigne le pied des montagnes. Cette inondation périodique donne, tour-à-tour, à la contrée, l'aspect d'un océan d'eau douce, d'un marais bourbeux, d'une plaine verdoyante ou d'un désert brûlé de sable et de poussière. Le long de la Méditerranée, la côte est platte et basse, et c'est seulement à trois lieues environ que les palmiers, et les dunes où ils croissent, apparaissent aux yeux du nautonier et semblent sortir du sein des flots. A partir du rivage, se déroule une plaine large, nue, sans bornes, sous un invariable et monotone horison où les regards, cherchant un point de vue intéressant, se promènent en vain à travers des bouquets clair-semés de dattiers élancés et de maigres palmiers, et s'arrêtent sur des groupes de misérables cabanes de brique et de boue : telle est la Basse-Egypte qui comprend tout le pays renfermé entre le Caire, la Méditerranée, l'isthme de Suez et le désert de Libye.

La Haute-Egypte, ou le Sahid, commence au Caire et se prolonge jusqu'aux cataractes de Syène entre deux chaînes de montagnes qui s'étendent du Nord au Sud. La chaîne occidentale finit auprès d'Alexandrie, et se compose principalement de sable supporté par une base de pierre calcaire. La chaîne orientale, inclinée vers la Mer-Rouge, et plus élevée, consiste en roches dont l'aspect aride et stérile peut lui faire donner, à juste titre, le nom de désert. La base du sol égyptien, depuis Syène jusqu'à la Méditerranée, est formée partie de pierre calcaire, molle et blanchâtre, mélangée de tous les coquillages communs aux mers voisines, partie de la même pierre dont se composent les montagnes. Au-delà des hauteurs, le désert se déploie de toutes parts : mais quoique les tribus errantes et féroces qui l'habitent aient souvent été sujettes de l'Egypte dans les temps anciens, leur territoire ne faisait pas partie de l'Egypte proprement dite. Une contestation entre l'Egypte et la Libye, relative à leurs limites, fut soumise à la décision de l'oracle d'Ammon qui restreignit les limites de l'Egypte à la région inondée par le Nil. Ces tribus nomades étant réduites, pour ainsi dire, à rien, on peut, malgré l'autorité de l'oracle, comprendre, avec raison, sous le nom d'Egypte, les stériles cantons de l'Est voisins de la Mer-Rouge, ceux du Midi jusqu'à la Nubie, et ceux de Cyrène vers l'Ouest, malgré l'état d'indépendance dans lequel ils se maintiennent.

L'Egypte est comprise entre le 48e. et le 53e. degré de longitude, le 24e. et le 33e. de latitude nord. La qualité et la nudité du sol, son peu d'élévation au-dessus du niveau de la mer et son exposition aux rayons d'un soleil vertical, tout concourt à rendre l'Egypte beaucoup plus chaude que la plupart des contrées placées sous la même latitude. La saison des chaleurs dure depuis mars jusqu'en novembre. Pendant tout ce temps l'atmosphère est embrâsée, le ciel brillant sans le moindre nuage, et le chaud devient insupportable seulement par l'excessive transpiration qu'il excite. Au milieu de l'été, la chaleur monte, au Caire, de 90 à 92°, et en hiver de 58 à 60° seulement ; ainsi les différences entre les extrêmes excèdent rarement 30 degrés du thermomètre de Fahrenheit ; cependant, il s'est quelquefois élevé à 112 degrés : mais une si extraordinaire chaleur dure, en général, très-peu et n'a guère lieu que dans le Sahid (1). Au coucher du soleil, le vent cesse, la température devient plus fraîche, et l'humidité surabondante que la chaleur pompe mais n'absorbe pas entièrement, retombe en forme de rosée ; au moment du crépuscule un léger brouillard enveloppe l'horison, bientôt les ténèbres permettent à peine de l'apercevoir, et les premiers rayons du soleil le dispersent en petits nuages qu'ils dévorent en un moment. Cependant ces nuages ne disparais-

---

(1) Voici la chaleur moyenne du Caire pendant les différens mois de l'année, suivant le thermomètre de Réaumur et d'après les notes de M. Cotte excellent observateur : Janvier, 11° 0'. — Février, 10° 9'. — Mars, 14° 5'. — Avril, 16° 5'. — Mai, 20° 5'. — Juin, 22° 7'. — Juillet, 23° 7'. — Août, 24° 2'. — Septembre, 21° 6'. — Octobre, 19° 4'. — Novembre, 17° 4'. — Décembre, 12° 5'. Chaleur moyenne de l'année : 17° 9'. *Journal de Physique*, cahier de Juillet 1791.

sent pas toujours devant les rayons du soleil ; quelquefois l'atmosphère chargée montre tous les symptômes météorologiques précurseurs de la pluie, sans qu'il en résulte aucun changement de temps.

Les vents, si variables dans nos climats, sont réguliers et périodiques en Egypte, soit pour la force, soit pour la durée ; le vent du nord prédomine : comme il souffle pendant neuf mois environ, et surtout depuis mai jusqu'à la fin de septembre, sans la moindre interruption, les branches et les arbres eux-mêmes sont inclinés dans cette direction. Vers la fin de septembre, lorsque le soleil repasse la ligne, le vent tourne à l'est et redevient nord en novembre ; il passe au sud de la fin de février jusqu'aux derniers jours d'avril, époque à laquelle il se fixe à l'est. De tous les vents, le plus inconstant comme le plus pernicieux, c'est le vent du midi : traversant les sables arides et brûlans de l'Afrique, sans être un moment rafraîchi par des lacs, des rivières, ou retardé par des forêts, il arrive saturé des émanations embrâsées du désert. A son approche, le ciel, si brillant, s'obscurcit soudain ; l'air s'appesantit; le soleil, privé de son éclat, prend une teinte violâtre; une brise tiède s'élève, et bientôt acquiert une chaleur égale à celle d'un four : quoiqu'aucune vapeur n'enveloppe l'horison, les masses flottantes de sables impalpables rendent l'atmosphère si grisâtre, si épaisse, qu'on est quelquefois obligé de se servir de lumières en plein midi (1). En un instant toute la verdure est grillée, tous les bois se crispent ou se fendent. Ce vent n'est pas moins pernicieux aux êtres animés ; et lorsqu'il souffle par raffales soudaines, quelquefois il tue sur-le-champ : la respiration devient courte et embarrassée, les pores se ferment, une fièvre ardente succède, un feu dévorant circule dans les veines, et l'eau, privée de sa fraîcheur, ne peut plus calmer l'insupportable tourment qu'on éprouve. Le silence de la mort règne dans les rues ; les habitans, en se tenant hermétiquement renfermés dans leurs maisons, espèrent vainement se soustraire à ce déluge pénétrant de subtile poussière qui, suivant l'expression orientale, s'introdui-

---

(1). Ante, Observations sur l'Egypte, pag. 94.

rait dans un œuf, à travers les pores de la coquille. Tel est le vent brûlant du désert, nommé par les Arabes *Simoum* et par les Turcs *Samiel*. On l'appelle aussi quelquefois, vent des *cinquante jours*, parce qu'il souffle principalement entre Pâques et la Pentecôte, ou pendant les cinquante jours de la période équinoxiale. Lorsqu'il continue plus de trois jours, il devient insupportable, surtout pour les personnes de complexion pléthorique (1). Ce vent si pernicieux par sa chaleur dans le printemps, est remarquable au contraire par sa froideur piquante depuis le commencement de décembre jusqu'à la fin de janvier. Le soleil se trouvant alors dans le tropique méridional, ses rayons frappent plus obliquement les sables du désert, et les vents arrivent en Egypte refroidis par les neiges entassées sur les montagnes abyssiniennes. Les ouragans soudains sont peu communs sur la côte, dont la température régulière s'oppose à toute raréfaction ou condensation subite. Les vents du nord

---

(1) Voyage de Volney en Egypte et en Syrie, vol. I, pag. 62.

et de l'est, surnommés par les Arabes *pères de la pluie*, en produisent rarement, et jamais en abondance en Egypte, malgré l'humidité dont ils sont imprégnés : lorsque la pluie tombe, c'est pour quelques minutes ; il semble qu'un obstacle la retienne suspendue dans les airs. Il pleut dans le Delta, mais seulement en hiver : au-dessus du Caire, c'est une espèce de miracle. Le tonnerre est moins fréquent que la pluie, et tellement dépouillé de ses qualités terribles, que les Egyptiens ne peuvent concevoir l'idée de ses effets, ni croire qu'il soit capable de faire le moindre mal. De légers nuages de grêle descendent des montagnes, traversent les plaines de la Palestine, et viennent fondre quelquefois sur les frontières de l'Egypte. La glace est bien plus rare encore ; le fait suivant le prouve : une fois il en parut dans la basse Egypte, et les Arabes s'empressèrent de la tirer des fossés voisins d'Alexandrie pour la vendre aux Européens.

Si les nuages qui se promènent quelquefois au-dessus de l'Egypte, ne fournissent pas une quantité de pluie suffisante pour fertiliser le sol, ils n'en contribuent pas moins, sous diverses formes, à la richesse de la végétation : glissant sur la surface plane d'une contrée où les courans d'air ne leur permettent pas de séjourner, et poussés par les vents du nord, ils s'accumulent sur les hautes montagnes de l'Abyssinie, où, refroidis et condensés, ils forment ces pluies du tropique qui vont grossir les flots du Nil, et couvrir l'Egypte d'une inondation salutaire. De cette inondation périodique dépend non-seulement la fertilité du sol, mais l'existence physique et politique de la contrée : sans elle point d'engrais, point de culture, point de récolte ; sans elle la disette aurait bientôt converti en un vaste désert la riche et populeuse vallée de l'Egypte. De-là cette profonde vénération des Egyptiens pour le *Fleuve sacré*, « chéri le jour » et favorisé la nuit par le ciel, qui élève » et abaisse ses flots suivant le cours du » soleil et de la lune ; » de-là ces éloges outrés de sa beauté, cet enthousiasme qui, dans tous les temps, dégénéra en culte. Mais un Européen préfère toujours les rivières limpides de sa patrie aux flots troubles et limoneux du Nil, et quiconque a vu les fleuves majestueux de l'Orient sera peu frappé de l'aspect du plus grand fleuve de l'Afrique septentrionale. Au plus haut point de l'inondation, la plus considérable largeur du Nil est d'environ deux mille pieds, et la rapidité du courant n'excède pas trois milles à l'heure (1); l'inondation commence ordinairement vers le 17 juin : les eaux qui croissent graduellement, sortent de leur lit au milieu d'août, atteignent le dernier terme de leur élévation en septembre, et baissent par degrés depuis la fin de ce mois jusqu'au solstice suivant. L'époque de la crue est extrêmement régulière ; sa durée est plus incertaine, et souvent les eaux se retirent avant que le sol en soit complétement imbibé.

Après l'inondation annuelle, la terre est couverte d'une couche de limon noir plus ou moins épaisse, proportionnellement à la colonne d'eau qui l'a déposée. Ce limon, visqueux, gras, tenace, a une grande affinité avec l'eau. Il éprouve une réduction considérable dans le feu ; desséché à l'air, il change graduellement de couleur et

---

(1) Voyages de Browne en Afrique, etc. pag. 65.

prend une teinte de brun jaunâtre. Au moyen de l'analyse chimique, on le trouve composé d'alumine ou de pure argile, mélangée d'une petite quantité de silex : mais la proportion de ces élémens varie suivant la localité (1). Dans le voisinage immédiat du Nil, il contient une quantité considérable de sable siliceux qui se dépose plus vite à raison de son poids. Ce limon est d'une nature si adhérente que le mélange du sable est indispensable pour le rendre fertilisant; aussi l'Egypte tire-t-elle quelqu'avantage des rapides vents du midi, qui, du fond des déserts, apportent le sable nécessaire.

A mesure que les eaux se retirent la culture commence. Si le terrein est suffisamment trempé, les travaux agricoles ne sont ni longs ni pénibles; le grain, semé dans une vase molle, croît avec une extrême rapidité, et l'air imprégné de parties salines, contribue puissamment à l'activité

---

(1) Suivant l'analyse de Regnault, le limon du Nil, sur cent parties, contient : Eau, 11. — Charbon, 9. — Oxide de fer, 6. — Silex, 4. — Carbonate de magnésie, 4. — Carbonate de chaux, 18. — Alumine, 48. (Mémoires sur l'Egypte, 391.)

de la végétation. Si quelques parties n'ont pas été couvertes par les eaux, on y dirige d'abondantes irrigations au moyen desquelles on obtient une grande variété de végétaux, même pendant la sécheresse. L'hiver s'étend de la fin de novembre à la fin de janvier. Dans les premiers jours de février commence le printemps ; l'air s'échauffe par degrés et les arbres fruitiers se couvrent de fleurs. Du milieu de juin à la fin de septembre dure l'été, pendant lequel la chaleur règne sans interruption ; les campagnes brûlées offrent l'aspect d'un désert, à l'exception de quelques places vertes dues à la perpétuelle irrigation ; enfin l'automne, qui peut être considérée plutôt comme une continuation de l'été, commence en octobre avec la diminution de la chaleur, la chute des feuilles et le décroissement du Nil, et finit en novembre, époque à laquelle la contrée ressemble à une vaste prairie émaillée des plus belles couleurs.

Tels sont les principaux phénomènes qui caractérisent le climat de l'Egypte, contrée dont la nature semble avoir réglé la constitution atmosphérique d'une manière neuve et singulière. Dans cette contrée, remarquable par l'extraordinaire régularité des saisons et par le retour périodique de toutes les mutations de climat, tous les phénomènes de l'atmosphère furent dès les premiers temps, examinés avec soin et constatés dans des observations qui, gravées par les sages de Thèbes et de Memphis sur d'impérissables granits, ont bravé l'effort du temps et la main plus destructive encore de l'homme. Mais à l'aspect de ces caractères inexplicables aujourd'hui, on n'éprouve qu'un sentiment pénible, et l'on regrette amèrement qu'une nation si éclairée n'ait pas survécu à ses monumens.

La configuration générale du pays est celle d'un plan si doucement incliné, que le Nil, en la traversant, obéit à peine aux lois de la gravité. Dans les cantons cultivés on croirait le terrein nivelé ; quelques parties rares et isolées excèdent, à la vérité, la hauteur de l'inondation : mais presque toutes sont susceptibles de recevoir les irrigations. Ces petites élévations proviennent en général des irrégularités de l'immense lit de pierre calcaire qui s'étend de

Syène à la Méditerranée. La même espèce de pierre forme la base du sol depuis Alexandrie jusqu'à la Mer-Rouge dans le voisinage de Suez. Les montagnes à l'est du Caire consistent, pour la plus grande partie, en lits horizontaux de pierre de taille et de terre argileuse, dure, contenant divers fossiles comme coquilles pétrifiées, agates, gypse crystallisé etc. (1). La haute chaîne de montagnes qui s'étend parallèlement à la Thébaïde, entre le Nil et la Mer-Rouge, se compose principalement de marbre, de porphyre et de granit. Les roches granitiques se dirigent ordinairement du Nord au Sud, et les blocs immenses qu'elles renferment approchent quelquefois d'une stratification régulière. Le granit est rouge et semé de taches brunes ; la surface exposée à l'air se grène en une espèce de sable brunâtre qui fait distinguer facilement le granit du porphyre avec lequel on le confond quelquefois. Le porphyre, soit rouge, soit vert, se trouve en masses énormes, mais moins fréquemment que le granit ; on le prend souvent pour

---

(1) Magasin Encyclopédique, vol. XXXII.

le marbre nuancé de vert, qui lui ressemble par la dureté et la cassure. Le marbre vert, selon Bruce (1), est presque toujours traversé par des veines d'un marbre nuancé de bleu et de jaune, ou d'un jaspe de la plus belle espèce ; le jaspe vert, transparent et d'un grain très-serré, est inférieur cependant au cristal de roche pour la dureté. Ce minéral, nommé par les Bédouins natifs *siberget* et *bilur*, par les Maures *zumrud*, paraît être le même que le minéral connu des Grecs et des Latins sous le nom de *smaragdus*. Les roches de marbre les plus voisines du Nil fournissent le vert-antique dont la couleur sombre est irrégulièrement tachée de blanc. Le caillou d'Egypte, pierre siliceuse, remarquable par la variété et le brillant de ses nuances, se trouve, pour l'ordinaire, dans un fond de pierre calcaire.

Le sol extérieur ou végétal de l'Egypte ne ressemble en rien à celui des contrées contiguës. Hérodote observe que cette terre est grasse, noire, légère ; tandis que celle de Libye est d'une argile ferme, mé-

---

(1) *Voyages de Bruce*, vol. 1, p. 187.

langée de pierres. En examinant la constitution du sol égyptien, on dirait que le Nil, fatigué des solitudes immenses de la Nubie, a choisi cette vallée isolée, et plus sauvage que tout le reste, pour l'embellir des plus riches dons de la nature. La terre abyssinienne, chariée par lui dans ce lieu, y crée une île fertile au milieu des déserts, et les alluvions, amenées et déposées dans un golfe étroit de la Méditerranée, ont enfin formé un impénétrable marais couvert de cannes et de roseaux, le Delta égyptien, dont l'origine, problème géologique difficile, a été et sera long-temps encore, probablement, un sujet de discussion.

Outre la division ordinaire en Haute et Basse-Egypte, il en est une autre d'une grande antiquité, employée fréquemment par les auteurs anciens qui partagent l'Egypte en trois portions ; savoir : le Delta, l'Heptanomis et la Thébaïde. Suivant cette division, le Delta occupe la côte de la Méditerranée ; la Thébaïde, l'étroite vallée de la Haute-Egypte ; tandis que la région intermédiaire porte le nom d'Heptanomis, *province de Sept cantons*, ou suivant Denys Périégètes, celui d'Heptapolis, *province des Sept villes*. A une époque plus rapprochée, lorsque l'Egypte était une province romaine, le canton d'Arcadie correspondait à l'antique Heptanomis, et vers la fin du quatrième siècle, la partie orientale de la Basse-Egypte comprise entre l'Arabie et une branche du Nil en remontant jusqu'à Héliopolis, fut désignée sous le nom d'Augustamnica. Dans nos temps modernes, le Sahid répond à l'ancienne Thébaïde, Vostani à l'Heptanomis, et Bahyréh au Delta. Ce dernier est appelé Rif par Abulfeda, Errif par Leo, et Rifa par les premiers voyageurs européens qui ont fréquenté la Mer-Rouge, dénomination qui signifie, ainsi que Bahyréh, province maritime. Bahyréh se subdivise, à son tour, en trois districts : 1°. Bahyréh, le Bechria de Léon, qui s'étend depuis le Nil de Rosette jusqu'à l'Ouest de Tolometa, la Ptolémaïs Cyrénienne, district occidental, appelé aussi quelquefois Mauggrebin ; 2°. Charkieh ou Sharkin, district oriental, qui comprend l'ancien Augustamnica et la région stérile attenant à la Mer-Rouge, et nommée, par Leo, Sarrasine ; 3ᵈ. Gharbiéh, compris entre les deux branches du Nil qui vont aboutir à Rosette et Damiette. Les anciennes subdivisions de l'Egypte en nomes ou cantons sont enveloppées d'une grande obscurité, et de toutes les opinions, la plus probable peut être, est celle de saint Cyrile ; il pense que chaque ville, avec ses environs et dépendances, forma originairement un de ces cantons. D'ailleurs, les noms des cités, des lacs et des diverses branches du Nil furent si souvent altérés et dénaturés par les différentes nations qui ont conquis l'Egypte, qu'il est impossible de reconnaître aucune trace certaine de leurs antiques dénominations. Les cités florissantes dans les temps glorieux de l'Egypte, et successivement sous les gouvernemens des Perses, des Grecs, des Romains, des Chrétiens et des Sarrasins, non-seulement s'élevèrent sur les ruines de villes plus anciennes, mais, à l'époque des Turcs et des Mameluks, changèrent en partie de situation. Des cités, fameuses dans l'histoire, gisent maintenant ensevelies sous leurs ruines, et le voyageur en cherche quelquefois en vain la trace dans l'enceinte même de leurs anciennes murailles. Les côtes maritimes de l'Egypte proprement dite, le long de la Méditerranée, comprennent un espace de 201 milles (1), depuis la baie de Plinthine jusqu'au lac Sirbonis dans le voisinage du mont Casius. Non loin de la baie de Plinthine on trouve Taposiris, la tour des Arabes ou Abouseïr ; un peu à l'Est le bourg de Niciœ, mentionné par Strabon, et l'emplacement du Chersonesus Parva de Ptolémée, entre ce bourg et Alexandrie.

Maria, le Palœmaria de Ptolémée, placé par Hérodote sur les confins de l'Egypte et de la Libye, correspond au moderne Mariout au nord du lac Maréotis. Ce lac, probablement un bras de mer dans l'origine, occupait, du temps de Strabon, de Pline et de Ptolémée, un espace de soixante milles de circonférence, et se prolongeait vers le sud à plus de trente milles. Entouré de villages nombreux et de villes populeuses, il communiquait, par différens canaux, à la branche canopique du Nil, et ses rives fournissaient le fameux vin maréotique ; mais ces canaux n'existent plus depuis long-temps : les vignes sont

---

(1) Système géographique d'Hérodote. Rennell. p. 552.

remplacées par quelques palmiers ; le lac lui-même a disparu, et sa place est marquée seulement par une verdure un peu moins desséchée que celle du désert. A l'est de Mariout se développe la baie d'Alexandrie, large de trois lieues, et divisée en deux ports par l'île de Pharos qui tient actuellement au continent. La contrée entre la baie de Plinthine et celle d'Alexandrie, retombée dans son état de stérilité première, conserve, en quelques endroits, les vestiges d'anciennes cités presqu'entièrement couvertes de sable ; ceux de Taposiris entr'autres, le Bosiri de Marmol, qui du temps de cet auteur se distinguait encore par la magnificence et la grandeur de ses ruines. Quenot place l'ancien phare d'Alexandrie à 31° 13′ 5″, latit. nord. Depuis les envahissemens de la mer, la situation de la tour moderne n'indique point l'emplacement de l'ancienne construction, dont les différens étages, supportés par des piliers de marbre, s'élevaient à plus de quatre cents pieds. On aperçoit à travers les eaux, lorsque la mer est calme, les ruines de ce prodigieux édifice, dont l'origine se perd dans la nuit des temps, ainsi que les monumens de la Thébaïde, et qui passa pour une des sept merveilles du monde (1). Les réparateurs de ce phare, plus d'une fois détruit et relevé, essayèrent d'atteindre, mais vainement, à la gloire des premiers fondateurs. En 1320, un tremblement de terre l'ayant renversé, on le remplaça par une tour carrée, également dépourvue d'élégance et de majesté. A l'exception des ruines qui l'environnent, Alexandrie ne conserve aucun vestige de son antique magnificence : la vaste plaine d'alentour, sillonnée de tranchées, percée de puits sans nombre, divisée par une infinité de murs écroulés, est jonchée de colonnes renversées, de statues mutilées, de chapiteaux, de fragmens de toute espèce entremêlés de tombes modernes, d'où s'élancent çà et là des palmiers et des lopals. Ces ruines qui, probablement, occupent un espace plus considérable que l'ancienne Alexandrie à l'époque même de son plus grand éclat, sont de la plus haute antiquité, et bien antérieures au temps d'Alexandre, comme le

---

(1) Voyage de Pococke. vol. 1—3.

prouvent les hiéroglyphes dont elles sont couvertes.

La magnificence d'Alexandrie, sous la dynastie grecque, fut digne de la renommée du héros dont elle portait le nom. Bâtie dans la forme d'un parallélogramme, ou, comme dit Strabon, d'un manteau ou toge, elle renfermait un terrain de quatre lieues de circuit. Protégée, sur ses grands côtés, par la mer et par le lac Maréotis, et n'offrant, dans ses parties accessibles par terre, qu'un front excessivement étroit, sa position semblait la rendre imprenable. Des maisons vastes et solides, symétriquement alignées, des rues larges, aboutissant toutes à une immense place centrale, fesaient d'Alexandrie une des plus magnifiques villes du monde. Sous la dynastie arabe, sa splendeur déclina graduellement avec son commerce, dont le génie du fanatisme cause toujours la ruine. Malgré la diminution rapide de sa population, malgré la démolition de ses anciennes murailles, malgré sa réduction à la moitié de son étendue primitive, elle conservait encore, en partie, ses beaux édifices, ses superbes monumens, ses larges rues distribuées en forme d'échiquier ; et la lenteur même de sa décadence prouvait son opulence, sa force et sa grandeur premières.

A l'époque de la dernière invasion des Français, les murailles d'Alexandrie, construites avec les débris de l'ancienne cité, laissaient apercevoir des fragmens d'architecture et des blocs de concrétions pierreuses, composées principalement de coquillages et de bois fossiles, irrégulièrement entassés les uns sur les autres, et liés par un ciment commun (1). La ruine des canaux, l'empiètement des sables, isolent maintenant la ville dans un désert, et l'on aperçoit à peine un vestige de ces jardins délicieux, de ces campagnes si bien cultivées dont Abulféda parle avec un si grand enthousiasme. Quelques sycomores rabougris indiquent le cours de l'ancien canal de la Basse-Egypte : mais les yeux cherchent vainement « ces rives couvertes d'une
» perpétuelle verdure, ces dattiers super-
» bes dont la cime flexible, chargée de
» grappes pendantes, s'incline doucement

---

(1) Voyage de Sonnini. v. 4. p. 77.

« comme la tête d'une belle femme vain-
» cue par le sommeil (1). » A mesure qu'il
s'éloigne davantage du canal, le sol devient de plus en plus stérile et sablonneux ;
il conserve le même caractère entre Alexandrie et Rosette, malgré l'existence de quelques villages et de quelques terreins cultivés. Des ruines magnifiques sont éparses
sur cette plaine aride, jadis ornée de villes
populeuses, et sur laquelle il faut chercher
les emplacemens de Nicopolis, de Zéphyrium, et probablement de Thonis, le seul
port de l'Egypte ouvert au commerce à
une époque reculée de l'histoire. On croit
généralement que Thonis exista dans le
même endroit que Canope sur le terrein
duquel est construit le village d'Aboukir,
à quatorze milles d'Alexandrie. Des ruines
majestueuses indiquent la place de Canope jadis fameuse, ainsi que Sybaris, par
la mollesse et les mœurs dissolues de ses
habitans. Sa fondation paraît postérieure
au règne de Darius Hystaspes, car Scylax,
auteur contemporain, décrit cet endroit
comme un désert. Canope tirait, dit-on,

---

(1) Abulféda. Descript. Ægypti ; Michælis, p. 6.

son nom d'un ancien roi d'Egypte qui y termina sa vie. A trois milles environ à l'est, d'Aboukir, un petit lac d'eau douce communiquant avec le Nil, mais pendant la durée de l'inondation seulement, indique l'embouchure de l'ancienne branche Canopique de ce fleuve. Héracléum, comme ses restes le démontrent, était situé à une lieue environ de cette embouchure. Le Nil, qui changeait quelquefois de cours, s'approchait de tems à autre plus près de cette cité, et prenait alors le nom de branche Héracléenne ; tournant de plus en plus vers l'Est, il décrivit enfin une courbe si considérable, que l'on ouvrit à la mer un canal pour lequel le fleuve abandonna bientôt son ancien lit, plus occidental, de Canope. De Bolbitinum, ville citée par Stéphanus Byzantinus, et dont les restes existent, jusqu'à une petite distance au-dessus de Rosette, ce canal artificiel prenait le nom de branche Bolbitine du Nil; Ptolémée l'appelle Tali.

Rosette, située, selon Niebuhr, à 31°. 24'. lat. nord, et d'origine arabe, est longue, irréguliere, sans murailles ni forteresses. Elmacin fait remonter sa fondation à 870.

Le Nil de Rosette, à seize milles de l'embouchure Canopique, encombré de sable ainsi que ses canaux, et profond à peine de six pieds à la barre, est très-dangereux pour les navigateurs. On peut assigner la position de l'ancienne Motelis, à huit milles au-dessus de Rosette, à l'endroit où se séparent les branches Bolbitine et Canopique du Nil. Les environs de Rosette, le plus beau et le plus fertile pays de l'Egypte, offrent un aspect très-varié, eu égard à l'uniformité de la contrée; ce ne sont point des sites romantiques, de hautes montagnes, de fraîches cascades, des collines boisées, qui rompent la monotonie du paysage : c'est le désert rougeâtre de l'Ouest, avec ses monticules arides de sable, qui forme un contraste pittoresque avec les vertes rizières, les sycomores touffus, les rians bosquets d'orangers, et les cassiers couverts de fleurs jaunes. A vingt milles de Rosette, sur les bords du Nil est situé Fouah, jadis rivalisant, pour le commerce, avec Rosette, qu'il surpassa même tant que la branche canopique demeura navigable. Dans le quinzième siècle, lorsque le naturaliste Belon voyageait en Egypte, Fouah le cédait au Caire seulement : maintenant il est inférieur à Rosette sous le rapport de la grandeur et de la population. Sur la rive occidentale de cette branche s'élèvent Deirout, Rahmany et Térané.

Les cantons situés à l'ouest de la branche canopique tiennent du caractère du désert Libyen et n'égalent pas, en fertilité, le Delta. Le sol est plus sec et plus sablonneux, et les champs, composés d'abord d'excellente terre végétale, couverts de riches récoltes de légumes et de coton, finissent par se confondre avec les sables du désert. A quelque distance du Nil, commencent des régions de sables et roches entièrement dépourvues de terre végétale ; le terrain s'élève, et, par une pente presque insensible, forme d'abord des côtes, puis des collines, enfin des montagnes. On rencontre premièrement un sable fin et mouvant qui se dérobe sous les pieds, mais il se consolide à mesure que le terrain s'élève, et renferme une grande quantité d'agates et de cailloux de jaspe. Enfin le sable disparaît entièrement, et des lits de pierres friables occupent les sommités des collines : dans le nombre, il s'en trouve de vitrifiables, d'un gris violâtre, fortement fichées dans le sol à l'extérieur duquel elles projettent leurs pointes aiguës. Dans les interstices de ce sol pierreux et dans les endroits moins élevés où le sable est capable encore de retenir la rosée, quelques arbustes rabougris, hérissés d'épines et presque dépourvus de feuilles, rampent sur la terre, et forment, en se groupant, des retraites impénétrables et solitaires qui servent d'asiles aux lièvres, aux antilopes, aux zébus et aux bœufs sauvages. Tel est l'aspect de cette plaine unie mais élevée, d'environ trente milles de large, qui sépare la vallée du Nil de celle des lacs de natron. Le vent d'Ouest y souffle avec violence et précipite, du haut de ces éminences, une grande quantité de sable dans la vallée du Nil. A quatre lieues de là une autre chaîne s'élevant parallèlement à la précédente, forme une vallée sauvage, sillonnée de ravines étroites et profondes. Le versant de la chaîne orientale, du côté de cette vallée, est en quelques endroits taillé à pic, en d'autres couvert de sable. La vaste étendue des lacs, la verdure animée des plantes qui croissent sur leurs rives et des roseaux qui se balancent sur leur surface, contrastent agréablement avec l'éclatante blancheur des masses de natron et la teinte grise des sables du désert. Les bords de ces lacs sont peuplés de caméléons, d'antilopes et d'une foule d'oiseaux aquatiques au milieu desquels le flamant se distingue par son brillant plumage.

Les lacs Natron, au nombre de sept pendant la saison sèche et séparés par des bancs de sable, se réunissent lorsque les eaux atteignent leur plus grande hauteur, et forment alors un seul grand lac, long de six lieues, et occupant toute la largeur de la vallée. Quand les eaux se retirent, le terrain mis à sec reste couvert d'un sédiment salin qui se durcit et se cristallise au soleil : c'est le natron. L'épaisseur de la couche saline varie suivant la durée de l'inondation. Si elle est courte, le natron paraît en légère efflorescence semblable à des flocons de neige ; d'autres fois l'eau même est couverte d'une croûte épaisse : Granger rapporte que, visitant ces lacs à la fin d'août, il en trouva la superficie assez consolidée pour supporter ses chameaux. L'inondation de ces lacs correspond à la décroissance du Nil, et, par cette raison, les Egyptiens modernes l'attribuent à ce fleuve. Cette opinion est très-ancienne, car Pline, confondant la concomitance avec la cause, assure que le Nil inonde les lacs Natron, comme la mer débordée forme, en se retirant, un lac salé. Mais la nature même des choses rend cette solution impossible. Les ruisseaux qui alimentent les lacs sortent des hauteurs de la vallée ; s'ils provenaient des infiltrations du Nil, l'inondation des lacs correspondrait à celle du fleuve. Si ces ruisseaux, toutefois, tiraient leur source du désert, on pourrait, ainsi que le pense Sonnini, attribuer leur débordement aux pluies locales qui tombent après l'inondation du Nil, lorsque la chaleur du solstice d'été diminue. Le natron teint d'un rouge foncé l'eau des lacs dont les rives sont imprégnées de particules salines, et, même à une distance assez considérable, le sable est couvert, par places, d'une couche de natron. Les rives des lacs sont sillonnées de petits canaux par où descendent ces ruisseaux qui, dans la saison des pluies, charrient la terre des hauteurs, également imprégnée de parties salines. On voit ordinairement croître autour de ces lacs, les roseaux à tige platte, les tamarins et quelques palmiers qui dégénèrent bientôt sur ce sol aride. Le muriate, le carbonate et le sulfate de soude, telles sont les substances salines qui saturent leurs eaux, mais la dernière en moindre quantité ; les deux autres prédominent tour-à-tour, suivant la nature des ruisseaux et la qualité des terrains adjacens. Berthollet regarde le sel marin commun comme la matière première dont se forme le natron dans cet immense laboratoire de la nature. Les Arabes prétendent que le sol est imprégné de natron jusqu'à la distance de vingt journées dans le désert. C'est au mois d'août, entre les semailles et la moisson, qu'on recueille cette substance dont les habitans de Téranè faisaient jadis presqu'exclusivement le commerce ; ils en débitaient annuellement trente-cinq mille quintaux environ, dont la plus grande partie s'exportait à Venise, en France et en Angleterre.

L'usage du natron remonte à la plus haute antiquité ; Pline préfère celui de Macédoine à cause de sa pureté et de son brillant. Il exalte ses qualités médicinales et rapporte qu'on le mélangeait avec du soufre pour en faire des vases. Tout près de l'un des lacs, des fragmens de scories, des restes de fourneaux indiquent l'emplacement d'une manufacture de verre. Jamais, peut-être, situation ne fut mieux choisie pour se procurer facilement les deux élémens nécessaires à la fabrication du verre : la soude et le sable vitrifiable.

A l'ouest, et dans la même direction, se développe la vallée de la rivière sans eau, dénommée par les Arabes Bahar-Bela-ma, et, suivant les plus générales conjectures, l'ancienne communication entre les lacs Mœris et Maréotis. Une chaîne de roches calcaires, couvertes de sable, la sépare des lacs. Là, toute végétation est étouffée par l'accumulation des sables qui s'y amoncèlent en arrivant du centre de l'Afrique. Cette vallée, barrière occidentale de l'Egypte, arrête les progrès de ce fléau dévastateur, atténue l'action du vent et préserve d'une ruine certaine les rives cultivées du Nil dont les superstitieux habitans attribuent leur salut au pouvoir magique du sphinx des Pyramides. Dans la vallée de la Rivière Sèche, on trouve une grande variété de pierres qui semblent avoir été apportées des montagnes de la Haute-Egypte, telles que le silex, les pierres siliceuses, le gypse, le quartz, les cristallisations quartzeuses, les géodes, le jaspe et le caillou égyptien. Mais les plus curieuses productions de la vallée sont les bois pétrifiés dont elle abonde. Andréossi vit des arbres entiers, de dix-huit pas de longueur, dans un état de pétrification complette; la dernière transformation change le bois en agate; quand la cristallisation est moins parfaite, la partie qui formait la substance du bois devient un tissu écailleux revêtu à l'extérieur d'une enveloppe très-dure. Andréossi trouva dans le même endroit les vertèbres d'un grand poisson dont la pétrification commençait. Sicard dit avoir observé, dans cette vallée, des mâts et d'autres débris de vaisseaux pétrifiés : mais son rapport n'est pas confirmé par Andréossi.

La grandeur de cette vallée, sa direction vers Fayoum, sa liaison apparente avec le lac Mœris, donnent du poids à une ancienne tradition, suivant laquelle le Nil ou l'une de ses branches aurait traversé ces lieux actuellement déserts, ainsi que la vallée de natron ; le sol alluvial du canton de Mariout, à l'ouest d'Alexandrie, corrobore cette opinion. Les habitans de Téranè s'avancent quelquefois dans le désert à trois journées plus loin que la vallée de la Rivière Sèche, pour couper une espèce de joncs dont ils fabriquent les plus belles nattes.

Il n'existe, dans cette contrée, d'autres habitations que certains monastères coptes dont les moines sont aussi sauvages que leurs solitudes. Une muraille haute, épaisse, rougeâtre forme la première enceinte du monastère. Dans l'intérieur s'élève un petit fort entouré d'un fossé qu'on passe à l'aide d'un pont-levis ; ce fort renferme une citerne, des provisions et une église que ces moines superstitieux regardent comme aussi nécessaire que le magasin, pour les mettre en état de soutenir le blocus dont les Arabes les menacent continuellement. A cause de ces hordes errantes dans le désert, le mur, au lieu de porte, n'a qu'un petit guichet que l'on n'ouvre jamais sans d'extrêmes précautions. Sur le haut du mur extérieur règne une plate-forme garnie de tourelles d'où l'on peut observer au loin la campagne. La première enceinte renferme un petit jardin où les moines cultivent d'excellens légumes et quelques pieds de dattiers et d'oliviers. Leurs bibliothèques contiennent peu de livres intéressans ; ce sont, presque tous, des traités ascétiques, en langue arabe, syriaque et copte. Dans tous les temps, ces lieux effroyables parurent convenables à la vie monastique ; le triste aspect, la nudité, le silence du désert nourrissaient une noire misantropie, et les plus aimables attributs de l'humanité, la douceur, la bienveillance, étouffées par d'excessives austérités, dégénéraient bientôt en humeur chagrine et farouche. Dans leurs cellules étroites et sombres, capables à peine de contenir un corps humain, ces solitaires vivaient séquestrés de toute société et s'infligeaient volontairement les plus rudes pénitences.

Dans le quatrième siècle, le désert de Natron se peupla de reclus et reçut un nouveau nom de saint Macaire qui vint s'y fixer. Participant au caractère des animaux féroces, habitans de ces affreux déserts, ces moines atrabilaires, en quittant leur solitude pour prendre part aux querelles religieuses du temps, remplirent l'Egypte de trouble et de consternation. Depuis cette époque, leurs dogmes ont varié : mais leurs habitudes et leur caractère ne se sont pas améliorés.

On quitte volontiers ces régions sauvages pour jeter un coup-d'œil sur la belle et fertile province de Gharbiéh dont la partie maritime s'étend de Rosette à Damiette. Plus fertile qu'aucun autre quartier du Delta, le sol, en même temps plus uni, est coupé par de nombreux canaux; l'oranger, le citronnier, le grenadier, plantés en bosquets irréguliers, l'ananas parfumé, embellissent les campagnes couvertes de productions variées, et l'on aperçoit, à travers les cimes hautes et mobiles des palmiers, les pointes des sveltes minarets qui dominent sur les cités. Cependant la population actuelle de ce fertile canton n'est pas comparable à l'ancienne.

Les ruines antiques y sont moins nombreuses et moins importantes que dans quelques autres provinces. La difficulté de se procurer des matériaux propres à bâtir détermina les habitans à détruire les monumens antiques; la plupart gisent ensevelis sous les sables et la vase, les autres sont tombés sous les coups de la su- superstition (1).

De l'embouchure du Nil au cap Bourlos ou Berelos, pointe extrême du Delta, le sol est stérile et sablonneux. Il conserve le même caractère dans cette barre étroite et basse qui sépare le lac Butos ou Bourlos de la mer. Ce grand lac, voisin de l'extrémité du Delta, et contenu dans la terre ferme par un banc de sable, fait comprendre l'imparfaite consolidation de ce quartier formé d'alluvions. Entre ce lac et la branche Canopique du Nil, une muraille fut élevée par les Grecs Ioniens auxquels on permit de s'établir à Naucratis. Il y avait,

(1) Selon Volney, les vestiges des cités et des temples antiques n'ont pas été seuls outragés par la barbarie des Égyptiens; on trouva près de Damiette, dit-il, quelques années avant son voyage, une centaine de volumes que les chéiks du Caire firent brûler sur-le-champ.

dans la ville de Butos, un célèbre oracle de Latone (1) ; le temple Monolithe était composé d'un seul bloc de granit d'environ soixante pieds cubes. Cette masse énorme, extraite des carrières de Philæ, voisines des cataractes du Nil, fut amenée sur des radeaux de deux cents lieues. Les travaux immenses d'une pareille entreprise, caractérisent parfaitement le génie des hommes qui ont bâti les pyramides. Au temps d'Hérodote, le grand Butos s'élevait sur la branche Sebenitique du Nil; cette branche paraît avoir changé son cours ou s'être divisée en plusieurs canaux; car, selon le même auteur, elle se déchargeait dans la mer à l'extrême pointe du Delta, distante de trente-six milles environ du Nil de Rosette. Saïs (le Sah d'Edrisi et des Egyptiens modernes), jadis métropole de la Basse-Egypte et célèbre par son temple de Minerve, était située à huit milles de Naucratis. Dans la région orientale de cette province, et sur les rives du Nil de Damiette, se trouvaient les villes les plus considérables : mais les cités florissantes et populeuses des

---

(1) Strabo. Casaubon. — p. 1154.

périodes égyptiennes, grecques et mêmes arabes, montrent à peine aujourd'hui la trace de leur grandeur première. Busiris conserve son ancien nom, mais non le moindre vestige de la splendeur dont elle brillait lorsque le peuple accourait en foule à son temple d'Isis pour célébrer les fêtes de la déesse. Sebennytus (le moderne Semenud), dont une branche du Nil tirait son nom, est situé au-dessous de Busiris : mais ces deux villes antiques sont éclipsées par la moderne Mehala, capitale de Gharbiéh. A l'ouest de Sebennytus se trouve un monticule couvert de ruines, appartenant, selon Danville, à la cité d'Isis : au milieu de ces débris, les restes du temple d'Isis se distinguent par le goût et l'élégance de leurs sculptures. Au point où la branche Mendésiene du Nil se sépare de celle de Damiette, on rencontre Mansura qui fut, à l'époque du siége de Damiette par les Arabes (1), un camp retranché, et devint célèbre par le désastre de Saint-Louis. Damiette, entrepôt du commerce

---

(1) Abulfeda Descript. Ægypt. p. 51, Vid. d'Herbelot, Bibl. orient. ad Verb. Mansura.

entre l'Egypte et la Syrie, sur la branche phatmétique du Nil, est placée, suivant Niébuhr, à 31° 25′ latit. nord. Cette cité, sans murailles, s'élève en forme de croissant sur le bord sinueux du fleuve, à six milles de la mer; sur l'une et l'autre rive du Nil, le sol fertile produit, avec une étonnante profusion, des fruits et des fleurs pendant toute l'année. Autour des villages voisins, on trouve d'agréables ombrages sous des bosquets où croissent l'élégant cassier avec ses grappes de fleurs jaunes, le sycomore au vert feuillage, le dattier à la tige élancée, et le mélancolique tamarin. Les ruisseaux qui arrosent les rizières sont bordés de roseaux dont les feuilles étroites, longues, et les fleurs blanches produisent un effet vraiment pittoresque. Auprès de Damiette, l'ancien papyrus croît en abondance et s'élève à la hauteur de neuf pieds. Au milieu des marais, des canaux, le lotus (nommé Nuphar par les Arabes), semblable au Roi des plantes aquatiques, dresse majestueusement sa tête au-dessus des eaux et déploie son large calice d'un bleu d'azur ou d'un blanc de neige. Le Nil de Damiette, dans sa plus grande largeur, excède rarement sept cents verges. Malgré sa situation sur une des principales branches de ce fleuve, Damiette n'est citée par aucun auteur de la haute antiquité. Stephanus Byzantinus nomme, il est vrai, Thamiatis comme une ville d'Egypte : mais il appliquait probablement cette dénomination au district de Tamiéh dans la Haute-Egypte. Toutefois la ville moderne est construite plus loin de l'embouchure du fleuve que l'ancienne, près de laquelle les Arabes et les Croisés livrèrent tant de combats. Après le départ de Saint-Louis, les Arabes, menacés d'une nouvelle invasion, la rasèrent de fond en comble, et en élevèrent une seconde à quelque distance, qu'ils nommèrent d'abord Manchiè : mais ils lui rendirent ensuite son ancienne dénomination. Les bancs de sable ou barres, nommés par les gens du pays *Bogas*, rendent cette embouchure dangereuse pour les navigateurs.

La province de Charkiéh, adjacente au Nil de Damiette, est riche et fertile, mais non pas aussi uniformément que celle de Gherbiéh. Dans le voisinage de la mer, les terres d'alluvion paraissent mal consolidées à cause du grand nombre de marais et de flaques d'eau répandus sur leur surface. Le grand lac Menzaléh (le Tanis des anciens) occupe un espace de soixante milles environ, entre Damielte et Peluse, tantôt comme une vaste étendue d'eau, tantôt comme un marais entrecoupé de bancs et de chaussées ; les eaux, douces durant l'inondation du Nil, deviennent saumâtres le reste de l'année par leur communication avec celles de la mer (1). Ce lac contient plusieurs îles, couvertes encore de ruines antiques, et qu'Edrisi mentionne sous les noms de Nablè, Tuna, Samna et Hesn-Almai. Les habitans d'alentour appellent montagnes celles de ces ruines qui s'élèvent de beaucoup au-dessus des eaux. Les îles qui se trouvent presque à leur niveau sont incultes, stériles et dépourvues de toute végétation, les plantes marines exceptées. L'eau du lac est extraordinairement phosphorescente ; son lit consiste en argile mélangée de sable, de limon, de chaux, de coquillages ; des mousses et des

---

(1) Geographia Nubiensis Edrisii ; Paris 1619, p. 103.

roseaux y croissent par places. Comme il communique avec la mer et avec le Nil, il abonde en toute espèce de poissons, et sert de retraites à d'innombrables troupes d'oiseaux aquatiques. Le lac Menzaléh prend, du côté de la terre, la forme de deux larges golfes, divisés par un promontoire et séparés de la mer par une langue étroite et basse dont la formation semble due à l'action continuelle du courant qui pousse et accumule les terres sur les rivages du Delta. Le lac communique avec la mer par deux chenals qu'on suppose représenter les bouches Mendésiene et Tanitique du Nil ; le premier est à trente-un milles de la bouche Phatmétique ou de Damiette ; le second à dix-sept milles au-delà. La branche Mendésiene du Nil qui entre dans le lac correspond, dit-on, au canal de Manssourah, et Andreossi pense que le canal de Moëz qui arrose la province de Gharkiéh représente la branche Tanitique. Des bas-fonds gênent la communication des chenals avec la mer et n'en permettent l'entrée qu'aux navires légers. Andreossi observa deux autres communications avec la mer qui se trouvaient totalement interceptées par des amoncellemens. Le banc étroit ou langue de terre basse qui sépare le lac de la mer et s'étend de Damiette à Péluse, demeure inculte, et, comme les rives du lac, produit seulement quelques plantes marines.

Le lac tire son nom de Menzaléh, petite ville ruinée, située sur le promontoire qui, du Delta, se projette dans le lac entre les deux golfes demi-circulaires. A l'extrémité de ce promontoire se trouve Matharyéh, île habitée par une race féroce de pêcheurs qui forment une classe à part, communiquent peu avec les Egyptiens et les empêchent de pêcher dans le lac. Les ruines de San ou Tanis sont éparses sur les rives du canal de Moëz, à deux lieues de son entrée dans le lac. Fertile et peuplé du côté de Damiette, le territoire adjacent à Menzaléh devient mauvais aux approches de Péluse et finit par se convertir en un stérile désert. Les bouches Pelusiaques du Nil s'ouvraient à trente-trois milles et à l'est de la branche Tanitique, et l'ancienne Peluse existait au milieu d'un canton marécageux qui, à une époque reculée, passait pour un repaire de brigands. Comme cette ville défendait l'entrée de l'Egypte du côté de la Syrie, les premiers rois égyptiens en avaient fait une place très-forte, et, lors de la conquête de l'Egypte par Cambyse, un rempart formidable s'étendait entre Héliopolis et Peluse, dans un espace de quatre-vingt-dix milles. Des bas-fonds, d'impraticables marais occupent, vers ce point, l'extrémité du lac Menzaléh. Le Farama des Arabes, situé au-dessous de Peluse, à l'une des bouches du fleuve, par 30° 48' lat. nord, fut détruit à l'époque des croisades. Le nom copte de cette ville est Baram, dans lequel on reconnaîtra peut-être le Paremphis de *Stéphanus Byzantinus*. Catieh (l'ancien Casium) sur le mont Casius, à trente-cinq milles de Peluse, forme l'extrême frontière de l'Egypte. La partie orientale de Charkiéh, aride naturellement, est devenue un véritable désert par suite de la négligence, et de la suppression de la branche Pelusiaque du Nil. Dans les premiers âges, cette branche, plus considérable que les autres selon toute apparence, et se divisant à l'orient du Delta en de nombreux canaux, arrosait et fertilisait les cantons sablonneux voisins de la Mer-Rouge ; à la longue tout a disparu. Hormis le temps de l'inondation, on n'aperçoit pas trace de rivière, et les vertes prairies de Goshen, jadis si abondantes en pâturages, n'offrent plus aux regards que des sables brûlés et stériles. Les principales villes de la partie orientale de Charbiéh sont Belbeis et Salehiéh contenant, dit-on, la première environ cinq mille habitans, la seconde un peu plus. L'isthme étroit qui unit l'Afrique à l'Asie doit son nom au bourg de Suëz placé par 30°. 2'. latit. nord, près de l'extrémité du petit golfe qui termine la Mer-Rouge vers le nord. Entrepôt du commerce de l'Arabie, jamais Suëz n'a pu devenir, cependant, une ville importante, à cause de la difficulté de l'approvisionner, et ce n'est qu'une station militaire ; il n'y a pas d'autre eau que celle d'une source saumâtre, située à six lieues environ, sur la côte arabique, dans la petite oasis d'Honareb ; et l'on est obligé d'y apporter, de l'intérieur de l'Egypte, toutes les autres choses nécessaires à la vie. La rétrogradation successive de la mer, qui ne permet l'entrée des havres qu'aux petites embarcations, même à haute marée, prive Suëz du seul avantage qui pourrait le dédommager de sa désagréable position. Sauvage, aride, stérile, la contrée qui l'environne n'offre pas la moindre apparence de verdure, et l'œil, après avoir erré tristement sur d'immenses plaines de sable jaune, ou sur des flots verdâtres, n'a d'autre point de repos que les rochers nus et blancs de l'Arabie. Tout près et au nord de Suëz, des monceaux de ruines indiquent l'emplacement de l'ancien Clysma, le Kolzoum des Arabes, duquel la Mer-Rouge a tiré son nom arabe. A l'extrémité nord, du golfe, est la place d'Arsinoë, depuis long-temps inaccessible aux navigateurs, à cause des bas-fonds impraticables, et des marais salés, formés dans son voisinage. Les bancs de corail, très-nombreux dans la Mer-Rouge, sont les écueils les plus dangereux ; quand la mer est calme, ces bancs de corail offrent un spectacle merveilleux qui réalise les brillantes fictions des anciens relativement aux palais, aux jardins des Néréides. Le promontoire de Tor, continuation d'une branche du mont Sinaï, divise l'extrémité de la Mer-Rouge en deux golfes profonds : à la pointe orientale ou golfe Elanitique s'élevait Aïlah qui lui donna son nom ; Kolzoum est situé près du bout du grand golfe que les anciens auteurs désignaient ordinairement sous celui d'Héroopolis. Les auteurs arabes renferment ces deux villes dans les limites de l'Egypte. La retraite de la Mer-Rouge vers la côte d'Arabie accroît insensiblement la largeur de l'isthme, quoique les géographes arabes et grecs, observateurs peu exacts sans doute, semblent établir que la mer a plutôt empiété que reculé, du côté de l'isthme. Egarés par l'idée que le mont Casius, et Héroopolis, ville voisine de l'extrémité du Golfe, se trouvaient sous le même méridien, quoiqu'il y eût réellement entr'eux près d'un degrés de longitude, Hérodote et Ptolémée ont porté la distance existante entre le mont Casius et la pointe du golfe Arabique à trente-trois au lieu de soixante-quatre milles. Par les latitudes respectives de Suëz et de Farama (l'ancienne Peluse) la plus petite distance entre la Mer-Rouge et la Méditerranée paraît être de quarante-huit milles ; l'espace intermédiaire est occupé par une plaine de sables mouvans, si platte que l'œil du voyageur qui la traverse peut apercevoir les deux mers. Les avantages d'une pareille position n'échappèrent pas aux anciens, et, dans des temps très-reculés, un canal fut pratiqué pour unir la Mer-Rouge à la Méditerranée : mais comme le sol mobile et sablonneux de l'isthme ne permettait pas d'établir un canal direct, d'une manière durable, on tira parti du canal navigable de la branche Pélusiaque du Nil, qu'on remontait jusques vers la tête du Delta, et l'on établit une communication entre Suëz et ce canal. C'était probablement la rivière Ptolemæus de Pline, qui passait par Arsinoë et que Strabon appelle Cléopatris. A cause de la direction circulaire de cette navigation intérieure, le voyage, selon Hérodote, exigeait quatre jours. La navigation de ce canal paraît avoir été fréquemment interrompue, mais rétablie de tems à autre par différens princes, ce qui a jeté de la confusion dans les récits des historiens. Le Caire, capitale de l'Egypte, que les naturels nomment Misr la maîtresse du monde, et Misr sans égal, est situé sur la rive orientale du Nil auquel touchent les faubourgs de Fostat et de Boulac. Quoique la grandeur du Caire, sa nombreuse population, la diversité des costumes, du langage, des traits et des mœurs de ses habitans soient faits pour produire une vive impression sur l'esprit d'un Européen, cette impression ne peut être comparée à l'admiration qu'elle devait nécessairement exciter à l'époque de son ancienne splendeur, lorsqu'elle pouvait se vanter d'être la métropole de l'Afrique, la seconde capitale de l'orient, le théâtre des merveilles imaginaires des Arabes et des merveilles réelles de leur histoire, aussi incroyables, peut-être, que leurs fictions. Du château du Caire, élevé sur le mont Mokattam, on embrasse, d'un coup d'œil, l'immense croissant que forme la ville : mais on n'aperçoit aucun de ces édifices publics ou particuliers où brille le génie de l'architecture, aucune de ces belles places, de ces rues larges et régulières, et c'est en vain qu'au milieu d'un amas confus de maisons, à travers les sinuosités de rues étroites dont la trace se perd quelquefois, on cherche quelque monument qui dénote le bon goût d'un peuple éclairé et poli. Des espaces vides, répandus çà et là, forment des lacs au moment de l'inondation, et des jardins pendant le reste de l'année; en septembre, les habitans naviguent sur le même terrein où ils se promènent en avril au milieu des fleurs et de la verdure. Une multitude de tombeaux environnent la ville qui n'a ni pavé ni murailles; les décombres, accumulés depuis des siècles, s'élèvent autour de son enceinte comme autant de collines; les hauts minarets des nombreuses mosquées interrompent seuls le monotone aspect des terrasses uniformes qui couvrent toutes les maisons. Deux ou trois étages composent ces maisons, bâties la plupart en terres et en briques, et quelques-unes avec une espèce de pierre d'un grain très fin; sans aucun jour sur la rue, percées de fenêtres petites, basses et peu nombreuses du côté des cours, elles ressemblent, en général, à de sombres prisons. Le château du Caire, construit sur un rocher inaccessible, a près d'un quart de lieue de tour; d'épaisses murailles le défendent, mais une montagne voisine en commande la position. Les deux grands faubourgs du

Caire, qu'on peut regarder avec raison comme des villes détachées, sont Boulac et Fostat, situés sur la même rive, le premier au-dessous, le second au-dessus du Caire. Fostat porte aussi le nom de Misr Elattikè (ancien Misr ou vieux Caire); il occupe, sur la rive orientale, un terrain voisin de l'emplacement de l'ancienne Babylone. Sur la rive occidentale se trouve Gisèh jadis faubourg de Fostat : latitude nord du Caire, 30° 3′; longitude est 31° 20′.

Dans la vingtième année de l'hégire, Fostat fut fondé par Amrou, conquérant de l'Egypte, dans la même place où il avait assis son camp avant de marcher au siége d'Alexandrie. Selon Elmacin, il tire son nom de la tente du général arabe que ce dernier laissa dressée pour ne pas déranger un nid que des pigeons y avaient construit. L'origine du grand Caire est bien plus moderne : Gauhar, général de Moaz souverain de la Barbarie, prince de la race Fatimite, en jeta les fondemens en 969. Cette fondation, commencée pendant l'ascension de Mars, fit donner à la ville le nom arabe de cette planète, Kahira le victorieux. Environ deux cents ans après, la population du Caire s'accrut de celle de Fostat qui fut livré aux flammes par son faible prince Shuwar à l'approche des Croisés. Huit ans après cette catastrophe, l'illustre Saladin, qui releva la gloire des Arabes, fit élever le château et les murailles du Caire (1). Quoique cette ville ait perdu sa première splendeur et les immenses richesses dont elle jouissait avant la découverte du passage aux Indes par le cap de Bonne-Espérance, elle renferme encore une population considérable; en 1785, Volney l'évaluait à deux cent cinquante mille habitans. Elle est l'entrepôt de tout le commerce de l'Afrique orientale, et entretient de grandes relations commerciales avec l'Arabie, le Maroc et divers pays du Levant.

En remontant le Nil, le voyageur, bientôt après son départ du Caire, entre dans la plus étroite partie de la vallée du Nil, dont les montagnes d'Arabie et de Libye semblent lui interdire le passage. A travers les palmiers qui ombragent les rives du

---

(1) Abulfeda excerpt. Hist. univ. p. 23, ad fin. Bohadini, *Hist. Saladini* à Schultens.

fleuve, il contemple avec étonnement ces masses énormes qui, d'espace en espace, se détachent de l'horizon comme des montagnes, et dont la régularité atteste cependant le travail de l'homme. En observant les vastes solitudes qui environnent la plaine des Pyramides, il se croit arrivé aux bornes de l'univers et devant les ruines d'un ancien monde ravagé par l'invasion des flots. Les pyramides apparaissent de très-loin au voyageur et semblent, à mesure qu'il avance, reculer dans les profondeurs du désert : mais de près, la hauteur gigantesque, la prodigieuse largeur, l'immense base de ces monumens, lui impriment un sentiment d'admiration et de respect en rappelant à sa mémoire les siècles écoulés depuis leur fondation, tandis que l'étonnante solidité de leur structure promet une impérissable durée. La plus grande des pyramides s'élève à l'entrée de la plaine des Momies, couverte des sépulcres des anciens Egyptiens; ces sépulcres sont formés d'un seul bloc, fermés d'une large pierre et enterrés sous le sable. On distingue les pyramides par le nom des villages qui les avoisinent, tels que Gizéh, Sakkara, Dashur; elles s'élèvent de distance en distance, le long des dunes sablonneuses qui bordent les rives du Nil depuis Giséh jusqu'à Medum, sur un espace de trente-six milles. Sur la rive occidentale du Nil, entre ce fleuve et la ligne des pyramides qui forme de ce côté la limite du désert Libyen, les villages de Metraheuny et de Mohanan indiquent l'emplacement de l'ancienne Memphis, vers 29° 53′ latitude nord; ils sont environnés d'une forêt de palmiers qui dérobent à la vue les restes de cette grande cité dont les débris même ont presque entièrement péri; avec le nom de *Menf* ou *Ménouf*, donné par les Arabes à l'emplacement dans lequel les ruines se montraient naguères, quelques monceaux de décombres informes, ensevelis sous les chardons, des canaux bordés de pierres mais encombrés de sable, sont les seuls vestiges de Memphis, cette ville fameuse qui avait quatorze mille de circuit (1). On y a trouvé quelques fragmens de pierres sculptées, mais point d'obélisques ni d'hié-

---

(1) Diodore de Sicile, l. 1, § 2.

roglyphes ; on n'y reconnaît pas même la moindre trace d'un temple ou d'un monument public. Toutefois dans les eaux d'un petit lac qui se rétrécit lorsque l'inondation du Nil n'atteint pas sa hauteur ordinaire, on a découvert des ruines plus belles et mieux conservées (1). L'histoire de Memphis est très-incertaine. Moins anciennement célébre que Thèbes, son origine remonte à des temps placés hors des limites de l'histoire authentique; qu'elle ait été fondée par Menès comme le prétend Hérodote, ou par Uchoreus selon Diodore, elle fut probablement la plus ancienne ville de la Basse-Egypte. C'est un peu au-dessus de Memphis, en sortant de la partie la plus étroite de la vallée, que le Nil paraît avoir, pour la première fois, mêlé ses flots aux vastes marais d'eau salée qui couvraient alors le sol actuel de la Basse-Egypte : des siècles s'écoulèrent avant qu'il pût se former un lit durable à travers cette plaine mobile et inhabitable. Memphis fut fondée, sans doute, aussitôt que le terrain eut pris une solide consistance. Située près

---

(1) Description de l'Egypte, par Maillet, p. 274.

de la tête du Delta, elle fut d'abord environnée par les eaux du Nil qui, divisant son cours au-dessus de la ville, passait à l'est et à l'ouest de ses murailles. A cette époque, les plus considérables branches du Nil semblent s'être dirigées à l'ouest de Memphis, vers cette région stérile qui s'étend à l'occident d'Alexandrie. Là, perdues dans des lacs saumâtres, absorbées par les sables brûlans du désert, elles ne pouvaient fertiliser suffisamment la contrée. Menès, le premier souverain de l'Egypte, selon Hérodote (1), en élevant à l'ouest de Memphis une immense barrière, força le Nil à se rejeter dans son canal oriental. Pocoke reconnut les restes de ce grand travail dans une espèce de muraille en pierres taillées, longue d'un millier de verges et large de vingt pieds, qui traverse la partie basse de ce canton et finit à un mille environ, au nord-est des pyramides (2).

Le Nil, exclus de l'une de ses branches, ne se renferma pas long-temps dans l'autre

---

(1) Hérodot. Euterpe, 99.
(2) Voyages de Pocoke, vol. 1, p. 42.

seule ; mais, suivant sa première tendance vers l'ouest, causée par la pente du terrein, il se divisa de nouveau dans le voisinage d'Héliopolis, où il se forma un second Delta, plus oriental, mais dont la branche occidentale n'égalait pas l'ancien Delta. La tête du nouveau, transportée de Memphis à Héliopolis, jeta une telle confusion dans le récit des historiens, qu'il devint impossible d'assigner la véritable position de Memphis, quoique cette ville ait été très-florissante long-temps après ce changement. En effet, sa position centrale la rendait également propre à devenir la capitale d'un puissant empire et l'entrepôt d'un commerce immense. Les anciens monarques de l'Egypte abandonnèrent Thèbes aux cent portes pour la nouvelle capitale, auprès de laquelle ils élevèrent bientôt les pyramides, le plus prodigieux monument de l'antiquité. Memphis brilla pendant plusieurs siècles, et son éclat se soutint même après les ravages du persan Cambyse. La fondation d'Alexandrie porta le premier coup à sa prospérité, et la capitale de l'Egypte moyenne ne tarda pas à éprouver le sort de Thèbes. Abandonnée par une grande partie de sa population; Memphis, sous le règne d'Auguste, était encore la seconde ville de l'Egypte, rang qu'elle conserva jusqu'à sa destruction totale par les Arabes d'Amrou. Après une longue et vigoureuse résistance, elle fut prise d'assaut, rasée jusqu'aux fondemens; et le nom de Misr, sous lequel elle était connue des Arabes, fut transféré à Fostat (1). A quelque distance au-dessus du canton de Fayoum commence l'ancienne province de Crocodilopolis, appelée ensuite Arsinoë. En cet endroit, la chaîne de montagnes qui accompagne le cours du Nil depuis les Cataractes, s'abaisse tout à coup vers le désert et y forme l'immense bassin qui contient le lac Mœris, ce lac dont Strabon parle avec tant d'enthousiasme (2). Cette province, célébrée par les anciens auteurs, surpassait le reste de l'Egypte par la beauté, la richesse et la variété de ses productions ; c'était le seul canton propre à la culture de l'olivier. Fayoum conserve encore des traces de

---

(1) Abulfedæ Descript. Ægypti, p. 25.
(2) Strabo, ed. Casaub. p. 1163.

cette fertilité, quoique la négligence, le mauvais état des canaux et l'empiétement des sables aient diminué des deux tiers le terrein cultivable. Le climat, le sol, les eaux sont les mêmes; l'homme seul a changé. Ce canton produit du bled en abondance; il y existe encore des vignes et des oliviers; des bosquets d'arbres fruitiers et de rosiers embellissent les bords du fleuve, et Fayoum seul fournit à l'immense consommation d'eau-rose qui se fait en Egypte. Les villes de Crocodilopolis, d'Héraclée, de Ptolémaïs n'existent plus. Fayoum même, ville florissante au temps d'Abulfeda, est presque réduit à rien. Le lac Mœris, aujourd'hui Kèroun, Cairun ou Kern, a beaucoup perdu de son ancienne étendue, quoiqu'il ait encore trente lieues de tour; sa longueur est de quarante milles environ, sa plus grande largeur de six à peu près (1). Du côté de Fayoum sa rive est plate et sablonneuse, et bordée de plusieurs îles; du côté de la Libye, non loin de l'extrémité occidentale du lac, se trouvent les ruines de la ville et

---

(1) Voyages de Browne, p. 169.

du palais de Kèroun d'où le lac tire son nom arabe. On suppose qu'elles indiquent le site du labyrinthe, cet extraordinaire et magnifique édifice que Pline regardait comme la plus étonnante création du génie humain, qui servit de modèle aux labyrinthes de Crète, de Lemnos et d'Italie, et dont la destination est encore un problème. Selon Hérodote, les appartemens souterrains renfermaient les momies des anciens rois d'Egypte et des crocodiles sacrés : mais Pline, d'après une opinion plus généralement répandue, dit que cet édifice était consacré au soleil. Le canal qui descend de la Thébaïde dans le lac Kèroun porte encore le nom de canal de Joseph ; entre cette dérivation artificielle et le Nil, est compris un petit lac étroit et long, nommé Bathen par les Arabes. Au-dessus de Fayoum, les chaînes de montagnes au milieu desquelles coule le Nil depuis les Cataractes, se rapprochent de ses rives, celle de l'est, sur-tout, composée de roches nues et stériles. Le nombre des villes et des villages diminue, tandis que les ruines antiques se multiplient à mesure qu'on avance. Au milieu des misérables cabanes des Coptes et des Arabes, le voyageur discerne les vestiges d'édifices somptueux qui semblent avoir servi d'habitation aux génies ; il rencontre sur sa route, en avançant vers le midi, Bénésouéf, Monfalout, Assiut ou Syouth et Djirdjéh, capitale de la Haute-Egypte. Des ruines entourent ces villes : mais celles de Denderah méritent seules de fixer l'attention.

Denderah, l'ancien Tentyra, s'élève sur la rive gauche du Nil, à l'extrémité d'une plaine fertile couverte d'une vaste forêt de palmiers et de dattiers qui fournit de charbon la plus grande partie de l'Egypte (1). Les ruines de l'antique Tentyra, placées un peu à l'ouest de la ville moderne, occupent un espace considérable. On y voit les restes de trois temples dont le plus grand subsiste presqu'entier ; ce dernier et l'un des deux autres, étaient consacrés à Isis ; le troisième, selon toute apparence, à Typhon (2). Il règne, dans l'exécution des sculptures de ces temples, une pureté,

---

(1) Voyages de Sonnini, p. 589, 4°. vol.
(2) Rapport sur les antiquités de la Haute-Egypte, Ripaud. p. 49.

une délicatesse que les Egyptiens ont rarement portées à un aussi haut degré ; les sculptures des portiques représentent des sujets astronomiques.

Les habitans de Tentyra sont fameux par leur haine pour le crocodile sur lequel ils exerçaient un pouvoir semblable à celui des Psylles de l'Inde sur le serpent. Quel fut leur secret? on l'ignore : mais on peut difficilement révoquer en doute un fait dont Rome fut plus d'une fois témoin dans ses jeux publics (1). Pline rapporte que le robuste et intrépide Tentyrite poursuivait le crocodile dans l'eau, s'attachait à son dos écailleux, et, après lui avoir enfoncé un épieu entre les mâchoires, le conduisait comme par la bride sur le rivage, et forçait le monstre tremblant et soumis à sa voix, de restituer au tombeau les corps de ceux qu'il avait dévorés (2). Lorsque Sonnini visita ces ruines, le gouverneur arabe, bien différent de ses compatriotes qui croient un trésor caché dans chaque tombeau, justifia les recherches du voya-

---

(1) Strabo à Casaub. p. 1169.
(2) Pline Nat. Hist., l. VIII, c. 25.

geur, et détourna les soupçons en disant :
« Vous ne savez donc pas que les ancêtres
« des Francs ont régné dans ce pays, et
« que c'est par respect qu'ils visitent ces
« ruines, monumens de leur antique
« grandeur. » (1). Cette opinion paraîtra
noble dans un arabe, si l'on considère la
force des préjugés, et surtout à cette époque où les Egyptiens redoutaient la destruction totale du pouvoir mahométan, et
l'établissement de l'empire du *Roi jaune*
ou Czar de Russie.

Vis-à-vis Denderah, sur une éminence
de la rive orientale du Nil, sont Kenné,
Ginnah ou Gienè, l'ancien Cœnopolis, et
à quatre lieues au-dessus, du même côté,
les ruines de Coptos ou Keft. Elles occupent un tertre de deux milles de circonférence environ, et n'offrent rien de remarquable sinon quelques sarcophages de
granit, mutilés et enfoncés dans la terre.
Sous le règne des Ptolémées, cette ville,
traversée par un canal du Nil, habitée par
des Egyptiens et des Arabes, faisait un

---

(1) Voyages de Sonnini, p. 590, 4*e* vol.

commerce considérable et répandait en Egypte les produits de l'Arabie, de l'Ethiopie, de l'Inde, débarqués d'abord dans le port de Coseir placé sur la mer Rouge, à trois jours de marche. Elle conserva son opulence jusqu'à Dioclétien qui la détruisit et en chassa les habitans à cause de leur attachement au christianisme; du temps d'Abulfeda elle n'était plus qu'un hameau. Cous ou Koust, l'*Apollinopolis parva* des anciens, succéda au commerce et à l'opulence des Coptos, et jouit de tous ces avantages durant la domination des Arabes. Elle devint, selon Abulfeda, l'entrepôt du commerce d'Aden, capitale de l'Yémen, qui, pendant le treizième siècle, s'empara du commerce de l'Inde avec l'Egypte. Après l'invasion des Turcs et la découverte du cap de Bonne-Espérance, les ports de la Mer-Rouge furent peu fréquentés; Cous déclina, et Kenné recueillit les débris de son commerce. Il n'existe à Cous d'autre reste important de l'antiquité, que l'entablement d'une porte dont la corniche porte une inscription grecque (1).

---

(1) Rapport sur les antiquités de la Haute-Egypte, Ripaud, p. 48.

Le sol de la Haute-Égypte devient plus fertile à mesure qu'on approche de l'ancienne Thèbes. Les champs cultivés donnent plusieurs moissons dans la même année et dans la proportion de trente à quarante pour un (1). Sous cette atmosphère ardente, les fleurs plus odorantes, les arbres chargés en tout temps de fruits et de fleurs embaument l'air des plus suaves parfums, charment les yeux par la variété de leurs feuillages, et fournissent un délicieux abri contre la chaleur. L'acacia qui produit la gomme arabique abonde dans les plaines sablonneuses ; de sa tige basse, maigre, tortueuse, sortent de longues branches armées de fortes épines blanchâtres, garnies de feuilles étroites et de fleurs petites et blanches, quelquefois teintes de jaune ; son écorce est brune et rude (2). Si l'on fesait de vastes plantations d'acacias dans les plaines sablonneuses de l'Egypte, dont la base consiste souvent en terre végétale, on rappellerait probablement ces cantons arides à leur fertilité première.

---

(1) Voyages de Sonnini, p. 619, 4°. vol.
(2) Idem, Idem 637, Idem.

Les ruines de la gigantesque Thèbes, cette ancienne capitale de l'Egypte, la cité de Jupiter, la ville aux cent portes par chacune desquelles pouvaient sortir à la fois deux cents guerriers avec leurs chars, étonnent et terrassent l'imagination par la grandeur et la magnificence : mais, tableau frappant de l'instabilité des choses humaines, elles impriment en même temps à l'âme un sentiment de mélancolie. Le voyageur ne peut s'empêcher d'éprouver une émotion profonde, une sorte de vénération en parcourant les ruines de Thèbes, en contemplant cet antique berceau de la race humaine. Si jamais nation se montra jalouse d'une immortelle renommée, et s'efforça d'étonner et de surpasser, par la grandeur de ses monumens, les générations qui devaient lui succéder, ce fut la nation qui construisit la *Thèbes égyptienne*; et tandis que son origine se perd dans la nuit des temps, son histoire, ses coutumes, ses lois, tout a péri, et son nom seul a traversé les siècles : la grandeur, la quantité, la beauté remarquable de ces ruines majestueuses; les gigantesques proportions des édifices font paraître mesquins les monumens les plus vantés des autres nations. Ses ruines s'étendent sur les deux rives du Nil pendant trois lieues, et se prolongeant jusqu'aux montagnes, embrassent un espace de vingt-sept milles de tour entièrement couvert de colonnes renversées d'une dimension énorme, de statues colossales, d'avenues formées par des sphinx et des obélisques, enfin de portiques d'une élévation prodigieuse. Kourna et Medinet-Abu, à l'occident, Luxor et Carnac, à l'orient, forment les limites de ces ruines dont la majeure partie se trouve sur la rive orientale du Nil. En cet endroit le fleuve a trois cents verges de large environ. On voit à Kourna un temple dont l'architecture diffère de ceux de Thèbes (1). Les habitans de ce canton, race sauvage et cruelle, d'un teint noir, ne ressemblent pas aux autres Egyptiens par les traits du visage, et vivent, comme les anciens Troglodytes, dans les cavernes. Quand Browne visita Kourna, une femme lui dit : « Avez-

---

(1) Antiquités de la Haute-Egypte, Ripaud, p. 48.

« vous peur des crocodiles? nous sommes
« des crocodiles » (1). On applique cette
dénomination aux habitans de tous les villages de la Thébaïde.

Les ruines occidentales sont moins entières et plus confuses que les premières. Les mieux conservées sont le Memnonium ou palais de Memnon, le palais de Medinet-Abu, et deux statues colossales, fameuses par leur merveilleuse hauteur. Quelques-unes des colonnes du Memnonium ont encore quarante pieds de haut sur dix de diamètre; dans une des cours gisent les fragmens d'une immense statue, dont un pied intact a près de deux toises de long. Une statue colossale, mais d'une plus petite dimension, placée à l'une des portes, offre un admirable échantillon de la sculpture égyptienne; le corps est noir mais la tête est formée d'un bloc de granit rose. Le péristyle du palais de Médinet-Abu, long de soixante-cinq pas, large de cinquante-cinq, est décoré de quatre rangées de colonnes de quarante-cinq pieds

---

(1) Voyages de Browne en Afrique, p. 138.

de haut et de sept de diamètre ; les sculptures l'emportent sur celles du Memnonium; les petits hiéroglyphes sont creusés dans la pierre, depuis un jusqu'à six pouces de profondeur, tandis que les grands ont deux pouces de relief. Les deux statues colossales, généralement nommées Shaama et Taama, s'élèvent entre le Memnonium et Medinet-Abu ; elles ont, quoiqu'assises, environ cinquante-huit pieds de haut ; leur base, haute de douze pieds, est engagée de près de six pieds dans le sable. Le colosse méridional est intact, l'autre est mutilé ; une foule d'inscriptions grecques et latines, gravées sur sa base, rappellent les sons harmonieux de la statue de Memnon. Tout l'intervalle entre le Memnonium et Medinet-Abu est couvert d'une immense quantité de ruines magnifiques, de statues, de fragmens sculptés, dont quelques-uns représentant des siéges et des batailles, semblent indiquer le tombeau d'Osymandias, probablement le même que Memnon. Diodore de Sicile donne une description de ce merveilleux édifice. Les monumens les plus importans et les plus fameux, actuellement, de l'ancienne Thèbes, s'étendent sur la rive orientale du Nil depuis le village arabe de Luxor ou Askor, cité par Abulfeda, jusqu'à Carnac. Luxor est probablement le Diospolis des Grecs : mais Carnac semble avoir fait partie de la grande cité de Jupiter dont parle Ptolémée. Lorsqu'on approche des ruines du palais de Luxor en venant de la rivière, on découvre d'abord deux immenses obélisques, entre eux et le palais deux statues colossales de granit noir, de trente-huit pieds de hauteur à peu près ; les magnifiques colonnades du palais existent encore, mais la destruction d'une partie des ailes permet difficilement de reconnaître la forme exacte de l'édifice entier. A Carnac, les ruines sont plus belles : quatre avenues, dont trois se composent de rangées de sphinx, conduisent à quatre portiques superbes qui précèdent une salle immense, soutenue par des colonnes énormes ; une foule de sphinx, de statues mutilées, d'obélisques et de colonnes brisés, tous chargés de figures hiéroglyphiques entourent ce monument. Les montagnes de Libye, à l'ouest de Thèbes, contiennent une multitude de cavernes jusqu'à près des trois quarts de leur hauteur : mais l'entrée du plus grand nombre est maintenant remplie de sable. Les cavernes les plus spacieuses et les plus ornées sont placées au bas des montagnes; celles de la partie élevée, faites sur le même plan, n'offrent ni le même soin ni la même élégance dans l'exécution. Un corridor très-large conduit à la première chambre et, tournant subitement à droite, mène à la grande chambre sépulcrale au milieu de laquelle se trouve un sarcophage de granit rouge (1). Les cavernes les moins ornées offrent la représentation des arts, des métiers, des usages existant à l'époque de la construction; des cérémonies funèbres, la chasse, la pêche, les travaux agricoles, la poterie et les arts qui se montrèrent les premiers dans l'ordre de la civilisation, tels sont les sujets des bas-reliefs sculptés et des fresques peintes dans l'intérieur de ces cavernes (2). Les tombes des rois sont couvertes entièrement de peintures et d'hiéroglyphes, parmi lesquels

---

(1). Voyages de Browne, p. 137.

(2) Antiquités de la Haute-Égypte, Ripaud, p. 44

on trouve des modèles du style grotesque employé à Herculanum (1). Les caractères inexplicables, gravés sur les parois de ces cavernes, ont rapport, suivant les conjectures les plus généralement répandues, aux règnes à peu près inconnus des anciens monarques Thébains dont l'autorité s'étendait de l'Éthiopie jusqu'à l'Inde. Dans une de ces cavernes se trouvent les portraits de deux joueurs de harpe, décrits par Bruce : Browne croit qu'ils ont été tracés de mémoire et non d'après nature ; cependant les savans français qui ont examiné ces cavernes mieux et plus tranquillement qu'aucun autre voyageur, ne les accusent

---

(1). Dans quelques cavernes de momies, dit Vansleb, il existe de grandes tombes de pierres, chargées de chiffres, de figures énigmatiques analogues à la chimie et à d'autres sciences mystérieuses, et de caractères singuliers qui ne sont pas des hiéroglyphes. — Voyages de Vansleb en 1672, p. 91.

Les sépulcres des rois sont nommés Biban-el-Moluk, les Portiques ou Portes des Rois ; delà dérive, selon Bruce, l'épithète : Εκατομπυλος, ayant cent portes, employée par Homère pour désigner la ville de Thèbes. Volney pense que ce mot signifie la ville aux cent portiques. — Voyages de Bruce, vol. 1, p. 136. — Les Ruines de Volney,

point d'inexactitude. Dans plusieurs de ces souterrains, les sculptures représentent des sacrifices humains. Strabon porte le nombre des sépultures royales à quarante; Diodore de Sicile, d'après l'ancienne tradition égyptienne, en compte quarante-sept, mais il ajoute que, du temps de Ptolémée - Lagus, dix - sept seulement étaient ouvertes (1), les Egyptiens ayant fermé les autres pour les préserver de la violation ; à présent, il n'y en a que neuf accessibles. On se procure encore des momies en faisant des fouilles dans la partie supérieure de la montagne (2). Pline fait mention de jardins suspendus (3), mais il n'en donne pas une description détaillée. L'ancienne Thèbes fut détruite avant l'ère de l'histoire authentique, et les auteurs qui ont parlé de sa puissance, de sa grandeur, de sa magnificence n'ont vu que ses ruines. Les Égyptiens eux-mêmes, au rapport de Diodore, n'étaient pas d'accord

---

(1) Diodor. Sicul. à Heyne. vol. 1. p. 142.
(2) Selon Norden, la grotte ou sépulture de Ptolémée Lagus, dans le voisinage d'Assiut, se nomme *Sababinath*. — Voyages de Norden. vol. II. p. 33.
(3) Plin. hist. nat. L. XXXVI. c. 14.

sur la fondation de Thèbes; la plupart cependant l'attribuaient à Osiris, d'autres au second Busiris dont l'histoire n'est ni plus claire ni plus certaine que celle d'Osiris. La signification et l'étymologie du nom même de la ville, objet peu important à la vérité, sont un sujet de doute et de discussion.

Thèbes fut quelquefois désignée sous le nom de ville du Soleil, à cause d'un temple célèbre dédié à cet astre. La fondation de Memphis porta le premier coup à la grandeur de Thèbes qui avait déjà été pillée par Salatis, et ensuite par Sabacon, rois pasteurs de l'Éthiopie. Ce fut probablement la fréquence de ces rapides et terribles incursions qui détermina les anciens monarques égyptiens à transférer le siège de leur empire à Memphis. Les antiques monumens de Thèbes tombèrent sous la main barbare du dévastateur Cambyse, et depuis, jamais cette ville superbe ne se releva de sa chute. Fait extraordinaire et digne de remarque : Ammien Marcellin attribue la ruine de Thèbes à une subite incursion des Carthaginois, antérieure à l'invasion de Cambyse en Egypte.

Non loin de Thèbes, dans une grande île formée par deux branches du Nil, divisées à Ermenth et réunies à la hauteur de Memnonium, devait être le Tathyris de Ptolémée (1), le Pathuris de Pline, le Pathros des Hébreux et le Pathures des Septante. Le changement du P en T convient à la prononciation éthiopique. Ermenth, l'ancienne Hermonthis, à douze milles au-dessus de Thèbes, renferme les ruines d'un temple magnifique. Dans cette ville, suivant Ælien, on adorait le bon génie sous la forme d'un taureau et sous la dénomination d'Onuphis (2). Entre Ermenth et Isna se trouve Asfun, petite ville bâtie sur les ruines d'Aphroditopolis, quelquefois appelée Asphinis d'après le mot sanscrit *Aswini*, suivant l'opinion de Wilford. Esneh ou Latopolis, ville considérable encore, devenue un objet de vénération particulière pour les Coptes depuis la persécution de Dioclétien, possède un temple ancien d'une belle conservation ; Norden assure que chaque colonne porte un cha-

---

(1) Ptolemæi Geogr. à Bertio, p. 122.
(2) Ælian. hist. animal. L. XII.

piteau différent; les sculptures représentent diverses cérémonies du culte du bélier, du crocodile et du Nil. Dans le voisinage de cette ville existent plusieurs ruines de temples et autres grands édifices consacrés, ainsi que l'annoncent les sculptures, au crocodile qui y est figuré quelquefois avec une tête d'épervier. Si les habitans de ce canton ont abandonné le culte du crocodile, ils n'ont pas renoncé à diverses croyances superstitieuses relatives à ce redoutable amphibie; ils disent que le roi des crocodiles réside auprès d'Esneh, que, différent des animaux de sa race, il n'a pas de queue, mais qu'en récompense il est pourvu de larges oreilles; ils ajoutent que jamais il n'attaque, jamais il ne blesse personne, circonstance aussi croyable que le reste. Cette superstition ressemble à celle des Nègres de l'Amérique à l'égard du Caïman. Selon Strabon, il y avait au-dessous d'Esneh une ville antique du nom de Crocodilopolis. Une vaste enceinte, jonchée de ruines à El-Kab (1) sur la rive orientale du Nil, indique l'emplacement

---

(1) Antiquités de la Haute-Egypte. Ripaud. p. 25.

de l'Eileithyie de Ptolémée ou Bubaste ; la montagne qui l'avoisine est percée de nombreuses cavernes sépulcrales, ornées de sculptures représentant des scènes de la vie rurale et domestique, des cérémonies funèbres et religieuses, et enfin les procédés de l'embaumement dans le plus grand détail ; les figures d'hommes sont peintes en rouge, celles des femmes en jaune. Edfou, l'antique *Apollinopolis magna*, jadis renommée par son temple d'Orus, l'Apollon égyptien, était une des villes destinées à la célébration des grands mystères. Ce temple, quoique dégradé considérablement, est, après celui de Dendera, le plus parfait modèle de l'architecture égyptienne. A quelques lieues au-delà d'Edfou, le lit du Nil se trouve resserré par la montagne *de la Chaîne*, ou Gébel-el-Silfili, située sur sa rive occidentale. Cette montagne paraît tirer son nom de la chaîne qu'on tendait, à une époque très-reculée, au travers du Nil, pour arrêter les incursions des Nubiens qui descendaient le fleuve dans des barques et ravageaient les plaines de la Thébaïde. Le rocher, formé en cet endroit de pierres de taille, contient un grand nombre de caves sépulcrales. Au-dessus de cet étroit passage du fleuve, on découvre les ruines d'Ombos, appelées maintenant Koum-Ombu ou le Tas d'Ombos. Ses monumens semblent avoir croulé sous le poids énorme des matériaux employés à leur construction, et les ruines de deux temples dont les sculptures indiquent le double culte d'Osiris et du crocodile, suffisent pour donner une idée imposante de leur ancienne grandeur (1).

Dans les temples d'Ombos, typhon, le mauvais principe est désigné par un ours à tête de crocodile. Comme les rives du Nil, en ce canton, sont presque désertes, les crocodiles abondent dans les îles de sable, et semblent avoir adopté pour séjour les environs d'une ville qui leur fut jadis consacrée. En dépassant Ombos on arrive à Syene ou Assuan, Elephantine et Philæ, nommée par Tacite la barrière de l'empire romain. Syene a changé trois fois de position. La ville actuelle, bâtie sur le bord oriental du Nil, est, suivant les observations de Bruce, à 24°. 0'. 25''. latitude nord, et

---

(1) Id. p. 22.

33°. 30′. long. est (1), tandis que le Syene antique des Egyptiens, des Grecs et des Romains paraît avoir existé sur les hauteurs qui commandent la ville moderne. Il fut pris et détruit par Caled que Mahomet nommait *l'épée de Dieu*. Le Syene des Arabes bien qu'il occupât une partie de l'antique Syene, était dans une position plus méridionale que les villes ancienne et moderne. L'île d'Eléphantine placée vis-à-vis de Syene, et formée probablement par des alluvions successives du Nil, a trois cents toises de longueur environ sur quatre cents de largeur; elle renferme les restes d'un petit temple consacré à Orus, décoré de sculptures dont les personnages ont les traits caractéristiques de la race nègre (2). Une chose remarquable, c'est que les habitans modernes offrent la même ressemblance (1). A six milles plus haut, on trouve Termissi et Marada, petits villages construits au bord de la première cataracte, ou plutôt du premier rapide du

---

(1) Voyages de Bruce. vol. 1. p. 160.
(2) Antiq. de la Haute-Egypte. Ripaud. p. 22.
(3) Voyages de Browne.

Nil nommé par les Arabes Shélal. En cet endroit, le fleuve, divisé par une multitude d'îlots et de roches granitiques qui barrent son cours, se partage en nombreux ruisseaux, et n'a tout au plus qu'un demi-mille de largeur. La contrée, formée d'un amas confus de rochers nus, de monticules de sable, entrecoupés de précipices, offre un aspect sauvage. Norden donne à cette chute quatre pieds de hauteur seulement; Pococke, qui paraît l'avoir observée dans une saison plus favorable, parle de trois chutes différentes, la première de trois pieds de hauteur, la seconde de cinq et la troisième de plus de huit (1). Les Arabes remontent et descendent avec leurs barques ces rapides qui ne répondent pas aux pompeuses descriptions des auteurs anciens, surtout des poëtes parmi lesquels Lucain se fait remarquer par son enthousiasme (2). Les historiens, les na-

---

(1) Voyages de Pococke en Egypte. vol. 1. p. 121.
(2) — *Quis te, tam lenè fluentem,*
Moturum tantas violentis gurgitis iras
Nile putet? Sed cum lapsus abrupta viarum
Excepere tuos et precipites cataractæ,
Ac nusquàm vetitis ullus obsistere cautes

turalistes eux-mêmes n'ont pas su s'en défendre et déploient la plus brillante imagination dans la description de la chute impétueuse, du mugissement terrible, des tourbillons redoutables de cette cataracte écumante, dont ils comparent la rapidité à celle d'une flèche. Sénèque dit que la garnison persane, assourdie par le bruit épouvantable des flots, s'éloigna du voisinage de la cataracte afin de pouvoir goûter quelque repos (1). Ces peintures ne rappellent-elles pas plutôt l'imposante et immense chute du Niagara ? Si jamais le Nil a produit de pareils effets, c'est à une époque très reculée. D'après la description de Diodore de Sicile on peut conjecturer cependant que, par le laps des temps et l'action continue d'une si grande masse d'eau, la chute est insensiblement devenue moins rapide et les ouvertures des rochers plus considérables. A quatre milles au-delà de la

---

Indignaris aquis, spumâ tunc astra lacessis,
Cuncta fremunt undis, ac multo murmure montes
Spumeus invictis canescit fluctibus amnis.
                Lucan. Pharsal. l. X. 315.

(1) Senecæ. nat. quæst. L. IV. c. 2.

cataracte, est El-Heiff, l'antique Philæ, île ou plutôt rocher granitique, long de cent cinquante toises, large de soixante-dix, où l'on voit les plus précieux restes de la peinture égyptienne, trois temples entiers, les ruines d'une citadelle romaine et les vestiges de deux autres temples. Ces temples ont été, sans doute, construits dans des temps différens, car leurs plans sont très-irréguliers. Des sculptures colossales, des ornemens et des chapiteaux, des colonnes d'un travail exquis en décorent la partie extérieure. Les chapiteaux, de quatre espèces, se composent les uns de fleurs de lotus, les autres de têtes de palmier ; ceux-ci des calices de lotus, et ceux-là des feuilles du palmier-éventail, unies à celles du lotus ; une des sculptures colossales représente un géant qui, de la main gauche, tient trente hommes suspendus par les cheveux, tandis que de la droite il s'apprête à frapper ses victimes avec une hache. La figure de bélier, sculptée sur les murs du grand temple, fait conjecturer qu'il était consacré à Osiris dont l'île renferme le tombeau. *Par Osiris dans Philæ !* tel était le serment solennel des anciens Egyptiens (1). Comme la plupart des édifices de l'île sont construits avec des masses de pierres chargées d'hiéroglyphes, les savans français qui les ont visités pensent qu'ils appartenaient à une classe de monumens antérieurs à ceux de la Thébaïde et de tous les autres cantons de l'Égypte (2). Norden suppose le rocher de Philæ percé d'un grand nombre de passages et de caveaux souterrains ; conjecture assez probable puisqu'il servait exclusivement d'habitation aux prêtres, et que l'entrée en était interdite à tout égyptien sous peine de mort. Cette circonstance lui a fait sans doute donner, par Sénèque, l'épithète d'*inaccessible.* Norden dit, en outre, que ses rives sont taillées à pic comme des murailles. Une autre île plus grande et touchant presque à Philæ, est, selon toute apparence, le Tacompsus de Stephanus Byzantinus. De ce nom on peut conclure que cette île fut consacrée au culte du crocodile qui, selon Hérodote, s'appelait Kamsa ou Kompso dans l'ancien langage égyptien.

---

(1) Tzetzes in Lycophron, Alex. 212.
(2) Antiq. de la Haute-Egypte. Ripaud. p. 20.

Une lieue à peu près au-dessus de Philæ, les villages de Deboude et de Hindau offrent une grande quantité de ruines, et, parmi celles du premier, un ancien canal bordé de pierres, et large de quarante pieds (1). A mesure que le voyageur avance, il aperçoit de magnifiques vestiges, d'énormes blocs chargés d'hiéroglyphes, traces d'une ancienne grandeur; mais sans pouvoir découvrir les édifices auxquels ces objets ont appartenu. Des hauteurs sablonneuses, des précipices de granit bordent la vallée du Nil jusqu'au village de Taffa, à neuf lieues au-delà duquel une ligne imaginaire sépare l'Egypte de la Nubie. Dans cette contrée, la vallée conserve le même aspect, et sa largeur, depuis les bords du fleuve jusqu'aux montagnes, excède rarement cent pas. En certains endroits, la côte des montagnes est cultivée à une grande hauteur, tandis que leur sommet est couronné de bosquets d'acacias en fleurs. Aux roches granitiques, qui ne s'étendent pas au-delà des cataractes, succèdent des couches de pierres sablonneuses,

---

(1) Voyages de Norden. vol. II. p. 130.

mélangées d'une grande quantité de silex. Dans la vallée qui s'élargit en montant, des ruines d'édifices considérables se montrent encore, particulièrement à Dendour, Dikka et Sabua ; Dendour est à égale distance de la cataracte de Syene et de Deir ou Derri, une des dernières stations égyptiennes dans la Nubie. Norden visita cette station en 1737, et tenta de pénétrer jusqu'à la seconde cataracte : mais il ne put surmonter les obstacles qu'il rencontra à Derri, obstacles provenant moins de la nature de la contrée que de la cupidité et du caractère soupçonneux des habitans de ce poste frontière. Leur chef dit à Norden qu'un de leurs prophètes avait prédit « qu'un jour il arriverait en ce lieu des Francs déguisés qui, parvenus à force de présens et d'adresse à traverser le pays, examineraient sa situation et reviendraient ensuite, avec un grand nombre de leurs compatriotes, en faire la conquête et en exterminer les habitans » (1). Nous avons vu récemment cette prophétie accomplie dans ses plus essentielles circonstances.

---

(1) Id. p. 150.

Au-dessus de Daïr, on trouve la station d'Ibrim, nommée Efrim par Maillet, et désignée par Sicard comme capitale du sud-est de la Nubie (1). A quelque distance par-delà Ibrim tombe la seconde ou grande cataracte appelée Mahaslas et Genadil. On connaît si peu le cours du Nil dans ce canton, qu'il devient impossible d'établir une correspondance entre les stations modernes et les localités mentionnées par les anciens géographes. Pselchis et Metakompso, placés par Ptolémée à 25′ sud de Philæ, semblent, à raison de cette distance, correspondre au Tachompso d'Hérodote. Le Stadisis de Pline, voisin de la cataracte du Nil au-delà de Pselchis, et détruit par Petronius, préfet romain d'Égypte, paraît avoir été situé près de la grande cataracte.

Après avoir parcouru la vallée du Nil, « ce paradis traversé par un fleuve dont « le Très-Haut semble régler particulière-« ment les mouvemens, rafraîchi par un « air embaumé, arrosé par des ruisseaux

―――――――――――――

(1) Sicard, Relation ap. Lettres Edifiantes. vol. II. p. 186.

« limpides, embelli par la plus brillante
« verdure », il faut s'enfoncer dans le
désert oriental de la Thébaïde, contrée
horrible dont le hideux aspect nourrit la
misanthropie, alimente le désespoir, et
invite les infortunés à venir chercher la
fin de leur misère dans le sein de ses sauvages solitudes. Au milieu de ses rochers
nus, de ses sables brûlans, on chercherait
vainement des ruines semblables à celles
qui couvrent le sol de la vallée du Nil :
on n'y apperçoit vestige ni de ville ni
de village. Si, par hasard, une source
isolée a fertilisé un petit cercle de sable,
si un arbre solitaire a prêté son ombre
bienfaisante au voyageur fatigué, l'un et
l'autre ont reçu des noms comme s'ils
eussent été une ville importante. Cette
contrée présente la forme d'un triangle
ayant Suez pour sommet, et pour côtés
le Nil et la mer Rouge qui, dans la parallèle
du Caire, sont séparés par trois jours de
chemin tout au plus. A Kest la distance
s'accroît considérablement ; plus haut elle
est de neuf journées, et à Syene de dix-
sept (1). Cette contrée qui, à cause de sa po-

(1) Descrip. de l'Egypte, par Maillet, p. 318.

position orientale, porte le nom de Sharkin, latinisé par le mot de Saracene, est souvent désignée, par les anciens, sous celui d'Arabie, à cause de la ressemblance des deux pays et de leurs habitans. On la nomme aussi Egypte Asiatique. La chaîne de montagnes qui borde la rive orientale du Nil est tellement roide et escarpée que, dans certains endroits, elle a l'apparence d'un mur artificiel, brisé par intervalles et interrompu par de profondes ravines : mais cette défense naturelle ne parut probablement pas suffisante, puisqu'on y a découvert les restes d'une vaste muraille d'environ vingt-quatre pieds d'épaisseur, composée d'énormes blocs de pierres, et construite dans la direction du nord au sud (1). Les Arabes disent qu'elle est l'ouvrage des premiers rois égyptiens, et l'appellent *la muraille du vieillard*. C'est dans les grottes de cette région désolée que les anciens Ascétiques, aussi ignorans, aussi grossiers que les sauvages Troglodytes auxquels ils avaient succédé, menaient une vie plutôt angélique qu'humaine, selon l'expression de Sicard.

---

(1) Id. p. 321.

Les monastères de Saint-Antoine et de Saint-Paul sont encore habités par des moines coptes qui, malgré le pouvoir qu'ils s'attribuent sur les démons, les serpens et les bêtes féroces, ne peuvent se préserver des Arabes du désert. On ne trouve de perdrix en Egypte que dans le voisinage de ces deux monastères (1). A l'est et à quarante milles environ de Syène, le mont Baram indique la position du *Basanites lapis mons* de Ptolémée, des carrières duquel on a long-temps extrait une pierre noire extrêmement dure, employée souvent à fabriquer des ustensiles de ménage. On croit que la station romaine du *Castra lapidariorum* n'en était pas éloignée. La ville d'Alabastron, située beaucoup plus bas, presque sous la même parallèle que l'ancien Oxyrinchus, montre ses ruines au nord du mont Calil. La majeure partie de ce désert aride n'offre aucune trace d'animaux ni de végétation ; les oiseaux fuient son atmosphère dévorante ; le serpent, le lézard même abandonnent ses sables calcinés, et la fourmi rouge, assez

---

(1) Granger, Voyage en Egypte. p 400.

semblable par sa couleur au sol qu'elle habite, est presque le seul être animé qui puisse vivre au milieu de ce tombeau de la nature. Dans les temps anciens, ces déserts abondaient en pierres précieuses, en riches métaux : les Arabes conservent quelques traditions sur leurs fameuses mines d'émeraudes ; Agatharchides et Diodore font mention de leurs mines d'or.

Dans les contrées sauvages, les hordes errantes traversent quelquefois des déserts sans routes, des forêts infréquentées ; mais elles résident toujours sur les bords d'une rivière ou près des rivages de la mer. Dans la région orientale de la Thébaïde, il n'existe pas une seule rivière quoique sa surface soit sillonnée par des torrens, et il faut s'avancer jusqu'au rivage de la Mer-Rouge pour trouver des habitations humaines. Ce canton plat, désigné jadis sous le nom de Hor ou Horeth, qui signifie vallée ou bande de gazon coupée de torrens, fut la résidence des Horites ou Troglodytes ; de là probablement la dénomination *Pihahiroth, bouche de la vallée,* assignée à la station des Israélites avant le passage de la

Mer-Rouge dans la partie la plus étroite du golfe de Suez qui, dans cet endroit, n'a pas plus de quatre lieues de large. La tradition a conservé le souvenir de ce mémorable événement, parmi les habitans de la côte, jusqu'au temps de Diodore de Sicile (1). Le long de la côte africaine, nue et rude, l'eau est si élevée que la sonde ne peut en atteindre le fond; sa surface cache des roches, dures et pointues qui rendent la navigation dangereuse. Du côté de Suez le rivage est bordé de petites îles, ou plutôt des rochers aussi stériles que la terre-ferme; les principales sont les îles Jaffatihn au nombre de quatre, placées en demi-cercle et liées par des bas-fonds et des rochers à fleur d'eau. Au sud de Gebel-el-Zeit ou Mont-Petroleum, par 27°. 0'. latitude nord, on découvre Myos-Hormus, port couvert par les îles Jaffatihn et choisi, de préférence à Suez, par Ptolémée Philadelphe; ce port prit ensuite le nom d'Aphrodites Hormus. Entrepôt du commerce des Arabes pendant très-long-temps, cette ville, après la conquête des Romains, céda

---

(1) Diodor. Sicul. L. III. c. 3.

cet avantage à Bérénice. Le vieux Cosseir, à six milles plus au nord que le Cosseir moderne, est le Leucos-Portus de Ptolémée; il doit ce nom à deux montagnes crayeuses qui le dominent. La ville moderne, bâtie sur le rivage au milieu de monticules de sable mouvant, est à 26°. 7'. 51". latitude nord, et 34°. 4'. 15". long. est; ses habitans, par les traits et les coutumes, ressemblent plus aux Arabes de la côte orientale qu'aux naturels d'Egypte. Les environs ne sont pas cultivés, et l'eau est tellement saumâtre qu'il faut, pour s'en procurer de potable, la tirer de Térfowey à un jour de distance. Cosseir ne renferme aucuns vestige d'antiquités, et se fait aussi peu remarquer par sa grandeur actuelle que par son ancienne renommée. Plus accessible que Suez, son seul rival dans la Mer-Rouge, Cosseir doit ses avantages moins au commerce qu'à sa position sur la route des pèlerins de la Mecque. Le Maadan Uzzumurud, ou mine d'émeraudes, au sud de Cosseir, visité par Bruce, est probablement le *Smaragdusmons* de Ptolémée; ce voyageur vit cinq puits creusés au pied de la montagne à peu de distance du rivage : mais il ne fit aucune observation minéralogique. En suivant la même côte, toujours nue et presqu'inaccessible, après avoir doublé Ras-el-aus, large promontoire qui correspond à l'antique Lepte, on entre dans le *Sinus immundus* des anciens, vaste baie qui, dans les cartes anglaises modernes, conserve encore le nom de *foul Bay* (baie sale). Au fond s'ouvre un petit havre nommé Minè ou Belled-el-habesh, à 23°. 28'. latit. nord, emplacement de l'antique Bérénice, d'après la position que lui assignaient les anciens, à plus d'un degré au-delà de la parallèle de Syene : mais l'inexactitude de leurs calculs astronomiques fait qu'il vaut souvent mieux se fier à leurs itinéraires, à leurs remarques sur les courbures des côtes qu'à leurs observations célestes. Le port de Belled-el-habesh est semé de petites îles rocailleuses, trop mal observées pour qu'on puisse déterminer les positions antiques auxquelles elles correspondent. Les anciens font mention d'îles Saphir, Emeraude et Topaze, dans la Mer-Rouge, mais ne s'accordent pas sur leur situation. Ptolémée Philadelphe jeta les fondemens de Bérénice peu après la construction de Myos-Hormus, fit ouvrir par une armée, entre cette ville et Coptos, une route sur laquelle il établit des postes pour la sûreté des voyageurs (1). Ce fait, pris dans Strabon, s'accorde avec l'inscription adulatrice conservée par Cosmas, relative aux conquêtes de Ptolémée Evergètes qui paraît avoir adopté et étendu les plans commerciaux de son frère. Les Romains, conquérans de l'Egypte, sentant l'importance et l'utilité de ces projets, firent de Bérénice l'entrepôt de leur commerce en Orient, et Myos-Hormus devint un port de second ordre. Strabon est le seul auteur grec qui parle de Bérénice ; tous les détails relatifs à la route de cette ville à Coptos appartiennent aux auteurs romains. On employait douze jours à parcourir cette route longue de deux cent cinquante-huit milles, suivant Pline et le compilateur des tables de Peutinger. L'itinéraire d'Antonin lui donne deux cent soixante-un milles. Le port d'Habesch, nom actuel du port correspondant à Bérénice, vient de la déno-

---

(1) Strabo à Casaub. p. 1169.

mination Habesh sous laquelle on désigne souvent la côte africaine sous la parallèle de Syene. Quoique les Egyptiens aient fréquemment poussé leurs conquêtes au-delà de cette position, on regarde encore Bérénice comme l'antique limite de leur Empire. Suakem, port vaste et sûr, petit gouvernement semblable à Cosseir, dépendant ordinairement de l'Egypte, et situé à 19°. 20'. latitude nord, semble correspondre au Soter-Limen de Diodore; son nom répond, selon toute apparence, au Suche de Pline, placé sur la même côte, et semble dérivé du Sukim des Troglodytes, ses anciens habitans : peut-être est-il analogue à celui de Suah, dénomination caractéristique des tribus pastorales. Ptolemaïs Epitheras, dernière station de cette côte, établie pour protéger les Egyptiens qui allaient à la chasse des éléphans, paraît avoir été située sur un promontoire qui, des forêts de Nubie, s'avance dans la baie à 17°. 6'. de latitude nord environ. Ces stations éloignées, regardées comme des postes avancés et non comme des villes appartenant au territoire égyptien, furent occupées, dans tous les temps, par une race différente des habitans de la vallée du Nil par les traits, les mœurs et le langage, mais sujettes de l'Egypte toutes les fois que le gouvernement de cette contrée montra de la constance et de l'énergie.

Les Orientaux, dont l'ardente imagination se plaît à établir des rapports entre les objets matériels et les êtres animés, comparent l'Egypte à leur fabuleux oiseau, le grand Rock : la vallée du Nil en est le corps, les déserts de l'est et de l'ouest sont ses vastes ailes ; daprès cette métaphore, nous aurions encore *une aile* à décrire, le désert occidental. A l'ouest des montagnes qui bordent la vallée du Nil, se déroule une vaste solitude que les géographes arabes rattachent à l'Egypte et nomment Al-Wahat ; ses limites sont inconnues : cependant on prétend qu'elle a trois cent cinquante milles du nord au sud et cent cinquante milles de l'est à l'ouest. Ibn-al-Wardi et Léon, qui l'appellent Alguechet, en font une contrée intermédiaire entre Barca et l'Egypte. Au milieu de cette affreuse région où le soleil semble ne darder ses rayons verticaux que pour entretenir brûlantes les cendres d'un monde détruit par le feu, de vertes et fertiles Oasis, îles du désert, surgissent et apparaissent, aux yeux charmés du voyageur, comme par enchantement. L'aspect hideux des sables arides qui les environnent ajoute encore à leur beauté, et la première impression fut si forte que les anciens habitans leur donnèrent le titre d'*îles Fortunées* (1). Le voisinage des montagnes qui entourent les Oasis fait concevoir facilement comment elles se sont formées : les rosées abondantes, condensées sur le sommet de ces montagnes, après avoir filtré à travers les roches, sortent en ruisseaux qui arrosent et fertilisent les vallées inférieures. Les Oasis égyptiennes, aux nombre de deux, consistent en une longue file d'îlots de verdure dispersés dans la partie basse et du désert, parallèlement au cours du Nil. Ces fertiles îlots sont entrecoupés de plaines sablonneuses, plus ou moins étendues. Les deux Oasis sont éloignées de quarante milles, distance plus considérable qu'aucune de celles qui séparent les autres îlots et motif, suivant Rennell,

(1) Herodotus, Thalia 26.

de leur division en deux groupes, sous les noms de grande et petite Oasis (1); la grande, communément appelée El-Wah, la petite El-Wal-el-Gerbé, reçoivent de Léon les dénominations suivantes : la première, celle de Eloacath ou Eloacheth, la seconde, celle de Gerbe (2). L'arabe Yacuti, y comprenant Siwah ou Ammonia, compte trois Oasis qu'il distribue en trois lignes distinctes, séparées par des chaînes montagneuses parallèles au cours du Nil. La *petite* Oasis, très-éloignée de la route des caravanes africaines, n'a jamais été visitée par aucun voyageur moderne ; les Egyptiens eux-mêmes la connaissent à peine. Ptolémée la place à 28°. 45'. latit. nord, à soixante-quinze milles à l'est de Bahnasa, l'ancien Oxyrinchus ; position qui correspond presque à la distance existante entre Bahnasa et le Caire, évaluée à sept journées par Edrisi. Abulfeda distingue Bahnasa de Al-Wahat de Bahnasa d'Egypte, et le rejette vers la Nigritie. Maillet, dans sa carte d'Egypte, indique un canton de

---

(1) Géographie d'Hérodote. — Rennell, p. 564.
(2) Leo Africanus. p. 19.

Bahnasa à l'ouest du lac Kéroun, et Brown dit que les Arabes occupent la pointe occidentale de ce lac, circonstance qui démontre la proximité du canton qu'ils habitent. Lucas apprit, dans la province de Fayoum, qu'à l'ouest et à quelques journées de distance, il y avait un canton d'une vaste étendue, abondant en dattes et en palmiers quoique dépourvu de sources : cette position et cette description ne peuvent convenir qu'à la petite Oasis (1). Browne sut, par divers rapports, qu'il existait encore des ruines dans cette Oasis (2).

La *grande* Oasis, par sa position sur la route des caravanes d'Abyssinie, de Nubie et de Darfour, est beaucoup mieux connue que la petite. Ptolémée fixe sa latitude nord à 26°. 25'., latitude par laquelle il indique sans doute le site de la ville principale. Strabon le place à sept journées d'Abydus, Hérodote à sept journées de Thèbes. Ce calcul est à peu près exact : mais celui de Strabon est exagéré, puisque l'emplacement d'Abydus se trouve à quatre-vingt-quinze

---

(1) Troisième voyage de Lucas. — vol. II. p. 206.
(2) Voyages de Browne, p. 132.

milles seulement de l'extrémité de l'Oasis. Une colonie Samienne l'habitait, suivant Hérodote, à l'époque de l'invasion de Cambyse, circonstance d'autant plus probable que Samos, à cette époque puissance maritime, jouissait de priviléges particuliers en Egypte. Selon Strabon, cette Oasis, arrosée de nombreux ruisseaux, abondait en vins et autres productions. Poncet la traversa en 1698 pour se rendre en Abyssinie. Maillet, qui résida en Egypte vers le commencent du dernier siècle, pense que cette Oasis doit sa fertilité aux eaux du Nil, conduites à travers les montagnes par un ancien canal, et place son extrémité la plus voisine de l'Egypte dans la direction de Manfalout où Poncet commença sa route : mais c'est Browne qui, traversant la même Oasis lors de son voyage à Darfour, fournit les meilleurs renseignemens sur sa position, sa topographie et la nature du sol ; il fixe la position géographique de Charjé, village principal à 26°. 25′. latitude nord, et 29°. 49′. longitude est ; celle de Mughess, village le plus méridional à 25°. 18′. latitude nord, et 29°. 34′. longit. est ; et donne les noms de trois autres villages,

Ainé-Dizé, Bulak et Beiris (1). Les terreins fertiles, entrecoupés de plaines de sable, répandus sur un espace de cent milles de longueur et arrosés par des sources d'eau excellente, produisent une grande quantité de dattes. La plus considérable des plaines de sable a près de vingt-huit milles de large. Les montagnes égyptiennes interposées entre le Nil et le désert occidental, vers ce point, se composent principalement d'un tuf grossier. Du sommet de leur descente rude et difficile, l'œil découvre une plaine de sable sans bornes, hérissée de rochers et de quelques arbrisseaux ; des palmiers clair-semés se montrent dans le voisinage des sources. La montagne que descendent les caravanes d'Egypte pour entrer dans la vallée des Oasis, se nomme Gebel-Ramlie ; elle fait partie de cette chaîne de montagnes parallèle au cours général du Nil, se prolonge vers l'ouest après avoir côtoyé la petite Oasis, et finit au rivage de la Méditerranée à quarante milles environ et à l'est de Parœtonium, dans un endroit correspondant au petit

---

(1) Id. p. 186.

Catabathmus. La moindre distance entre la grande Oasis et l'Egypte est de soixante-dix-huit à quatre-vingts milles. A l'époque du Bas-Empire, la grande Oasis, aussi bien qu'Ammonia, servit de prison d'état et renferma d'illustres exilés. Athanase, dans son apologie, se plaint de ce genre de punition, et le digeste fait mention de la grande Oasis comme d'un lieu de bannissement (1). C'est là que Nestorius paraît avoir été exilé lorsque les Blemmyes, tribu éthiopienne, ravagèrent ce canton dans le cinquième siècle. Suivant une tradition arabe, le canton d'El-Wahat où sont ces Oasis, contint autrefois un grand nombre de villes populeuses; et Edrisi affirme que, de son temps, on découvrait souvent des vestiges d'arbres, des restes d'habitations abandonnées au milieu de ce désert.

Rapprochons maintenant les données, et comparons l'ancienne et la moderne population de l'Egypte. Les anciens, Hérodote et Diodore, portent le nombre des villes égyptiennes à vingt mille, et Maillet, malgré sa longue résidence dans ce pays,

---

(1) Digest. L. xlviij tit. 22.

adopte cet absurde calcul. Cependant, comme les plus grands efforts d'industrie ne purent jamais mettre en culture plus de 2250 lieues carrées, une si extravagante exagération qui donnerait presque dix villes par lieue carrée, ne peut trouver place que dans les fictions orientales, et la nature ne déplacera pas les montagnes, ne reculera pas les sables du désert pour confirmer les romans de l'histoire ou du voyageur. Le calcul des anciens paraîtra plus incroyable encore si l'on songe que, du sol cultivé, il faut retrancher l'emplacement de tant de villes, le terrain occuppé par cette immense « rue de magnifiques édifices », qui, selon eux, bordait le Nil depuis Syene jusqu'aux ports du Delta. D'après un auteur arabe digne de foi, Danville réduit le nombre des villes et des villages à deux mille six cent quatre-vingt-seize, dont une grande partie située au-delà de l'Egypte proprement dite (1); un géographe arabe en compte deux mille

---

(1) Danville, Mémoires sur l'Egypte., p 29. — M. Browne accorde à l'Egypte une population de deux millions et demi.

quatre cent quatre-vingt-quinze à une époque où l'Egypte florissait encore sous les dynasties arabes (1). Ainsi l'application de la science géographique aide à corriger les inexactitudes des anciens, dégage la vérité des exagérations de la vanité, des fables de la tradition, et jette, avec le flambeau de l'expérience, un grand jour sur l'histoire même.

---

(1) Yacuti, ap. Indic. Geogr. Bohadini, ad verb. Ægyptus.

CHAPITRE IX.

Voyages en Egypte et en Nubie.

M. *Denon.* — Pyramides. — Temple de Denderah. — Thèbes. — Philæ. — M. *Hamilton.* — M. *Legh.* — *Burckhardt.* — MM. *Light*, *Belzoni*, etc.

L'EXPÉDITION des Français en Egypte mérite des éloges par le soin que le gouvernement mit à la rendre utile aux intérêts de la science, en attachant à l'armée une compagnie de savans distingués qui profitèrent de ses mouvemens pour obtenir des lumières et des renseignemens de tout genre, chacun dans son département. M. *Denon*, comme artiste, fut chargé d'examiner ces monumens gigantesques, gloire principale de l'Egypte; et quoique la marche rapide de l'armée ait dérangé ses opérations, et rendu quelquefois ses observations superficielles, sa relation contient des notions précieuses.

M. Denon fit peu d'attention à Alexandrie, et n'examina rien avec soin sur sa route jusqu'aux pyramides. Là, il déploya la plus grande activité pour pénétrer dans l'intérieur de la grande pyramide où l'on parvient par trois longues galeries, deux ascendantes et une descendante. Au bout de chaque galerie, d'immenses blocs de granit barraient le passage : mais les premiers voyageurs, à force de patience et d'adresse, ont, en les écornant, frayé une issue à leurs successeurs. Au fond de la seconde galerie se trouve une petite pièce appelée chambre de la Reine, destinée, selon les plus communes conjectures, à l'épouse du monarque fondateur de la pyramide; cependant, aucun ornement, aucun sarcophage, aucun objet quelconque ne donne de poids à cette supposition. Au fond de la troisième galerie, dans une chambre plus grande que la précédente, on voit un sarcophage pour la réception duquel on suppose que fut élevé cet immense monument. Cette chambre est à cent soixante pieds seulement de la base de la pyramide, et l'on ne trouve point d'excavation plus élevée : mais comme la hauteur totale du monument est de quatre cent quarante-huit pieds, on ne peut assurer qu'il n'existe pas d'autres chambres dans l'immense portion qui n'a pas été sondée encore. La pyramide de Cheops, tel est le nom de celle-ci, a sept cent vingt pieds de base en tous sens; celle qui porte le nom de Cephrenes, six cent quatre-vingt-treize pieds de base sur trois cent quatre-vingt-dix-huit de haut ; enfin celle de Miserinus, deux cent quatre-vingts pieds de base sur cent soixante d'élévation.

Les pyramides attestent seulement la patience des Egyptiens; le temple de Denderah fut le premier objet qui fit concevoir à notre voyageur une idée complète du point où ils étaient parvenus dans les arts. L'architecture de ce temple est du style le plus pur de cet ancien peuple, style remarquable par l'inclinaison intérieure des murs. M. Denon vante, comme le plus naturel et le plus durable, ce genre de construction qu'il semblerait cependant plus convenable d'attribuer à l'enfance et à la faiblesse de l'art. A l'extérieur, l'ensemble de cet édifice offre un aspect très-simple, malgré les hiéroglyphes dont il est entièrement couvert; à quelque distance ils ne nuisent en rien à l'unité de l'effet général. Les grands hiéroglyphes représentent des objets animés et peuvent être considérés comme de véritables sculptures; les autres sont d'une moindre dimension. M. Denon les divise en trois classes : les premiers, creusés simplement dans la pierre sans aucun relief; les seconds avec un mince relief; les troisièmes avec un fort relief, moins élevé cependant que la surface générale du bâtiment. Ces derniers, les meilleurs sans contredit, ne sont nulle part aussi parfaits qu'à Denderah. Les chapiteaux des colonnes se composent de têtes d'Isis surmontées d'hiéroglyphes qui produisent, selon lui, un admirable effet.

De Denderah notre voyageur se rendit à Thèbes avec une division de l'armée française qui, saisie d'admiration, fit halte à l'aspect des prodigieux monumens de la ville aux cent portes. Carnac et Luxor, sur l'autre rive du Nil, renferment les plus imposantes masses de ruines; dans le premier se trouve le plus vaste temple de toute l'Egypte : ses débris donnent l'idée d'une montagne sculptée. Le portique, dépendant de sa plus petite portion, se compose de cent colonnes de sept à douze pieds de diamètre, très-inférieures, pour l'élégance et la beauté, aux monumens de Denderah et d'Edfu. Ce temple paraît avoir été construit à cette époque antique où la grandeur tenait lieu de tout autre genre de beauté. De Carnac à Luxor, pendant une demi-lieue environ, la route est bordée de statues représentant la plupart des sphinx. Le temple de Luxor, vaste, mais beaucoup moins considérable que le précédent, se fait remarquer par un meilleur goût d'architecture, et surtout par son entrée majestueuse, composée de deux obélisques de soixante-dix pieds de haut, couverts d'hiéroglyphes.

Dans une autre excursion, M. Denon visita des souterrains voisins de Carnac où les Arabes ont établi leurs habitations, et qui paraissent avoir servi de sépultures aux rois d'Egypte. Il observa de nombreux ornemens peints et sculptés, et remarqua dans ceux-ci un talent et une exécution bien supérieurs à tout ce qu'il avait vu jusqu'alors. Les figures, modelées avec moins de roideur, ne manquaient ni de grâce ni de mouvement, et souvent offraient des groupes agréablement distribués conformément aux lois de la perspective : chose remarquable, ils ne représentaient pas toujours, comme leur destination semblait l'exiger, des sujets religieux ni même sérieux ; on y voyait souvent retracés de pompeuses et joyeuses cérémonies, des danseurs de corde, et des animaux dans des attitudes grotesques.

A Medinet-Abu, dans le voisinage de Carnac, M. Denon examina les deux statues qui portent le nom de Memnon, statues si colossales qu'on les apperçoit de quatre lieues ; leur attitude est sans grâce et leur physionomie sans aucune expression.

Les autres ruines dignes d'attention existent à Edfu, l'ancien *Appollinopolis parva*. Pococke et Norden en avaient déjà donné des dessins. Elles excitèrent l'admiration de notre voyageur ; quoique moins vastes que celles de Thèbes, elles lui parurent supérieures pour l'élégance à toutes les autres, celles de Denderah exceptées ; encore les préfère-t-il même à ces dernières sous certains rapports.

Les progrès de l'armée française conduisirent notre voyageur à l'île de Philæ qu'il put examiner à loisir. Sa superficie, de six cents verges de long sur cent vingt de large, est couverte de ruines antiques ; M. Denon croit qu'elles appartiennent à huit temples construits à diverses époques et dans différens genres d'architecture. Delà une confusion extrême de styles qui produisit toutefois des effets singulièrement pittoresques. Après de soigneuses observations sur ces monumens, M. Denon conclut que les anciens Egyptiens bâtissaient d'abord avec des pierres grossièrement taillées, qu'ils achevaient de les polir sur place, y sculptaient ensuite les hiéroglyphes, et finissaient par y ajouter du stuc et des peintures. Il trouva des portions d'édifices dans chacun de ces différens états; et observa neuf espèces de chapiteaux qui lui parurent tous d'une grande beauté.

L'armée française n'ayant point poussé ses avant-postes au midi de Syene, M. Denon ne put dépasser ce point, ni examiner les merveilles antiques qu'offrent au-delà les deux rives du Nil.

En 1801, M. *Hamilton* partit du Caire

pour visiter les antiquités de la Haute-Egypte et pénétrer, s'il était possible, dans la Nubie. Il ne put exécuter ce dernier projet et n'alla pas plus loin que M. Denon. L'antiquaire peut consulter avec fruit ses descriptions : mais les minutieux détails dans lesquels il entre n'en permettent pas l'analyse. Partageant l'admiration de M. Denon pour les ruines de Philæ, il observe que les sculptures ont été effacées avec application, et il attribue cette barbarie au fanatisme des premiers chrétiens. M. Hamilton donna une attention particulière à un temple voisin de Syene et supposé, par Pococke, le célèbre observatoire de cette ville. Il employa pendant plusieurs jours un grand nombre d'ouvriers à faire des fouilles, dans l'espoir de découvrir le puits où, lors du solstice d'été, le disque du soleil se réfléchissait, dit-on, tout entier ; mais il fut obligé d'abandonner la place sans avoir rien trouvé qui le récompensât de ses recherches. Il admira le temple d'Esné, prise communément pour l'ancienne Latopolis, rapprochement dont l'exactitude lui paraît douteuse.

Plusieurs Anglais ont entrepris des

voyages au-delà de l'Egypte, en remontant le Nil pour chercher le terme de cette suite de merveilles qui accompagnent son cours depuis le Caire jusqu'à Philæ. La relation récente de M. *Legh* confirme le récit de tous les voyageurs modernes relativement aux cataractes qui n'ont aucun trait de ressemblance avec les descriptions de quelques auteurs anciens. Reste à savoir si ces voyageurs n'ont pas confondu la cataracte de Syene avec celle de Genadil, inexplorée avant eux. La cataracte de Syene est formée uniquement par l'effort du fleuve qui, resserré dans un canal étroit, se fraie diverses issues à travers une barrière de roches : des enfans la franchissent à la nage pour une bagatelle, cependant elle offre un aspect imposant. « Le sauvage » désordre des roches granitiques, des » formes les plus singulières et les plus » variées, l'absence de toute culture, le » murmure des flots, le caractère agreste » et mélancolique de cette scène, forment » un tableau presqu'impossible à décrire. » Au-delà de cette cataracte, l'aspect de la contrée change totalement. La vallée de la Haute-Egypte, déjà très-étroite, se resserre tout-à-coup, et les montagnes laissent à peine quelques emplacemens propres à la culture du dattier. La population égyptienne disparaît et fait place à une race indigène appelée Barabras, la même qui, dans les montagnes de l'Atlas, est désignée sous le nom de Brebers ou Berebbers. La tribu de Nuba, dont cette partie de l'Afrique emprunta la dénomination de Nubie, habite beaucoup plus haut à l'ouest de l'Abyssinie. Les Barabras, zélés mahométans, passent pour un peuple doux, franc et honnête. A Siala, un de leurs chefs reçut M. Legh de la manière la plus hospitalière et lui accorda sans difficulté la permission de remonter le fleuve. Après Deghimihr et El-Umbarakat, (des ruines considérables existent dans ce dernier endroit,) le voyageur trouva Kalaptsh, à trois milles au-dessus d'une île du même nom, remarquable par un temple magnifique mais dans un état de dégradation complette. Un objet plus digne d'attention, le temple de Guerfez-Hassan, s'offrit bientôt à ses regards. Ce temple, creusé dans le roc, lui parut supérieur à tout ce qu'il avait vu jusqu'alors : la cour extérieure a soixante-quatre pieds de long sur trente six de large ; l'intérieur se divise en trois chambres dont la plus grande a quarante-six pieds et demi de long, trente-cinq de large et vingt-deux de haut ; l'entrée des chambres est formée par trois colonnes énormes et un nombre double de statues ayant chacune huit pieds et demi de haut ; le tout, taillé dans le roc vif, exigea certainement d'immenses travaux : mais en comparant cet ouvrage aux autres monumens égyptiens, on ne peut s'empêcher de trouver de l'exagération dans les éloges de M. Legh. La ressemblance extraordinaire de cette excavation avec les monumens indiens d'Elephanta et d'Ellora, indique une ancienne communication entre les deux peuples, à moins qu'on n'aime mieux supposer que l'identité de gouvernement et d'état social soit capable de produire, en des lieux divers, des effets semblables.

A Dakki, neuf milles au-dessus de Guerfez-Hassan, s'élève un temple parfaitement conservé. Le propylée a cinquante pieds de haut, quatre-vingt-dix de long sur une profondeur de dix-huit. Le temple, séparé du propylée par une distance de onze toises, a quatre-vingt-quatre pieds de long, trente de large et vingt-quatre de hauteur; les hiéroglyphes sont presque intacts ; on voit aussi beaucoup d'inscriptions grecques gravées dans le propylée. A Sibhoï, non loin delà, on remarque un autre temple qui est tout à fait dans le style égyptien : il paraît d'une date plus ancienne et d'une construction plus grossière que les monumens de l'Egypte ; mais il est mieux conservé, ce qu'on peut attribuer à la douceur et à l'inégalité du climat. Son existence semblerait assurée sans l'accumulation des sables qui, poussés par les vents du désert, envahissent insensiblement tous les cantons cultivés de cette partie de l'Afrique.

Neuf jours après son départ de Syene, M. Legh atteignit Dehr, résidence de Hassan-Cacheff, souverain de ce canton. Cacheff, à moitié ivre lorsqu'il l'admit en sa présence, lui demanda rudement ce qu'il cherchait, pourquoi il venait à Dehr, et déclara qu'il exigeait, pour prix de la permission de remonter le fleuve, un superbe damas valant cinq cents piastres, qui pendait au côté de M. Legh ; celui-ci voulut éluder la demande en offrant une montre en place du damas : mais Cacheff la refusa dédaigneusement et ne parut pas avoir la moindre idée de son usage ; M. Legh fut donc obligé de céder son damas et obtint ainsi la permission de passer outre et par où il voudrait. Notre voyageur s'avança jusqu'à Ibrim, une demi-journée au-dessus de Dehr : les Mameluks l'avaient détruit de fond en comble. Dégoûté du voyage par son entrevue avec Cacheff, M. Legh revint à Dehr et redescendit le cours du Nil.

M. Legh n'est pas le seul voyageur qui ait entrepris de pénétrer dans l'Afrique par cette route. A Siout, ainsi que près de Dehr, il rencontra *Burchkardt* qui, sous le nom de Cheix Ibrahim, voyageait pour le compte de l'Association Africaine : volé et fait prisonnier, il avait été retenu six mois parmi les Arabes Bédouins. Nourri pendant sa captivité, de lentilles, de pain et d'eau, brûlé par les feux du soleil, il ressemblait parfaitement à un Arabe par sa maigreur et son teint hâlé. Malgré les dangers et les fatigues qu'il venait d'éprouver, plein d'audace et d'enthousiasme, il continuait sa route vers le midi. Son esprit, son instruction, la connaissance de divers langages, joints à un grand talent d'observation, un caractère franc, gai, doux, constamment égal, mais fort et déterminé (1); tout le rendait particulièrement propre à cette entreprise.

Voici comment M. Legh peint son entrevue avec cet intéressant voyageur :

« Poussés par un vent favorable, nous arrivâmes le 25 novembre 1813 à Esné, l'ancienne Latopolis, où nous débarquâmes pour rendre nos devoirs au *kachef* ou commandant. Mon premier soin, après le cérémonial de cette visite, fut de m'informer d'un voyageur suisse que l'on m'avait dit être ici; et j'appris avec un plaisir infini qu'on ne m'avait pas trompé. Le commandant eut l'honnêteté d'envoyer chercher ce voyageur, qui parut bientôt habillé comme un flelah arabe, ayant une longue barbe et une chemise bleue : la langue arabe lui est devenue si familière, que même parmi les plus péné-

---

(1) Life and travels of J. L. Burckhardt, London, 1819. p. IV et XXI.

trans, il passe pour un naturel du pays. Nous soupâmes tous deux avec le commandant qui eut pour nous des attentions telles que je n'en avais pas encore éprouvé de la part d'aucun Turc, et nous nous séparâmes vers minuit, après une conversation qui n'avait pas langui un instant et dans laquelle mon convive, en échange des plus récentes nouvelles de l'Europe, m'offrit sur l'Egypte des détails fort intéressans

« Le lendemain, tous les gens de ma barque dormaient encore, quand *Cheik Ibrahim* vint me trouver ; nous déjeûnâmes ensemble au lever du soleil. Un fait dont je me souviendrai toujours et avec grand plaisir, c'est que, depuis le premier moment de cette visite matinale jusques à quatre heures après minuit, c'est-à-dire durant vingt-deux heures consécutives, nous restâmes sur un matelas étendu dans la chambre de la barque, sans penser à en sortir, ni seulement à nous lever ; et après ce tems, ne voulant pas mettre à nos épanchemens mutuels une fin qui nous eût encore paru trop brusque, nous occupâmes le même lit. Il serait impossible de décrire la sensation délicieuse que nous fit éprouver à tous deux une rencontre si imprévue, dans les circonstances où nous nous trouvions et qui y ajoutaient encore un nouveau charme. Comme si nous eussions craint que le tems ne nous dérobât, dans sa fuite, l'occasion d'une confidence réciproque, nous l'avions entamée tout d'abord, sans aucun préliminaire. Le grand nombre des lieux que nous avions vus, et des faits dont nous avions été témoins ensemble sans le savoir, étant alors étrangers l'un à l'autre, nous fesait trouver plus d'intérêt à les retracer, à en détailler les moindres particularités.

» A une excellente éducation classique, Cheik Ibrahim Burkhardt joint des connaissances en botanique et en minéralogie. Il possède parfaitement les langues allemande, anglaise, française, italienne, sans compter l'arabe. Jusqu'à l'âge de dix-huit ans il a étudié la musique et le piano sous les meilleurs maîtres. Enthousiaste des beaux arts, il porte en lui le germe des plus nobles passions dont le cœur humain soit susceptible. Comment ne me serais-je pas épris de la société d'un tel homme?

et n'aurais-je pas apprécié une jouissance telle qu'il s'en offre rarement de semblables au voyageur errant loin de son pays, de sa famille et de ses intimes connaissances ! »

L'Association africaine, formée pour l'exploration de ce continent, désespérait d'avoir jamais des nouvelles de Horneman; elle venait d'être informée de la mort d'un autre de ses voyageurs. H. Nichols qui se disposait à partir pour l'intérieur par le V. Calabar, dans la baie de Benin, lorsque Burkhardt lui fut recommandé par M. Blumenbach, professeur à Goettingue. — « Quelle garantie nous donnez vous, dit
» J. Banks au candidat, de votre capacité
» pour exécuter et endurer tout ce qu'exige
» une entreprise aussi hasardeuse ? — L'in-
» time et forte conviction que j'ai d'être
» prêt à lutter contre toutes les difficultés
» qui se présenteront. »

Plusieurs tentatives de pénétrer dans le centre d'Afrique ayant été faites avec peu de succès du côté de l'ouest, l'Association résolut d'envoyer Burkhardt sur la route qu'avait suivie Horneman. Muni de ses instructions le 25 janvier 1809, il mit à la voile pour Malte le 2 du mois de mars suivant, accompagné des vœux de toute l'Europe, et prit terre d'abord sur la côte de Syrie, afin de se familiariser entièrement avec les mœurs et les manières de l'Orient, avant de passer en Egypte. Il demeura deux ans et demi à Alep ou aux environs ; visita Palmyre, le Liban ; découvrit l'emplacement de Pétra, l'ancienne capitale de l'Arabie Pétrée ; traversa le désert d'El-Tyh, et arriva au Caire le 4 septembre 1812.

Une petite caravane de Twatis était à la veille de retourner du Caire vers les régions septentrionales du grand désert où Burckhardt devait se diriger. Mais nouvellement arrivé dans un pays dont le dialecte et les usages différaient beaucoup de ceux qu'il avait étudiés en Syrie, il ne voulut pas compromettre le succès de sa mission par un départ trop précipité. Voyant qu'aucune occasion d'aller au Fezzan ne se présenterait avant l'année prochaine, il résolut de mettre à profit cet intervalle aussitôt que l'état du Nil le lui permettrait, en visitant la Haute-Egypte jusqu'au-delà des cataractes, pour faire ensuite quelques excursions latérales dans le désert de Nubie et à la côte de la mer Rouge.

Burckhardt se mit en route du Caire le 11 janvier 1813, accompagné d'un domestique fidèle, natif de Syout, et muni d'excellentes lettres de recommandation de Mohammed Aly, pacha d'Egypte. Ils étaient montés l'un et l'autre sur des ânes qui les portaient avec leur petit bagage. Les canaux de l'Egypte se trouvant alors à sec, il longea sans difficulté le bord occidental du Nil, en passant quelquefois à la rive opposée, et gagna Syout au bout de douze jours, après avoir vu, chemin fesant les pyramides méridionales, les antiquités de Beni-Hassan, de Cheik-Abadé et d'Aschmounyn. Au-delà de Syout où il demeura dix jours, le voyageur visita Gaou, Akhmyn, Farchiout, Denderah, Kenné, Goft; s'arrêta quatre jours aux différens villages situés sur le terrain de Thèbes, et arriva dans seize jours à Esné, dernière place remarquable dans la Haute-Egypte.

Parti d'Esné le 18 février, Burckhardt se trouva le 22 à Assouan où il laissa son domestique et prit pour guide un vieil

Arabe qui, moyennant une piastre, consentit à l'accompagner jusqu'à Derr (éloigné d'environ 150 milles d'Assouan) et qu'il remplaça par un Bédouin dans cette capitale de la Nubie où il arriva le 6 mars. Il avait endossé à Esné le manteau d'étoffe brune grossière, appelé *thabout* que portent en route les marchands de la Haute-Egypte. Evaluant à huit piastres les frais de son voyage, il ne mit que cette somme en poche, persuadé que moins un voyageur dépense d'argent, moins il risque d'échouer dans ses projets.

Le lendemain de son départ de Derr, il arriva au château d'Ibrim et vit un pays où les Mamelucs, chassés de l'Egypte l'année précédente, avaient laissé dans leur fuite les traces de la rapacité qui les caractérise.

Son attente fut complètement frustrée à l'égard de *Wady Halfa*, seconde cataracte du Nil, désignée sur les cartes par le nom de *Djén-Adel*. Le Bédouin qui l'accompagnait lui avait dit que les eaux de cette cataracte « semblaient tomber du ciel. » Au lieu de cela, Burckhardt reconnut qu'elle était formée d'une partie seulement du fleuve, large au plus de cinquante et quelques pieds. Elle mérite à peine le nom de cataracte, quoiqu'elle fasse dans sa chute beaucoup plus de bruit que celle d'Assouan.

D'après les estimations du voyageur, établies sur des journées de dromadaires qui sont de trente milles chaque (1), la distance entre les deux cataractes doit être d'environ deux cent quarante milles anglais ou de cent lieues communes. Trois jours de plus le conduisirent, le long du district montueux de Batn-el-Hadjar, à Sukkot. Passant ensuite la grande île Say, il atteignit en deux jours Tinareh, petit château et chef-lieu du pays de Mahass, situé à deux journées et demie de la frontière septentrionale de Dongola, où sont aujourd'hui les Mamelucs. Avant de suivre notre voyageur dans son retour, il nous paraît convenable de jeter un coup-d'œil sur la contrée qu'il vient de parcourir.

Les *Nubiens*, suivant leurs propres traditions, tirent leur origine des Bédouins-Arabes qui envahirent le pays peu après l'ère mahométane et détruisirent ou chas-

---

(1) Life and Trav. of B. p. LI.

sèrent les indigènes dont il ne reste aujourd'hui qu'un très-petit nombre. La Nubie est actuellement exploitée par trois frères, portant le titre de kachefs, qui versent annuellement une trentaine de mille francs dans le trésor du pacha d'Égypte. Ils ont une cavalerie d'environ cent vingt hommes, composée principalement de leurs parens et esclaves, et dont le service consiste à les escorter dans leurs tournées pour la perception des taxes. Le trait suivant peut donner une idée de la tyrannie qu'ils exercent.

Burckhardt accompagna le kachef Hassan dans une de ses tournées. Entré dans un champ, Hassan y trouva le propriétaire et lui représenta qu'il avait eu tort d'y semer de l'orge, et que les melons d'eau y viendraient mieux. A ces mots il tira quelques graines de cette dernière plante, et les remettant au paysan : « Tu ferais bien, lui dit-il, d'arracher ton orge et de semer ceci à la place. » Comme l'orge était à peu près mûre, le paysan s'excusa d'adopter le parti qu'on lui proposait : « Je vais donc, reprit le kachef, semer ces grains pour toi. » En même tems il ordonna à ses gens d'arracher l'orge et de préparer le champ pour l'ensemencer de melons. L'orge fut chargée sur la barque de Hassan, et toute une famille se vit réduite à la misère pour que ce chef eût sa petite provision d'orge.

Au sud de Derr, les deux sexes vont nus, à l'exception du milieu du corps qui même n'est couvert que très-légèrement. Ils ont le teint presque noir et les cheveux épais, mais non laineux comme les Nègres. Leur nourriture consiste principalement en *d'hourra*, espèce de maïs dont le grain ressemble au millet ; il est moulu chaque matin pour la consommation du jour, et mangé sous la forme de gâteaux très-minces. Le même grain fournit une espèce de bière appelée *bouza*, dont les Nubiens aiment beaucoup à s'enivrer. Les hommes ont de beaux traits, sont forts, musculeux et bien tournés. Notre voyageur a souvent eu lieu d'observer que la taille et la corpulence des habitans étaient proportionnées aux dimensions du sol en culture. Il ne voyait que des hommes grands et ayant toute l'apparence de la vigueur partout où la plaine était large, où les paysans jouissaient en conséquence d'un certain bien-être ;

mais dans les districts resserrés entre les rochers il rencontrait des figures pâles, maigres et semblables à des squelettes ambulans. Du reste le climat, quoique extrêmement chaud en été, est très-sain.

Les Nubiennes sont bien faites, ont la physionomie douce et les manières agréables ; il en est même qu'on pourrait appeler belles. De toutes les femmes de l'Orient, elles sont les plus vertueuses, phénomène qui s'explique par le prix que le Nubien attache à la chasteté de sa compagne. Sur le moindre soupçon il la traînerait au bord du Nil, lui ouvrirait le sein de son couteau, et la jetterait dans le fleuve. Il y a un nombre prodigieux de femmes publiques dans la Haute-Egypte, ainsi que dans les pays qui bordent le Nil au-delà de la Nubie; mais on ne les tolère en aucun point de cette dernière contrée, si ce n'est à Derr, où même ce honteux métier est fait, non par des indigènes, mais par des esclaves émancipées. L'idée que Burckhardt donne du caractère nubien est très-avantageuse à tous les égards. Ce peuple surpasse de beaucoup les Egyptiens en courage et en énergie; il a un grand attachement à son sol natal, et une probité d'autant plus recommandable, qu'elle forme un contraste frappant avec la friponnerie de ses voisins les Arabes. Durant son séjour en Nubie notre voyageur, qui dormait toujours en plein air devant la maison, ne perdit pas la moindre parcelle de ses effets.

L'espace occupé par les Nubiens sur les bords du Nil, depuis Assouan jusqu'à la frontière méridionale du pays des Mahass, a environ cinquante milles de longueur. La largeur moyenne du territoire est d'un demi-mille. Le lecteur jugera combien il est étroit d'après le nombre des habitans, qui n'excède pas cent mille.

La richesse se calcule sur le nombre des moulins à eau qui, après la crue du Nil, servent à l'arrosement des terres. Dans les villages pauvres, une seule roue est la propriété d'un certain nombre d'individus; mais les gens aisés en ont plusieurs. Il y a environ sept cents roues entre la première et la seconde cataracte.

Les *Mahass* ont le teint tout-à-fait noir, et la physionomie beaucoup moins heureuse que celle des Nubiens proprement dits. Leurs maisons sont construites en nattes de feuilles de palmier, suspendues à des perches dont les extrémités avancent considérablement au-dessus du toit. La plupart des hommes vont entièrement nus, et Burckhardt vit beaucoup de filles, plus qu'adolescentes, sans aucun vêtement même autour des reins. L'idiome nubien a remplacé, parmi les Mahass, l'arabe qui n'est compris d'aucun habitant de la campagne Leur chef ou roi paie tribut aux gouverneurs de Nubie qui reçoivent annuellement, de chacune des six principales places de ses domaines, cinq ou six chameaux, autant de vaches, deux esclaves, environ quarante moutons, indépendamment des réquisitions extraordinaires qu'il leur arrive souvent de lever. Burckhardt vit le roi du pays, Nègre d'assez chétive apparence, entouré d'une demi-douzaine d'esclaves nuds, armés de lances et de boucliers. Les principaux habitans de *Dar-el-Mahass*, la capitale, sont marchands ; ils achètent dans les pays de Dongola, de Berber et de Scheygia des esclaves qu'ils envoient par caravanes au Caire deux fois l'an. Quoiqu'à une distance d'environ

1000 milles, (plus de quatre cents lieues communes), Dar-el-Mahassest pourtant la place du pays des Noirs la moins éloignée d'où les marchands d'esclaves arrivent au Caire.

Depuis Mahass jusqu'au Sennaar, il y a vingt-cinq jours de marche le long du Nil, et plus de vingt états indépendans dont chaque chef est appelé *Mek*. Ces petits souverains exercent un pouvoir très-arbitraire sur les biens et les propriétés de leurs sujets ; mais ils n'oseraient en faire mourir un seul, de crainte des représailles qu'exercerait sur la famille royale celle du défunt.

Burkhardt donne encore sur l'établissement des *Mamelucs dans le Dongola*, quelques détails tirés de récits arabes qui ne sont pas sans intérêt. Gouverné depuis un temps immémorial par deux familles, Zebeyr et Funnye, le Dongola, était tombé petit-à-petit sous la dépendance des Arabes Scheygias. Lorsque les Begs Mameluks, dans leur fuite d'Egypte, atteignirent cette contrée, le chef des Scheygias Mahmoud-el-Adelanab les accueillit avec cette hospitalité qui distingue sa nation, et leur fit des présens considérables en chevaux, chameaux, esclaves et provisions pour leur voyage ultérieur au Sennaar, où ils déclaraient vouloir s'établir ; mais au lieu de s'y diriger, ces perfides étrangers tuèrent leur bienfaiteur, pillèrent les propriétés des Scheygias, se répandirent dans le pays et en subjuguèrent les habitans.

Il paraît que les Mamelucs, réduits à leurs propres moyens, se sont adonnés, dans la suite, à la vie pastorale et agricole, et qu'ils ont construit quelques embarcations sur le Nil. Ils ont aussi élevé une muraille autour de Dongola pour se mettre à l'abri d'une surprise de la part des Arabes ou du Pacha d'Egypte. Leur situation, toutefois, semble assez précaire sous plusieurs rapports à notre voyageur. « A mon avis, dit-il, les Mamelucs n'ont que l'alternative de frapper, si la plus légère occasion s'en présente, un coup désespéré sur la Haute Egypte, quoique la vigilance du Pacha leur laisse peu de chances de succès dans ce quartier ; ou de s'emparer d'un port sur la mer Rouge où ils pourraient se recruter par l'importation de jeunes esclaves géorgiens, les seuls qu'ils admettent parmi eux. Massuah est le point le plus convenable pour l'exécution d'un tel projet. On y arrive, de leur position actuelle, en vingt-deux jours, dont quatre de marche dans un désert jusqu'à Shendy, et dix-huit de Shendy à Massuah, le long des rives bien cultivées de l'Astaboras. »

A son retour de Nubie, Burkhardt visita le célèbre temple d'*Ebsambol*, taillé dans le flanc presque vertical d'une montagne qui borde le Nil. Au parvis de ce temple situé à vingt pieds au-dessus du niveau de l'eau, s'offrent, de chaque côté le long du mur, dans des niches étroites, trois figures colossales, représentant Osiris, Isis, et d'autres divinités jeunes : elles sont toutes de la même grandeur, debout, une jambe devant l'autre dont la hauteur, jusqu'aux genoux, est de six pieds et demi. Elles sont accompagnées d'autres figures beaucoup plus petites, disposées autour de leurs jambes. Sans mérite sous le rapport de la sculpture, ces statues se font remarquer par une grande perfection du dessin. L'espace intermédiaire entre les niches est couvert d'hiéroglyphes. Une petite porte conduit dans la nef (*pronœos*), supportée par six colonnes carrées ayant chacune trois pieds carrés d'épaisseur : ce pronaos a treize pas de long et sept de large. Les chapitaux des colonnes représentent des têtes d'Isis, semblables à celles de Tentyra, mais d'un relief moins fort, et exécutées dans le même style que les sculptures sur les murs du temple. Trois portes, dont une large et deux petites, ouvrent le chœur (*cella*) qui n'a que trois pas de profondeur et de chaque côté une cellule obscure. Le sanctuaire (*adytum*) a sept pieds carrés : en face de l'entrée on distingue les restes d'une statue taillée dans le roc vif, et dans le sol se trouve un caveau profond. Les murs des trois appartemens sont couverts d'hiéroglyphes et d'autres figures qu'on voit ordinairement dans les temples égyptiens ou nubiens.

Le temple d'Ebsambol, consacré sans doute au culte d'Isis, paraît avoir servi de modèle à celui de Derr. Croyant avoir vu toutes les antiquités de cet endroit, Burkhardt allait redescendre la montagne lorsque, se détournant un peu vers le sud, il découvrit quelques monumens qui excitèrent au plus haut degré son admiration. C'étaient quatre immenses statues taillées dans le roc, à environ cent toises du temple : elles étaient malheureusement presque enterrées dans les sables. La tête d'une seule est encore visible avec une partie de la poitrine et des bras. On n'aperçoit à-peu-près rien de la seconde dont la tête a été brisée et dont le corps est couvert de sable jusqu'au-dessus des épaules. Il ne paraît des deux autres que les bonnets en forme de boisseaux. Ces statues ne regardent pas le Nil comme celles d'Ebsambol; elles sont tournées vers le Nord et semblent indiquer la partie plus fertile de l'Egypte. La tête qu'on voit entière a un caractère de jeunesse et de beauté qui, plus qu'aucune autre figure égyptienne antique, retrace les modèles offerts par la sculpture grecque. Sans la barbe oblongue et peu fournie qui ombrage le menton, elle pourrait passer pour celle d'une Pallas. Sur le devant du boisseau qui forme sa coiffure, est gravé un nilomètre, ainsi que sur ceux des autres statues. Les bras sont couverts d'hiéroglyphes profondément creusés dans la pierre sablonneuse, et bien exécutés. La statue a vingt-un pieds d'une épaule à l'autre, et ne peut par conséquent, si elle

elle est debout, en avoir moins de soixante-cinq à soixante-dix de hauteur. Les oreilles ont chacune quarante pouces de long. D'après l'expression de la tête qui s'élevait encore au-dessus des sables, ces statues sembleraient appartenir à la plus belle époque de la sculpture égyptienne ; mais les hiéroglyphes sur le roc sont d'une exécution assez médiocre et paraissent être du même âge que ceux du temple de Derr. Au centre des quatre statues est la figure d'un Osiris à tête d'épervier, surmontée d'un globe : en déblayant les sables on découvrirait probablement ici l'entrée d'un vaste temple d'Osiris, à laquelle ces figures colossales servent d'ornement comme font les dix statues devant le temple d'Isis. Le pan du roc derrière les figures est couvert d'hiéroglyphes, et au-dessus se trouve une rangée de plus de vingt figures assises, également taillées dans le roc et hautes de six pieds, mais tellement effacées qu'il a été impossible de deviner ce qu'elles représentaient. A quelques pas de distance, du côté du sud, est une excavation dans le roc avec des degrés pour monter du rivage jusqu'aux statues : l'intérieur offre, parmi une foule d'hiéroglyphes, des représentations d'Isis et d'Osiris.

Le temple d'Ebsambol sert de réfuge aux habitans de Ballyane et aux Arabes des environs, contre une tribu mogrébine (occidentale) de Bedouins établis entre la grande Oise et Siout, qui font régulièrement chaque année des incursions dans ces contrées. Ces brigands se dirigent d'abord vers Argo, en pillant tous les villages situés sur la rive occidentale du Nil ; puis ils visitent Mahass, Sukkot, Bah-el-Hadjar, Wady-Halfa, les villages vis-à-vis de Derr et enfin Dakké ; près de cette place ils gagnent les hauteurs pour retourner chez eux par Siout. Leurs bandes se composent ordinairement de cent cinquante hommes à cheval, et d'autant portés sur des chameaux. Personne n'ose leur résister en Nubie : les chefs vont même au-devant d'eux et leur font des présens. Les invasions de cette tribu sont une des principales causes de la dépopulation du bord occidental du Nil. Quand les brigands avancent vers Ballyane, ses habitans se retirent avec leurs bestiaux au temple d'Ebsambol. L'année précédente encore les Bédouins avaient vainement tenté de forcer cette position.

Après avoir passé de-là par Derr, et vu les restes presque entiers du petit temple de Hassaga qui lui paraît être le même que Norden place près d'Amada, il remarqua, dans une excavation faite par les paysans pour chercher des trésors, que le sable couvrait une couche d'excellente terre d'alluvion, située à une hauteur que les eaux du Nil n'atteignent pas même aux plus grandes crues. Cette observation, que Burkhardt a eu l'occasion de faire à plusieurs autres endroits, semble prouver que le lit du Nil a été autrefois plus élevé, ou que les inondations ont été plus considérables en Nubie que maintenant : car la terre cachée sous le sable était évidemment un depôt de l'eau.

A Dakké, le voyageur admira un des plus beaux restes d'antiquité que l'on rencontre dans la vallée du Nil. Au centre d'un propylée, long de trente pas, se trouve une porte semblable à celle du temple d'Edfou. On pénètre dans la nef entre deux colonnes ornées des mêmes chapiteaux que le temple ouvert de Philæ, et qu'on ne voit nulle part ailleurs en Égypte. Dakké est probablement l'ancien *Pselcis*, et la petite chapelle de Koppan sur la rive orientale du fleuve, *Contra-Pselcis*. Le temple de Korty a conservé son ancien nom, *Corti*, et le portique de Meharraka doit être à la place de *Hierosycaminon*.

Un autre temple, situé à Kalabché, le plus gros village de la rive occidentale du Nil, entre Derr et Assouan, prend rang, avec celui de Dakké, parmi les plus précieux restes d'antiquité égyptienne. Les colonnes y ont les mêmes chapiteaux que celles de Philæ, quoique moins soignés dans l'exécution des détails ; mais les murs intérieurs sont couverts de peintures mieux conservées qu'à Philæ : les couleurs prédominantes sont le rouge, le bleu, le vert et le noir.

A un quart de lieue de ce temple, au Nord-Ouest, s'en trouve un autre plus petit et taillé dans le roc. Les murs du vestibule sont couverts de bas-reliefs très-bien exécutés et représentant des sujets historiques singulièrement remarquables. D'un côté, l'on voit une bataille ; le vainqueur dans un char, traîné par deux coursiers fougueux comme ceux de Karnac, poursuit les ennemis fuyant vers une contrée riche en arbres chargés de fruits; des singes jouent parmi les branches. Derrière lui sont deux autres chars en pleine course, de la même forme, mais plus petits : ils portent chacun une femme qui se tient debout. Dans un autre cadre, sur le même mur, est représentée une marche triomphale passant devant Osiris assis : le cortège s'ouvre par des hommes nuds portant sur leurs épaules de gros blocs de bois précieux, et conduisant l'un une chèvre des montagnes, d'autres des autruches, des gazelles, des singes, des buffles, des giraffes; enfin viennent deux prisonniers ayant des peaux de bêtes féroces autour du corps. Un troisième cadre présente un gros lion avec son gardien, un grand bouc à cornes longues, étroites, et une paire de bœufs. Près de ces deux cadres et devant le roi, sont des tas d'arcs et de flèches, de dents d'éléphants, de peaux d'animaux sauvages et une rangée de calebasses. Sur le mur en face on remarque, parmi les prisonniers, une troupe de femmes vêtues de robes longues, avec une haute coiffure recourbée en haut, au-dessus de laquelle le capuchon est jeté.

C'est un monument unique en Égypte. Le triomphateur, quel qu'il soit, a porté ses armes dans un pays habité par des animaux dont on ne voit aucun en Nubie ni dans le Dongola ; l'éléphant et la giraffe fréquentent le bord du Nil vers le Sennaar, les forêts sur la frontière d'Abyssinie, et les rives de l'Astaboras et de l'Astaspus d'où l'on importe aussi maintenant en Égypte les esclaves les plus belles et les plus estimées. Tous ces trophées indiquent donc que la victoire doit avoir été remportée dans des régions situées au sud de l'ancien Méroé ; car les prisonniers vêtus de peaux désignent un peuple sauvage.

Ce petit temple est appelé par les indigènes, Dar-el-Waly. La montagne tout auprès renferme les carrières d'où l'on a tiré les pierres qui ont servi à la construction de la ville et des temples de Kalabché. C'est, à n'en pas douter, l'ancien *Talmis*, et quelques monceaux de décombres à l'Est indiquent les restes de *Contra-Talmis*.

De retour à Esné, où il fut le 9 avril, Burkhardt espéra de pouvoir joindre une caravane qui devait bientôt partir de Diraoh pour le Sennaâr, et de visiter ensuite l'Abyssinie. Plusieurs causes en firent différer le départ jusqu'au 2 mars de l'année suivante.

S'étant fait passer pour un marchand peu riche, afin de mieux en imposer, il ne prit point de domestique, vendit son chameau et ne garda que son âne, après avoir toutefois fait avec l'acquéreur du chameau un arrangement qui obligeait celui-ci à transporter son bagage à travers le désert. Voici les vêtemens, les provisions et les autres objets dont notre voyageur était muni. « J'ai été bien aise, dit-il, de trouver, en lisant des voyages, quelques détails de ce genre dont j'ai fait mon profit dans les miens. » Il portait une large casaque de laine brune (*thabbut*), une chemise et un pantalon de grosse toile blanche; un *lebdé* ou bonnet de laine blanche, enveloppé d'un mouchoir commun en forme de turban, et des sandales. Dans la poche de son thabout était un petit livre-journal, un crayon, un canif, une boussole, une bourse à tabac et un briquet avec de l'amadou. Ses munitions de bouche consistaient en quarante livres de farine, vingt de biscuit, quinze de dattes, dix de lentilles, six de beurre, cinq de sel, trois de riz, deux de café, une de poivre, quatre de tabac, quelques oignons et quatre-vingts livres de dourra pour l'âne. Il avait de plus une bouilloire et une assiette de cuivre, une poêle à griller le café, un mortier de terre pour le piler, deux tasses, un couteau et une cuiller, une écuelle de bois pour boire et pour remplir les outres, une hache, dix brasses de corde, du fil et des aiguilles dont une grosse à emballer, un peigne, une chemise de rechange, une couverture de laine, *héram*, de fabrique barbaresque pour la nuit, quelques médicamens, et trois outres de rechange. Enfin, il avait un petit coran portatif, un livre-journal de réserve et une écritoire, avec quelques feuilles de papier détachées, afin d'y tracer des amulettes pour les Nègres. Sa montre s'était brisée dans la Haute-Égypte, où il n'avait pas eu moyen de s'en procurer une autre. Il avait un fusil avec trois douzaines de cartouches, une certaine quantité de cendrée, un pistolet et un gros bâton appelé *nabbout*, garni de fer aux deux bouts, qui pouvait servir à-la-fois pour sa défense et pour piler son café. Sa bourse, renfermée dans une ceinture sous son thabout, contenait cinquante piastres espagnoles, outre une couple de sequins cousus dans un sachet de cuir qu'il avait noué autour de son coude. Sa petite pacotille de marchandises se composait de vingt livres de sucre, quinze de savon, deux de noix muscade, douze rasoirs, autant de briquets d'acier, deux bonnets rouges et quelques douzaines de rassades en bois qui, dans les pays au midi de l'Egypte, tiennent très-bien lieu de monnaie.

Tous ces effets étaient serrés dans cinq sacs de cuir ou *djerabs*, très en usage parmi les marchands d'esclaves. Il avait rassemblé dans une petite valise, placée sur la selle de son âne, les objets dont il avait un besoin journalier.

Daraou, le lieu de rendez-vous, est un village situé à soixante milles au sud d'Esné sur la rive orientale du Nil, habité partie par des Fellahs d'Egypte, et partie par des Arabes-Ababdehs. De tems immémorial ces Ababdehs ont été des guides des caravanes à travers le désert de Nubie ; plusieurs d'entre eux sont grands spéculateurs en esclaves, et leurs chefs lèvent une rétribution pour tout esclave et pour tout chameau chargé qui n'appartiennent pas à quelqu'un de leur propre tribu. Les Fellahs, qui s'unissent avec les Ababdehs par des mariages, sont vauriens, ivrognes, débauchés et tous pauvres, malgré les bénéfices que leur procure le commerce d'esclaves auquel ils se livrent également.

L'hôte de Burkhardt, nommé Hadji Hosseyn el Alouen, avait obtenu de lui divers présens, en lui persuadant qu'il avait l'intention de faire lui-même le voyage. Tout-à-coup il déclara, la veille, qu'il restait; cependant son fils et son frère joignirent la caravane dont ils formaient même, avec leurs amis, la portion la plus nombreuse et la plus riche. Le vieillard les accompagna avec ses femmes à quelque distance du village, et au moment de la séparation, il remit Burkhardt à ses parens: « C'est ton frère, dit-il notamment à son fils; puis, ouvrant la veste du jeune homme et lui posant la main sur le cœur: qué sa placé soit ici! ajouta-t-il. » Cette espèce de recommandation eût eu quelque poids dans les déserts d'Arabie, mais parmi ces vils Egyptiens, elle n'est plus qu'une façon de parler, dit Burkhardt qui en fit l'épreuve. Dès le premier jour les gens de la caravane le traitaient sans aucun égard ; les Fellahs ne cessèrent de le vexer et de comploter pour le voler ; son nouveau frère fut un de ses plus cruels ennemis : les Ababdés, tout en le mettant à contribution, protégèrent au moins sa personne. La malveillance des marchands de Daraou ne venait d'aucun soupçon sur l'origine européenne du voyageur ; au contraire, ils croyaient qu'il était un Turc d'Europe ou de l'Asie Mineure, et qu'il venait, à l'exemple d'autres, pour s'emparer d'une part au commerce d'esclaves dont il leur importe d'avoir le monopole. Il avait un firman d'Ibrahim-Pacha, fils du Visir d'Egypte ; mais il jugea que la qualification de Cheik-Ibrahim el *Schami* (le Syrien) que le firman lui donnait, lui serait plus funeste qu'utile, puisqu'elle confirmerait ses compagnons de voyage dans leurs idées. D'ailleurs, en l'insultant et le provoquant, ces Fellahs disaient hautement : « Nous voilà dans le désert ! nous nous moquons de tous les Beys et Pachas du monde ! » Il fallait donc se soumettre aux outrages dont on l'abreuvait journellement.

L'eau est censée commune entre tous les membres d'une caravane, et les Arabes de l'Est partagent volontiers leur provision, même petite, avec un pauvre compagnon de voyage; mais parmi les Africains, la seule application de cette maxime c'est que le plus fort dépouille le plus faible. Aux puits le pauvre attend pour remplir ses outres, et si la source n'est pas abondante, il ne lui reste que de la boue trempée. Tel était souvent le lot de notre voyageur. D'autres fois on lui volait ses outres ; souvent, quand il avait choisi une place ombragée, pour se reposer pendant la chaleur, on l'en chassait et le forçait à rester au soleil. Si on jouait à se lancer des pierres en parant les coups avec les boucliers, (targes); on avait soin d'en diriger quelques-unes sur Burkhardt qui, manquant de bouclier, ne pouvait pas s'en garantir. Le zèle du voyageur le fesait résister à toutes ces traverses.

Le 4 mars, au défilé d'Abou-Adjadi, à six heures de chemin d'Assouan, une trentaine d'Ababdés, d'une autre tribu, vint barrer le chemin à la caravane pour lever sur elle un droit de passage. Les Ababdés de l'escorte, en nombre à-peu-près égal, refusèrent d'y souscrire, et le combat s'engagea par une pluie de pierres. On était tout nud de part et d'autre : car c'est la règle chez ces Arabes, de même que chez les Nubiens, de n'être point gênés par des vêtemens quand ils se battent, et de s'envelopper seulement les reins d'un morceau d'étoffe. Ils avaient pour armes de longs glaives à deux tranchans, de courtes lances, et des targes, utiles surtout pour se défendre contre les coups de pierre. Lorsqu'ensuite Burkhardt les vit tirer les sabres, et s'attaquer corps à corps avec des cris terribles, il se mit en devoir de partager le péril de ses compagnons de voyage ; mais au moment où il ajustait un coup de fusil au plus avancé de la troupe ennemie, un Ababdé de la caravane lui cria : pour l'amour de Dieu, ne tirez pas ! nous espérons d'en venir à bout sans qu'il y ait du sang de répandu. En effet, après une escarmouche de vingt minutes, il n'y avait que trois hommes légèrement blessés et un bouclier fendu en deux. La paix fut faite par l'intervention des chefs ; les deux partis s'attribuèrent la victoire, mais la caravane passa sans payer et j'étais bien aise de voir, ajoute notre voyageur, qu'on pouvait compter, en cas de besoin, sur nos Ababdés ; car les Fellahs, beaucoup plus nombreux, s'étaient montrés aussi lâches qu'ils sont glorieux. »

Nous ne suivrons pas notre voyageur de station en station ; des noms de puits, de collines et de vallées ne peuvent guères intéresser les lecteurs : mais nous devons leur faire connaître les principaux traits physiques de ce désert que Burkhardt a trouvé beaucoup moins affreux que le grand désert de Syrie, même moins que le désert de Suez et Tyh. Les déserts de Syrie s'étendent en plaines immenses d'une monotonie fatigante ; ceux de Nubie offrent au moins jusqu'à Schigre la diversité d'un pays parsemé de rochers arides et sillonné de ravins : les vues pittoresques même n'y sont pas rares. Om-el-Hebal est une vallée longue de trois heures de marche, et qui serpente continuellement entre des rochers de deux à trois cents pieds de haut, coupés à pic et composés d'un granit noir et brillant ; des bosquets d'acacias les ombragent d'un feuillage sombre et luisant comme les rochers mêmes. Tout-à-coup, à Damhit, une large ouverture se présente parmi les rochers, et, au milieu de masses de granit jetées en désordre les unes sur les autres, un vaste réservoir, toujours rempli d'eau de pluie douce et limpide, appelle les voyageurs et les chameaux. El-Haimar est une réunion de sources où les Mamelucs fugitifs s'arrêtèrent quelques semaines ; c'est de là qu'ils renvoyèrent la plupart de leurs belles almées ou danseuses que les Ababdés de la tribu Hameydah, chargés de les reconduire en Egypte, dépouillèrent de tout jusqu'au dernier vêtement. Le bel Ouadi-Olaki est riche en pâturage, et s'étend depuis le Nil jusqu'à la mer Rouge ; les ouadis Om-Gat, Abou-Borshe, el Berd et Nabeh sont embellis par des sellam, arbres du genre de l'acacia, et des doums, ainsi que par divers arbustes. Le Tarfaldy tire son nom des tamarisques qui y croissent avec quelques doums, et le sol est couvert d'élégants arbustes de senné qui nourrissent des essaims de sauterelles et rendent cet ouadi un des plus beaux de la route. Toutefois la verdure riante de ces arbres ne met pas toujours le voyageur à l'abri des rayons ardents du soleil, et Burckhardt lui-même trouva dans la suite l'occasion de rappeler le proverbe arabe qui dit : « compte sur la promesse d'un grand et sur l'ombre de l'acacia ! »

Aux environs de l'Ouadi Safiahy qui est plutôt une espèce de fondrière (Ghadyr) qu'une vallée, il vit toute la journée autour de lui des lacs de *mirage*, appelés sérabs par les Arabes. « Leur teinte, dit-il, était d'un azur si pur et si clair que les ombres des montagnes qui bordaient l'horizon, s'y réfléchissaient avec une netteté surprenante. Le mirage, en Egypte et en Syrie, m'avait toujours paru d'une couleur blanchâtre et semblable à un brouillard du matin, rarement fixe, mais dans un état de vibration presque continuelle Dans le désert de Nubie, il était tout autre et avait la plus parfaite ressemblance avec l'eau. La grande sécheresse de l'air et de la terre occasionne sans doute cette différence. Ces eaux semblaient aussi beaucoup plus proches qu'en Syrie et en Egypte, où la moindre distance à laquelle je les avais vues était d'un demi-mille, tandis qu'elles ne paraissaient souvent pas à plus de deux cents pas de nous. Il y avait à la fois tout autour une douzaine de ces lacs factices ou aériens, séparés les uns des autres, et situés la plupart dans les enfoncemens du terrain.

A Schigré, vers le milieu du désert, se trouve une des meilleures sources au penchant des montagnes. Mais ici cesse tout ce que le désert offre d'un peu consolant : plus de variété dans le sol ; la plaine sablonneuse ne présente plus aucune route tracée ; l'œil seul d'un Bédouin peut y deviner le chemin.

La caravane eut dès-lors beaucoup à souffrir de la soif, des chaleurs excessives et une longue sécheresse ayant tari les puits sur lesquels elle avait compté pour remplir ses outres. En partant de Djebel-Schigré, les voyageurs furent effrayés par la nouvelle que les sources de Nedjeym étaient à sec : on envoya en avant un détachement d'hommes chargés de creuser les sables pour faire reparaître l'eau, s'il était possible. Lorsque la caravane arriva, elle aperçut ses envoyés tristement assis autour des sources, la tête penchée, et ne montrant dans leurs mains qu'un peu de sable humide. La caravane continua sa marche. Jusqu'ici le vent du nord avait un peu rafraîchi l'air : pour comble de malheur, le vent tournant bientôt après au sud, vint encore augmenter la chaleur accablante du jour ; les provisions d'eau commençaient à manquer, les ânes tombaient, les chameaux étaient affaiblis : si l'on n'avait pas d'eau le lendemain, tous les bestiaux périssaient, et les hommes, marchant à pied dans un désert brûlant, étaient également exposés à une mort presque inévitable. C'est dans cet état qu'on arriva le lendemain à Abou-Séllam : on sut qu'on n'était plus qu'à six heures de marche du Nil, mais les bords du fleuve étaient occupés par une tribu d'Arabes ennemis. Le chef des Ababdés prit pourtant le seul parti qui restait; c'était d'envoyer un détachement, monté sur les chameaux les plus vigoureux, pour aller remplir quelques outres d'eau dans le Nil, au risque d'être découverts par l'ennemi qui n'aurait pas manqué, en suivant la trace des chameaux, de fondre sur la caravane fatiguée, languissante et hors d'état de résister. Leur seul espoir était d'atteindre, pendant la nuit, au point du fleuve dégarni d'habitans et d'observateurs hostiles. Les voyageurs attendaient avec anxiété le résultat de cette expédition; enfin, à trois heures du matin, les cris joyeux des messagers se font entendre; bientôt ils entrent dans le camp, et tout le monde se précipitant sur eux, se ranime en buvant à grands traits les eaux douces et salutaires du fleuve bienfesant. Le surlendemain, on marcha sur Ankheyre, village principal des Béraberas, situé sur le Nil. En approchant de la rivière, on sentit une plus grande humidité se répandre dans l'air, et les Arabes s'écrièrent: *Dieu soit loué, nous sentons le Nil!* On avait mis vingt-deux jours à franchir le passage entre Daraou et Berber ou Ankheyre; mais on peut le faire en dix-sept.

Le journal du passage de Burckhardt dans ce désert, n'offre d'autre variété que celle des misères et des outrages qu'il eut à subir. Il avoue que les fatigues ont été bien au-delà de ce qu'il avait imaginé; ce n'est donc pas sans quelque surprise qu'on le voit accuser d'exagération son prédécesseur Bruce, tout en rendant justice à l'esprit riche en ressources, avec lequel ce voyageur s'est tiré d'affaire sous le costume européen, au milieu des tribus inhospitalières de la Nubie.

Cette route est la seule que l'on suive habituellement pour aller de l'Egypte dans le Berber, et de là dans le Sennaar. Il en est une autre entre Seboua, près de Derr, et le pays de Berber ; elle est plus à l'ouest et plus courte, mais on n'y trouve qu'une seule source à quatre grandes journées de Seboua et de Berber ; encore est-elle amère.

Les autruches sont, à plusieurs endroits, très-nombreuses dans le désert de Nubie ; il y a aussi des aigles, des pigeons et des lézards longs d'un pied depuis la tête jusqu'à la queue. Quant au Simoum, Sémoum ou Samiel, (en turc *Chamyelli*) que nous traduisons par souffle empoisonné du désert, aucun des compagnons de Burckhardt n'en a jamais parlé que comme d'un vent de sud-est, violent, très-incommode et brûlant, mais nullement funeste. Son effet le plus fâcheux est qu'il tarit l'eau dans les outres minces, et met ainsi l'existence du voyageur en péril. « Je suis convaincu, pour ma part, ajoute Burckhardt, que toutes les histoires, débitées par les voyageurs ou les habitans de l'Égypte et de la Syrie sur le Samiel du désert, sont très-exagérés, et je n'ai jamais pu connaître un seul exemple bien constaté qu'il fût devenu mortel. J'ai été moi-même fréquemment exposé au vent chaud dans les déserts de Syrie et d'Arabie, dans la Haute-Egypte et dans la Nubie ; j'en ai essuyé toute la furie au milieu d'une plaine découverte, sans me trouver fortement incommodé. Le fait est que les Bédouins effrayent souvent les citadins crédules par des contes de la mort tragique d'hommes et de caravanes entières ; mais quand des personnes qui ont quelque connaissance du désert les pressent de questions, alors ils ne déguisent plus la vérité. Je n'ai jamais remarqué que le simoum soufflait tout près de la terre, comme on le croit communément ; au contraire, l'atmosphère entière paraît être en feu ; la poussière et le sable emportés haut en l'air par l'ouragan, lui communiquent une teinte rougeâtre, ou bleuâtre, ou jaunâtre, suivant la nature et la couleur du sol d'où la poussière s'élève : le jaune cependant prédomine toujours plus ou moins. En regardant à travers un verre jaune-clair, on se formerait une idée assez exacte de cet aspect de l'air. Le Simoum n'est pas toujours accompagné de tourbillons ; quelquefois le vent souffle plusieurs heures avec une force modérée, quoique avec une chaleur étouffante ; lorsque le tourbillon soulève la poussière, sa température s'accroît de plusieurs degrés. Dans un simoum que j'ai observé au mois de mai 1813, à Esné, le thermomètre est monté à 120° à l'ombre ; mais l'air reste rarement plus d'un quart d'heure dans cet état. L'effet le plus désagréable que le Simoum ait sur l'homme, c'est de dessécher le palais, d'arrêter la transpiration, et de produire un malaise général. Je n'ai vu personne se coucher la face contre terre pour éviter le souffle pernicieux du vent, comme Bruce dit l'avoir fait en traversant ce désert ; mais, durant les tourbillons, les Arabes se couvrent souvent la figure de leurs manteaux et s'accroupissent auprès de leurs chameaux, pour se garantir les yeux du sable et de la poussière. Les chameaux y souffrent toujours beaucoup, non par la chaleur, mais par la poussière qui bat leurs gros yeux proéminens : ils tournent alors, et tâchent de se mettre à couvert en baissant leurs têtes; mais, quelque intense que pût être la chaleur de l'atmosphère, je ne leur ai vu faire cela qu'au moment d'un tourbillon. »

Voilà tout ce que Burckhardt a trouvé de vrai dans les récits sur le Samiel. Il ne refuse pas de croire aux trombes de sable dont parle Bruce ; mais il n'admet point d'existence d'un vent véritablement empoisonné, c'est-à-dire, chargé de gaz délétères qui font mourir les hommes et les animaux.

« Nous ne pouvons être entièrement de son avis, dit à ce sujet M. Malte-Brun avec beaucoup de justesse. Ses observations, quelque étendues qu'elles soient, prouvent seulement deux choses : 1°. Que les asphyxies, causées par les vents du sud très-chauds et si bien décrites par Volney, sont rares ; 2°. que les vents empoisonnés sont encore plus rares, et qu'on n'en a pas des notions précises. Mais, puisque dans des endroits connus il existe des terrains qui exhalent des vapeurs mortelles, pourquoi ne retrouverait-t-on pas dans les déserts le même phénomène sur une plus grande échelle (1)? Les sels et les minéraux, qui souvent se trouvent à jour dans cette terre nue, ne peuvent-ils, étant saturés par les pluies d'orage et ensuite décomposés par les rayons solaires, donner naissance à une foule de gaz pernicieux? » Il est constant d'ailleurs que le Chamsin, autre vent d'Egypte très-incommode, est imprégné d'un gaz particulier qui s'y développe, et que le Samiel contient beaucoup d'électricité. (2)

Le district de Berber, composé de quatre gros villages, Ankheyre, où demeura notre voyageur; Goz-el-Souk, Goz-el-Funye, et El-Hassa est gouverné par un *Mek* à-peu-près indépendant, quoique nommé par le roi du Sannaar : Ce titre est une abréviation de *Melek*, roi, et commun à tous

---

(1) Shaw, Thévenot, Chardin, Hanway, Niebuhr.
(2) *Kant*, Géographie physique, tom. VI, p. 25 et 27.

les petits chefs de ces contrées jusqu'au Darfour et au Sannaar. Les habitans sont des Arabes de la tribu de *Meyrefab*; ils prétendent pouvoir mettre sous les armes 1000 combattans libres, et 500 esclaves, cependant, ils entrent rarement en campagne avec plus de 4 à 5 cents hommes. Burckhardt juge leur extérieur plus favorablement que leur caractère.

« Les Meyrefabs, dit-il, sont une très-belle race. Leur couleur naturelle paraît être un rouge brun-foncé, qui devient extrêmement noir si la mère est une esclave venue du pays des Nègres, et qui s'éclaircit quand elle est Abyssinienne. Les hommes, un peu plus grands que les Egyptiens, ont les membres plus forts et sont aussi plus robustes; leurs traits et ceux des Nègres diffèrent en tout point; leur visage est généralement ovale, le nez à la grecque, et les os des joues n'ont point de saillie. La lèvre supérieure est un peu plus épaisse qu'elle ne doit l'être, d'après les idées de beauté que se forment les peuples septentrionaux; mais il s'en faut qu'elle ressemble à celle du Nègre. Celui-ci a la jambe et le pied très-mal faits; chez les Meyrafabs ces parties ne laissent rien à désirer. Ils ont une petite barbe au bas du menton, pas de poils sur les joues, et des moustaches peu fournies qu'ils coupent très-courtes. Leurs cheveux forts, épais et crépus, mais non laineux, forment, lorsque ils sont courts, des boucles naturelles, et de hautes larges touffes quand on les laisse croître. « *Nous sommes Arabes, non pas Nègres,* » disent souvent les habitans de Berber. En effet, ils ne peuvent être pris pour des Nègres ou des Cafres que par ceux qui croient qu'il suffit d'avoir la teinte foncée pour appartenir à cette race. C'est surtout la nature de l'épiderme qui distingue l'Arabe du Nègre. J'ai souvent eu lieu d'observer en Berber, combien la peau était fine et délicate, même chez les hommes les plus exposés au soleil; tandis que le Nègre l'a épaisse et grossière : la main de celui-ci est dure comme du bois; l'Arabe, qui n'appartient pas à la classe ouvrière, l'a aussi douce que celle d'aucun Européen. Les Meyrefabs, comme tous les autres Arabes de cette partie d'Afrique, ont le plus grand soin de maintenir la pureté de leur espèce. Ils n'épousent jamais une esclave négresse ou abyssinienne, s'ils ont des enfans d'une concubine non libre, ils ne les marient qu'à des esclaves. »

« Les quatre villages de Berber sont tous à une demi-heure de marche du Nil dans le désert de sable, sur les confins du pays cultivé. Les maisons, séparées par d'assez grands enclos et bâties en terre ou en briques cuites au soleil, ont pour le moins autant d'apparence que celles de la Haute-Egypte. Chaque habitation forme une grande enceinte divisée en intérieure et extérieure. Autour de celle-ci sont les logemens, tous au rez-de-chaussée. Il n'y a jamais ni second étage, ni escalier. Le toît est formé de poutres mises en travers des murs, couvertes de nattes, puis de roseaux, et enfin d'une couche de terre glaise : il a une pente pour l'écoulement des eaux pluviales, conduites par un canal dans la clôture qui devient un étang bourbeux pendant la saison des pluies. La famille habite ordinairement deux pièces ; une troisième sert de magasin, une quatrième est réservée aux étrangers, une cinquième enfin est fréquemment occupée par des femmes publiques. La cour extérieure contient le plus souvent un puits d'eau saumâtre qui n'est bonne que pour les bestiaux. En été, les hommes de la maison et les étrangers y dorment sur des nattes étendues par terre, ou sur des bancs de bousillage établis le long des murs, ou sur des sophas faits d'un châssis de bois à 4 pieds, appelés *angareygs* lorsqu'ils sont recouverts d'un tissu de lanières en cuir de bœuf, et *serirs* quand le siège est de roseaux. C'est aussi là qu'est nourri le cheval favori du maître, et que se font toutes les affaires : le bétail est dans la cour intérieure.

« Quant aux femmes publiques, il est peu d'hommes, comme il faut, qui n'en logent, soit dans l'enclos, soit dans quelque pièce attenante, mais au dehors de l'entrée. Ce sont la plupart des esclaves-concubines dont les maîtres, las d'elles ou prêts à se marier, les ont affranchies : mais souvent ils ne les mettent en liberté qu'après les avoir fait trafiquer de leurs charmes, afin qu'elles pussent amasser une somme suffisante pour se racheter. Dans la suite, leurs anciens maîtres tirent encore d'elles le prix du loyer ; ils participent même quelquefois à leurs profits et les protègent toujours dans les rixes qu'elles occasionnent.

« La prostitution et le soin de préparer le bouza sont les seuls moyens d'existence de ces femmes, dont quatre occupaient dans la maison où je descendis, l'une l'enceinte extérieure, les trois autres des chambres voisines. En paraissant après le souper, elles furent reçues aux acclamations de mes compagnons qui tous étaient pour elles d'anciennes connaissances. Les principaux de la société s'étendirent sur des angareygs qu'on apporta dans la cour, et les courtisanes s'apprêtèrent à leur donner ce qu'elles appellent la bienvenue. Déshabillés jusqu'aux reins, ils furent frottés d'une espèce de pommade, comme cela se pratique en d'autres pays à la sortie du bain. Ce cosmétique, composé de graisse de mouton, de savon, de musc, de bois de sandal en poudre, et de quelques autres ingrédiens, a une odeur fort agréable. Après l'opération, qui dura peut-être une demi-heure, les couples respectifs passèrent ensemble la nuit sans du tout s'embarrasser des personnes couchées autour d'eux. Pendant tout le tems de notre séjour à Berber, la maison ne désemplissait presque pas, tant les courtisanes sont achalandées ; car, comme elles préparent le bouza, les amateurs de cette liqueur, qui ne pourraient se livrer à ce goût chez eux sans être aussitôt entourés d'un grand nombre de connaissances, aiment mieux le satisfaire chez des femmes publiques où ils n'ont pas à craindre les importuns.

« On conçoit aisément l'effet produit sur le moral de ce peuple par l'habitude de l'ivrognerie et de la débauche. Son caractère offre un composé de tout ce qui dégrade la nature humaine ; mais la cupidité et la perfidie dominent sur ses autres penchans. Dès qu'il s'agit d'intérêt, le Meyrefab ne connaît plus de frein, oublie les lois divines et humaines, rompt les liens et les engagemens les plus solennels. La fourberie, le vol et l'ingratitude sont dans ce pays l'apanage de presque tous les individus, et je suis persuadé qu'il en est peu, soit parmi les indigènes, soit parmi les voyageurs venus avec moi, qui ne sacrifieraient pas la vie d'un homme pour gagner une piastre. Dans les transactions, tout point litigieux se règle d'après la loi du plus fort. Rien de ce qui est une fois sorti des mains du légitime propriétaire n'y rentre, s'il a le malheur d'être faible. L'autorité du Mek est bravée par les riches, dont l'influence rivalise avec la sienne et souvent en triomphe.

« Pendant les quinze jours que j'ai passés en Berber, j'ai entendu parler d'une demi-douzaine de querelles entre buveurs de bouza, qui toutes ont fini par des coups de sabre ou de couteau. Nul ne va sans armes dans tous les lieux où se débite cette liqueur, et les femmes qui la préparent sont souvent les premières victimes des excès qu'elle produit. Si l'état de la société peut être préjugé partout avec quelque justesse d'après les conversations, celles que j'ai entendues dans notre maison suffiraient pour donner la plus affreuse idée du caractère général des habitans. Les jeunes gens déclaraient, d'un ton de jactance, avoir commis toutes sortes d'infamies. Un de leurs tours favoris est de mettre quelque étranger en relation avec une femme peu cruelle, bientôt réclamée comme parente par un Meyrefab qui jure de venger l'outrage fait, en elle, à toute sa famille. Après des difficultés apparentes, de la part du prétendu offensé, l'affaire est arrangée au moyen de dons considérables que se partagent les entremetteurs. En 1812, un envoyé d'Ibrahim-Pacha près du roi de Sennaar fut victime d'un complot de ce genre. Séjournant à Berber au retour de sa mission, il fut présenté un soir chez une femme avec laquelle il passa la nuit. Le mek lui-même la réclama le lendemain comme parente éloignée, manda l'envoyé et lui dit avec l'accent de la fureur : « Tu as souillé mon propre sang. » Le Turc épouvanté remit au mek, avec plus de six cents piastres, tout ce qu'il avait de plus beau soit en armes soit en autres effets. Les marchands étrangers en général sont regardés, suivant l'expression arabe, comme de friands morceaux où chacun mord et dont il emporte le plus qu'il peut. Ces mêmes fourbes, en d'autres pays, représentent le leur comme habité par des hommes d'une bonté et d'une vertu supérieures, et tâchent d'y attirer des dupes en multipliant, avec une politesse affectée, les protestations de bienveillance, d'attachement et de désir d'obliger. Pour moi, j'affirme n'avoir jamais vu un aussi mauvais peuple, si ce n'est peut-être celui de Souakim. Il me parut d'abord très hospitalier. On nous adressait de différentes maisons, matin et soir, plus de pain, de viande et de lait qu'il n'en fallait pour notre consommation : mais, au bout de quelques jours, ceux qui avaient fait ces envois, vinrent solliciter des présens comme gages d'amitié. Nous comprîmes qu'on s'attendait au paiement des provisions que nous avions reçues, et nous fûmes contraints d'en donner dix fois la valeur. Nous étions même sans cesse obsédés de gens qui nous demandaient des présens. Mes compagnons, par bonheur, étaient de vieux trafiquans qui savaient bien quand un refus de leur part serait imprudent ou périlleux : ils ne donnaient pas la moindre chose hors le cas de nécessité, et je suivis leur exemple. De toutes les obligations du voyageur, celle de faire ou de refuser des présens à propos, est la plus embarrassante, non-seulement chez les Nègres, mais dans tous les pays de l'Orient que je connais.

« Ce qu'il y a de plus dur, de plus insupportable en Berber pour un voyageur, c'est l'insolence des esclaves. Etant considérés comme membres de la famille, ils se donnent de plus grands airs que leurs maîtres qui n'osent ni les punir, ni même les réprimander fortement, de crainte qu'ils ne désertent chez les Bédouins ou les Sheygias. Un des esclaves de la maison où je demeurais, et à qui j'avais déjà fait quelques présens, me déchira ma chemise parceque je ne voulais pas la lui donner; et lorsque je m'en plaignis à mon hôte, celui-ci tâcha de me tranquilliser en m'assurant que son esclave n'avait pas eu l'intention de me manquer. Les esclaves adultes sont toujours armés; ils se croient les égaux de tout Arabe, et ils se sentent uniquement humiliés par l'idée de ne pouvoir épouser une fille arabe. L'insolence des esclaves, aussi bien que du peuple en général, se manifeste dans la manière dont ils se prennent pour fumer gratis : quand ils voient un étranger ayant la pipe à la bouche, ils la lui enlèvent sans dire un mot, et refusent de la rendre avant qu'ils l'aient finie. Rien ne peut être plus désagréable à un fumeur, et tous les Orientaux le sont. J'ai souvent vu des commerçans égyptiens, qui eussent mieux aimé renoncer à leur dîner qu'à leur pipe, réduits au désespoir par l'impudence des Meyrifabs qui venaient les voir. Ils ne fument à leurs propres frais que chez eux et en cachette.

« Ali Ben Mohammed el Ghazali, dans un traité sur la physionomie, dit, en traçant le caractère des Nubiens, que, « c'est un peuple gaillard, évaporé et frivole, faux, insidieux et cupide, ignorant et vil, plein de détours et de méchanceté.

« Cette peinture est vraie en tout point, appliquée aux habitans de Berber: ils ont en effet l'humeur très gaie et plaisante; jeunes comme vieux ils badinent, rient et chantent sans cesse. Ils savent en même tems être très-polis, lorsqu'ils le jugent nécessaire. En recevant les étrangers et en leur offrant l'hospitalité, ils ont un air de bonhomie, de cordialité, de simplicité patriarchale, fait pour tromper l'homme le plus méfiant qui ne les connaîtrait pas. Leur langue abonde en phrases obligeantes, et ils ont dix manières différentes de demander comment on se porte. Après une longue absence ils s'embrassent et se secouent vivement les mains. La question la plus ordinaire qu'ils s'adressent en se saluant est *chédid ?* (êtes-vous fort?) souvent aussi ils se demandent : votre plante du pied est-elle bonne ? mais jamais je n'ai entendu chez eux le salut habituel des Musulmans : Salamoum Aleykoum. Les femmes sont saluées d'une manière très respectueuse : on leur touche le front de la main droite, et on baise ensuite la partie des doigts qui a été mise en contact avec la tête de la femme.

« Les femmes, même du premier rang, ne portent pas de voile, et l'on voit de jeunes filles sans autre vêtement qu'une ceinture en courtes lanières de cuir. La coutume de se noircir les paupières avec du *kohel*, ou antimoine, est moins générale en Berber qu'en Egypte. Les femmes des hautes classes et les courtisanes les plus élégantes portent, par-dessus leur robe, un manteau blanc, doublé en rouge, de manufacture égyptienne. Les deux sexes ont l'habitude presque journalière de s'enduire le corps de beurre frais ; ils prétendent que cela rafraîchit, prévient les maladies cutanées, et donne à la peau plus de douceur ; les hommes ajoutent qu'elle devient par ces frictions, plus coriace, plus ferme, et par conséquent moins pénétrable au couteau.

« Suivant l'usage musulman, un père, en mariant sa fille, reçoit pour elle une somme de son gendre ; elle est plus forte en Berber que dans les autres pays habités par les Arabes. Les filles du mek sont payées jusqu'à trois et quatre cents piastres qu'il garde pour leur servir de douaire en cas de veuvage. Peu d'hommes ont plus d'une femme ; mais quiconque a des moyens suffisans, entretient en outre, soit chez lui, soit au dehors, une esclave ou une maîtresse appelée compagne. Le nombre de ces femmes est plus considérable ici que dans aucune capitale de l'Europe. La plupart des marchands qui s'y arrêtent, ne fût-ce que pour peu de jours, en prennent une, et imitent ainsi un peuple qui, je le répète, semble n'exister qu'à deux fins, l'ivrognerie et la débauche. Les hommes jeûnent quelquefois toute la journée pour mieux riboter le soir dans les lieux publics, et les femmes aiment autant à boire que les hommes.

« Les Meyrifabs sont en parties pâtres, en partie cultivateurs. Après l'inondation ils ensemencent de dhourra et d'un peu d'orge tout le terrain qui avait été submergé. Ils labourent la terre avec la bêche, et ne font qu'une récolte l'année. On voit très-peu de roues à eau chez eux. Leur dhourra est de la même espèce que celui de la Haute-Egypte, mais les tiges en sont plus fortes et s'élèvent souvent à 18 ou 20 pieds. Ils ne cultivent aucune sorte de fruits et pas d'autres légumes que des ognons, des haricots, des bahmieh qu'on appelle dans ces contrées *weyke*, et des meloukhiéh, qui sont tous communs en Egypte (1). Le lotus nebek croît sauvage. Les dattes apportées du pays de Mahas, sont un objet de luxe. Il en est de même du café qui leur vient des montagnes situées dans le sud-ouest d'Abyssinie. Après la saison des pluies ils font paître leurs

---

(1) Savary, Lettres. I. 71.

troupeaux, qui sont de la meilleure espèce, dans les montagnes Bischarein, entre le Nil et la mer Rouge. Les vaches ont de petites cornes, et sur le garrot une bosse de graisse, comme celles du Sennaar et de l'Abyssinie : on ne les connaît pas en Egypte, mais elles se trouvent représentées dans les sculptures de Kalabché. Les chameaux sont excellens, et les dromadaires surpassent tous ceux que j'ai vus dans les déserts de Syrie et d'Arabie ; les chevaux proviennent de la race de Dongola, réputée une des plus belles du monde : on ne se sert que d'étalons pour la monture ; mais tous les gens aisés en ont au moins un, et dans les guerres des Meyrifabs avec leurs voisins, c'est ordinairement la cavalerie qui décide la victoire.

« Les ânes sont forts, mais moins vigoureux que ceux de l'Egypte. Les brebis, dans les contrées méridionales, n'ont point de laine, et on en fait peu de cas. »

La rive occidentale du Nil, vis-à-vis du Berber, est inculte ; mais plus haut on rencontre beaucoup d'établissemens arabes, et le pays de *Mograt* en particulier est occupé par les *Ribalats* dans une étendue de deux à trois journées.

Après avoir réglé ses affaires au Berber, la caravane, réduite aux deux tiers à peu près de son monde, se remit en route le 7 avril pour Schendy, situé à sept jours de marche au sud : plusieurs marchands étaient retournés en Egypte, d'autres restèrent en Berber pour achever la vente de leurs pacotilles, et plusieurs Ababdés y avaient leur domicile. La caravane longea la lisière du désert, sur un terrain uni, large d'environ deux milles, et bordé par le Nil. Le lendemain, 8, aux approches de *Ras-el-Wady*, place plus considérable qu'Ankheyre, mais moins bien bâtie, les marchands de Daraou, craignant que leur liaison avec notre voyageur ne leur nuisît dans l'opinion du mek Hamzé, convaincus d'ailleurs que sa société ne leur serait d'aucun profit, lui ordonnèrent d'un ton méprisant de s'éloigner d'eux et de ne plus les approcher désormais. Les valets accompagnaient cet ordre d'un cri semblable à celui qu'on fait en chassant un chien, et, frappant son âne du bout de leurs lances, ils le poussèrent dans le désert. Burckhardt ayant toujours eu soin de vivre en bonne intelligence avec leurs guides, les Ababdés, qui du moins valaient mieux que les gens de Daraou, leur demanda s'ils le laisseraient à la merci des voleurs Meyrifabs, ou l'admettraient dans leur société? Ils y consentirent, et sa situation se trouva sensiblement améliorée.

Malgré cette précaution des Daraouins, le mek retint les voyageurs du matin au soir sans leur envoyer des vivres, quoiqu'ils ne pussent pas toucher aux leurs, étant regardés comme ses hôtes. Il ne leur permit même de partir le lendemain qu'après les avoir mis fortement à contribution. Après quatre heures de marche, la caravane fit environ un mille dans le lit sablonneux et profond de la rivière *Mogrén* (et non Mogreb, comme l'écrit Bruce), alors à sec, qui forme la limite entre les territoires de Ras-el-Wady et de Damer. Les bords riants du Mogren sont occupés, dans un espace de deux journées environ au dessus de son confluent avec le Nil, par les *Bédouins Djaalein* absolument indépendans, dont les diverses tribus s'étendent jusqu'au Sennaar.

Damer, contenant environ cinq cents

maisons, est une place célèbre dans ces contrées, et Burckhardt vit avec plaisir que les Arabes de la tribu *Medja-Ydin* qui l'habitent étaient beaucoup meilleurs que les Meyrifabs de Berber.

Ils sont la plupart *fokaras*, ou hommes consacrés à la religion. Un pontife appelé *El-Faky-el-Kebir* (le grand faky), est leur chef et juge. La famille Medjdoule, revêtue de cette dignité, a la réputation de produire des magiciens, ou personnages doués de pouvoirs surnaturels, pour qui rien n'est caché, et aux enchantemens desquels rien ne résiste. Il n'est pas toutefois le seul devin qu'il y ait à Damer : d'autres fakys, moins notables, jouissent d'un crédit proportionné à leur savoir et à la régularité de leur vie. La ville entière a, sous ces deux rapports, acquis une grande réputation. Elle renferme plusieurs écoles où les jeunes gens de Darfour, Sennaar, Kordofan, et d'autres parties du Soudan, viennent acquérir des lumières suffisantes pour les mettre à même de figurer comme grands fakys dans leurs pays respectifs. Les fakys de Damer eux-mêmes vont souvent faire leurs études au Caire ou à la

Mecque. Ils vivent avec une grande ostentation de sainteté ; beaucoup d'entre eux ont de petites chapelles près de leurs maisons, et le Faky-el-Kebir se tient, comme un ermite, dans un petit édifice au milieu d'une grande place de la ville, en subsistant de ce que ses amis ou disciples lui envoient pour le déjeûner et le souper. Vers trois heures de l'après-midi il quitte sa cellule et s'assied sur un large banc de pierre qui est au dehors. Là, toute sa confrérie vient le trouver, et l'on traite d'affaires jusque long-temps après le coucher du soleil.

« J'allai moi-même une fois lui baiser la main, dit notre voyageur ; c'était un homme d'un air vénérable, tout enveloppé d'un manteau blanc. Il me demanda d'où je venais, dans quelle école j'avais appris à lire, et quels livres j'avais lus ; et il parut satisfait de mes réponses. A côté de lui était assis un chikh mogrebin, natif de Méquinez, qui lui servait de secrétaire, et sur lequel roulaient toutes les affaires publiques. On m'a dit que cet homme avait trouvé le moyen d'amasser une somme considérable. » Du reste ce petit état hiérarchique paraît être très-bien gouverné. Tous ses voisins ont beaucoup de considération pour les fakys. Les perfides Bishareins eux-mêmes sont si bien tenus en respect, qu'ils n'ont jamais molesté aucun des habitans de Damer, que le commerce conduit au-travers des montagnes à Souakin : ils redoutent surtout le pouvoir qu'on prête aux fakys de les priver de pluie, et de faire ainsi périr leurs troupeaux.

La caravane quitta Damer le 15 avril, accompagnée de deux fakys sans armes, qui devaient lui servir d'escorte jusqu'à la frontière de Schendy. La route est dangereuse et très-infestée de brigands, mais la vénération qu'inspirent partout les fakys de Damer est telle que leur seul aspect suffisait pour contenir les mal intentionnés ; ils venaient même souvent baiser aux fakys les mains, et se retiraient ensuite. La présence de ces religieux impose plus qu'une force-armée, et les caravanes du sud attendent sur la frontière septentrionale de Schendy qu'un faky arrive pour les protéger.

Le 16 la caravane campa près de *Djebaïl*,

gros village dans les montagnes de grès, qui de là se projettent au sud parallèlement avec le Nil. Le lendemain, presqu'à moitié chemin entre Djebail et Dawa, Burckhardt aperçut quelques ruines qu'il lui fut impossible d'examiner. A Dawa les montagnes commencent à courir vers l'est en laissant une plaine large d'au moins dix milles, couverte d'une riche verdure et parsemée de hameaux, parmi lesquels la caravane voyagea pendant deux ou trois heures. Les Arabes Djaalein y mènent paître leurs nombreux troupeaux de vaches, de chameaux et de brebis. Après sept heures de marche, s'ouvrit devant les voyageurs, à l'extrémité d'une région sablonneuse, la plaine *Boeydha*, moins étendue que la précédente, mais également fertile, et remarquable surtout par ses mines de sel, dont le produit forme l'objet d'un grand commerce dans cette contrée, et que les marchands du Sennaar transportent jusqu'en Abyssinie pour l'échanger contre de l'or et des esclaves. La terre, fortement imprégnée de sel dans une circonférence de plusieurs milles, est mise en tas le long de la route, ensuite bouillie dans de grandes chaudières de terre. Le sel, épuré par une seconde ébullition dans des vases plus petits, est réduit en gâteaux très-blancs, d'un pied de diamètre et de trois pouces d'épaisseur, qu'on met ensuite par douzaines dans des paniers dont quatre forment la charge d'un chameau. Ces salines appartiennent au mek de Schendy.

Schendy, que notre voyageur atteignit le 17 au bout de 9 heures de marche, est, après Sennaar et Cobbé (dans le Darfour) la plus grande ville du Soudan oriental, et plus grande, suivant l'assertion des marchands de la caravane, que les capitales du Dongola et du Kordofan. Elle est bâtie sur un terrain sablonneux, à environ une demi-heure de chemin du Nil, et contient de huit cents à mille maisons, formant plusieurs quartiers que séparent des places de marché. Le genre de construction y est le même qu'à Berber, mais il y a plus de grands édifices et moins de maisons délabrées. Le mek actuel se nomme *Nimr* (tigre). Il avait pour père un Arabe de la tribu Djalein, mais sa mère était du sang sang royal de *Wold-Adjib* qui occupe le trône de Sennaar; il paraît d'après cela

que les femmes ont droit de succession.
Le mek de Schendy est, comme celui de
Berber, un vassal du Sennaar; mais, à
l'exception d'une somme qu'il est tenu de
payer lors de son avènement, et de quelques présens qu'il fait par intervalles au
roi et au visir, il jouit d'une entière indépendance dans ses domaines. Son autorité
n'est point affaiblie, comme en Berber,
par l'influence de familles puissantes qui
n'amène jamais que des abus. Il en résulte pour le commerce une certaine sécurité qui, jointe à l'exemption de tous
droits, a rendu sa capitale très-florissante.
Les habitans des campagnes sont la plupart Bédouins des tribus Nimrab, Nayfab,
et Djaalein ; dont aucune n'est assez forte
pour lutter contre sa propre famille, et la
ville est principalement peuplée d'étrangers du Sennaar, du Kordofan, du Darfour et du Dongola : ces derniers sont les
plus nombreux et les moins considérés. Ils
occupent tout un quartier, mais on leur
reproche l'inhospitalité ; leur avarice est
devenue proverbe, et le courtage dont ils
se sont emparés presqu'exclusivement, les
a rendus plus odieux, en sorte que le nom

de Dongolawy a, parmi les Arabes de Shendy, le sens qu'on attache à celui de Juif en Europe. Le peuple cependant y est en général aussi voleur, aussi vicieux, aussi débauché et peut-être même plus ivrogne qu'à Berber.

Le sol est bien cultivé, quoiqu'assez aride près de la ville; mais au nord et au sud il y a quelques belles plaines fertiles. Outre le dhourra on y sème un peu de froment pour l'usage des riches. Les marchés sont toujours abondamment fournis d'ognons, de poivre rouge apporté du Kordofan, de pois-chiches, etc. Pendant l'inondation on sème aussi quelques melons d'eau et concombres, mais uniquement pour le harem du mek. Le bétail est très-beau, et suivant l'assertion des habitans, sa qualité s'améliore à mesure qu'on remonte la rivière. Les chevaux sont plus nombreux qu'en Berber, mais les Schendyens sont assez médiocres cavaliers. Les animaux domestiques sont les mêmes qu'en Egypte. On voit des éléphans premièrement à A-bou-Herazé, deux ou trois journées de Sennaar, au-delà d'une chaîne de montagnes large de six à huit heures, qui touche la rivière et qu'ils n'ont jamais franchie. Des tigres (sans doute onces ou panthères) se rencontrent fréquemment dans les Wadis à l'est de Schendy. La giraffe (en arabe *zérapha*, l'élégante) se trouve dans les montagnes de Dender, canton situé du côté de l'Atbara et six à huit journées au sud-est de Schendy : les Arabes Schoukorein et Kowahel lui font la chasse, principalement pour en avoir la peau qui sert à faire les plus forts boucliers. Burckhardt a vu souvent apporter au marché des chèvres de montagnes de la plus grande taille et à longues cornes recourbées vers le milieu du dos : on les appelle *aréal*, nom donné en Syrie au daim rouge. Elles sont prises, par les Bédouins Djaalein, dans des lacets, de même que les autruches qui sont aussi très-communes dans ce voisinage.

Les moyens ordinaires d'échange sont le dhourra et le *dammour*, toile de coton fabriquée au Sennaar ; mais les chameaux et les esclaves s'achètent communément avec des piastres d'Espagne dont celles qui portent le nom de Charles IIII ont le plus de valeur, parce qu'il y a quatre lignes perpendiculaires; celles de Charles III perdent un sixième, et les piastres frappées sous les Ferdinands perdent un tiers. L'or ne passe que comme marchandise. Le grand marché se tient, tous les vendredis et samedis, sur une vaste place découverte entre les deux principaux quartiers de la ville; l'affluence du monde, de trois à quatre journées de distance, y est prodigieuse. Outre divers objets de premier besoin et d'utilité, les denrées et les drogues, on y voit exposés en vente quatre à cinq cents chameaux, autant de vaches, une centaine d'ânes et vingt à trente chevaux. Plusieurs produits de l'industrie européenne y sont apportés par la caravane du Sennaar, forte de trois à quatre cents hommes, qui part une fois l'année de la Haute-Egypte et revient l'année suivante. Elle s'arrête à Berber, Damer, Schendy, et est souvent deux à trois mois en route depuis Daraou jusques à Sennaar. Mais toutes les six ou huit semaines une caravane arrive de Sennaar à Schendy.

Les marchands d'Egypte, de Souakim, du Sennaar et du Kordofan forment, au marché, des bandes séparées, au milieu desquelles est un grand cercle d'esclaves mis en vente : les esclaves du Sennaar sont ou Nubiens ou Abyssiniens : ces derniers consistent principalement en femmes de la nation des Galas, et d'un petit nombre d'Amaaras qui restent presque toutes dans le pays, et sont très-estimées à cause de leur beauté et de leur vif attachement au maître qui a su les captiver. On recherche encore, comme bonnes cuisinières ou domestiques, celles qui ont passé leur apprentissage dans les maisons du Dongola. On fait en général beaucoup attention à l'origine des esclaves, une longue expérience ayant appris qu'il y a peu de différence dans le caractère parmi les individus de la même nation. Les Abyssiniens du nord, appelés Kostanis, passent pour faux et méchans. Parmi les Nègres, ceux de Benda sont les plus estimés, et immédiatement après eux, ceux qu'on importe au Darfour de Borgho, contrée mahométane dont les habitans enlèvent leurs voisins payens. Les esclaves de Fertit ont le moins de valeur à cause de leur caractère vindicatif et féroce. Le nombre des esclaves qui se vendent actuellement au marché de Schendy est évalué par Burckhardt à cinq mille, dont deux mille cinq cents pour l'Arabie, mille cinq cents pour l'Egypte, mille pour Dongola et les Bédouins du voisinage. Ils ont la plupart moins de quinze ans.

La traite de ces contrées ne paraît pas s'étendre au-delà de Dar-Saley, ou peut-être de Baghermé, à l'ouest et au nord-ouest de Darfour. Quoique des pays beaucoup plus éloignés entretiennent des relations avec le Darfour pour recevoir les denrées d'Arabie et d'Egypte, ils restent néanmoins inaccessibles aux entreprises commerciales, et ce serait en vain qu'un marchand, ayant avec lui des biens de quelque valeur, tenterait de se frayer un chemin à travers les tribus hostiles d'Arabes et de Bédouins qui peuplent le Bahr-el-Ghazal, et les nations idolâtres, établies entre Baghermé et Afnou : les marchands de tous ces pays se rencontrent dans l'occasion, et font leurs échanges sur les dernières limites de leur commerce respectif. Au-delà de Bahr-el-Ghazel, vers les frontières de Bornou, commence le commerce du Fezzan, ou de Zeila comme on l'appelle souvent, qui s'étend bien avant dans l'ouest à travers le Soudan. Malgré toutes les informations qu'il a prises à cet égard, (et ces sortes de questions peuvent se faire sans exciter des soupçons chez les marchands nègres), notre voyageur n'a jamais trouvé le moindre indice d'une communication régulière, par caravanes, entre le Soudan de l'est et le Soudan de l'ouest ; il n'a jamais vu non plus aucun marchand qui fût venu d'un pays situé au-delà de Baghermé. Ceux qui veulent faire des affaires dans cette direction, vont joindre à Bornou la caravane du Fezzan. Le peu de Bornouans qui arrivent au Darfour par la route directe à travers Baghermé, sont des pèlerins qui vivent d'aumônes; mais les esclaves du Bornou, que l'on reconnaît aisément à leur peau tatouée, ne sont amenés en Egypte que par la route du Fezzan. Ainsi, quoi qu'on en dise, il résulte de cette absence de toute relation commerciale entre l'Afrique occidentale et orientale, qu'il dépend des Européens d'abolir la traite dans la partie de l'ouest où ils l'ont eux-mêmes introduite.

De Schendy, deux routes étaient ouvertes à notre voyageur ; il pouvait aller à Sennaar, et de là se rendre à Gondar et à Massouah en Abyssinie : mais outre qu'alors il aurait simplement suivi les traces de Poncet et de Bruce, il réfléchit encore que l'Abyssinie, très-accessible du côté de la mer, ne tardera pas à être complètement explorée. Il résolut donc de mettre à profit le dur apprentissage qu'il venait de faire, en pénétrant de Schendy à la mer Rouge par Taka, pour enrichir la géographie de la connaissance d'une portion entièrement inconnue de l'Ethiopie. Il lui importait d'ailleurs d'être à la Mecque vers l'époque du pèlerinage pour acquérir le titre de Hadjï, qui pouvait lui servir de protection puissante au voyage dans l'intérieur de l'Afrique pour lequel il avait été engagé.

Burckhardt partit de Schendy le 17 mai avec la caravane de Souakim, au milieu des outrages de ses compagnons de Daraou, furieux de le voir se soustraire inopinément à leur méchanceté, mais protégé par ses fidèles Ababdehs qui l'accompagnèrent à quelque distance. La caravane était composée d'au moins deux cents chameaux chargés, de vingt à trente dromadaires portant les plus riches d'entre les marchands ou leurs concubines, d'environ cent cinquante commerçans, de trois cents esclaves et d'une trentaine de chevaux destinés pour le Yemen, et que des esclaves conduisaient à la main. Les marchandises consistaient principalement en tabac et en dammour que les trafiquans de Souakim avaient été chercher eux-mêmes à Sennaar. Il n'y avait d'étrangers qu'un parti de cinq *Tekrayrnes*, ou trafiquans noirs, qui avaient dix chameaux et environ trente esclaves. Burckhardt, en sa qualité d'étranger, se joignait à eux pour les connaître, et gagna même leur affection jusqu'à un certain degré. » Ils me rendirent, dit-il, plusieurs petits services dont on n'a jamais plus besoin que lorsqu'on voyage en caravane, et je ne négligeai aucune occasion de les leur rendre, en sorte que nous fûmes toujours assez bien ensemble, sans toutefois vivre sur un pied amical; car, même parmi les Nègres, personne n'aime à se lier intimement avec un homme pauvre. »

Burckhardt obtint de ses nouveaux compagnons de voyage divers renseignemens sur l'intérieur de l'Afrique dont il espérait un jour faire son profit. Ces Tekrayrnes, qu'on rencontre fréquemment dans tout l'orient, et dont B. avait déjà questionné plusieurs dans la Haute-Egypte, arrivent la plupart du Darfour; quelques-uns viennent du Bornou et du pays de Wady el Ghazal, entre le Bornou et le Darfour, d'autres de Baghermé et de Borgho; mais B. n'en a jamais rencontré un seul de Wangara ou d'une contrée plus occidentale. Du Darfour ils se rendent au Kordofan et au Sennaar, et longent ensuite le Nil à travers le Dongola et la Nubie jusqu'en Egypte: ceux qui peuvent se procurer des chameaux et des provisions suffisantes, traversent le désert pour gagner immédiatement Souakim: les autres vivent d'aumônes et de la vente d'amulettes. Une route de pèlerins, plus fréquentée, conduit du Sennaar par l'Abyssinie à Massuah. Leur nom, au singulier *Tekroury*, dérive d'un verbe qui signifie renouveler, corriger, purifier, et Burckhardt croit, avec beaucoup de probabilité, que c'est ce nom qui a fait placer aux géographes arabes un pays appelé *Tekrour* entre Tombuctou et Kassina ; car aucun de ces voyageurs ne connaissait un pays semblable.

Le 22 mai, sur les rives ombragées de l'*Atbara* ou Astaboras, les oreilles de notre voyageur furent pour la première fois frappées de quelques sons mélodieux d'oiseaux ; tant il est vrai que les oiseaux d'Afrique ne brillent communément que par leur plumage. Les bords de cette rivière sont embellis d'une plus riche végétation que ceux même du Nil en Egypte. Une verdure épaisse couvre le sol ; des nébecs, des doum (palmiers à éventail) et des dattiers élevés offraient leurs fruits, et les chameaux eurent de la peine à passer sous les branches des mimeuses et d'un grand nombre d'autres arbres que B. ne connaissait pas. En apercevant ce site au sortir du désert, les marchands d'esclaves eux-mêmes se sentirent pénétrés de joie, et l'un d'eux s'écria dans son ravissement : « Après la mort vient le paradis ! » Après avoir franchi la rivière, ils atteignirent en une demi-heure le village, ou plutôt le camp du même nom, consistant en plusieurs lignes irrégulières de tentes faites avec des nattes de doums : il peut contenir environ deux cents familles d'Arabes de la tribu *Hammadab* dont le chef y réside. Ces Hammadabs, (qu'il ne faut pas confondre avec les Hameydabs, tribu d'Abadehs) sont une des plus fortes tribus bischaryennes : c'est une race d'hommes aussi brave que belle, mais livrée à tous les vices qu'entraîne une liberté sauvage. Quoique mahométans, ils sont irréligieux, traîtres, vindicatifs, cruels, avides et les plus inhospitaliers de tous les Bédouins. L'ivrognerie, les querelles qui s'ensuivent, les vols de bestiaux et de tout ce qui tombe sous leurs mains, les excursions pour piller les caravanes, les meurtres et les massacres comptent parmi leurs occupations ; toutefois, à l'instar d'autres brigands, ils observent entre eux certaines règles de justice ou de convenance, et parlent un idiome particulier. Ils ne sont pas jaloux de leurs femmes à la manière des Orientaux. Ils les verraient tranquillement embrasser un étranger, mais la mort serait la peine inévitable de celle qui se rendrait coupable d'adultère. Les femmes et les jeunes filles jouaient librement avec les étrangers : leur coquetterie paraissait annoncer les dispositions les plus voluptueuses ; leurs beaux yeux brillaient de gaîté ; leur bouche, en souriant, découvrait des dents superbes ; tout semblait inviter nos voyageurs à passer le bras autour de leur taille svelte et élégante : mais toutes ces agaceries n'avaient pour but que de mieux vendre leur lait et leur dhourra.

La caravane se divisa en deux parties ; l'une prit la route directe de Souakim par le puits de Gangherab, l'autre résolut de visiter la fertile vallée de *Taka*. Burckhardt suivit, avec cette dernière, le cours de l'Atbara qui coulait lentement dans un lit large de quatre à cinq cents pas, à l'ombre des doums, des okhours et d'autres arbres. La réception qu'on lui fit à Om-Daoud, village peuplé de Bischariens Beni-Kerb, convaincra les Européens fiers de posséder des agrémens extérieurs et tout ce qui parmi eux constitue la beauté, que ce n'est qu'une idée relative. « Ici, comme en beaucoup d'occasions, dit notre voyageur, mon aspect excita un cri général d'horreur, surtout parmi les femmes qui furent trèsétonnées de voir un blanc s'approcher de leurs cabanes pour demander un peu d'eau et de miel. Les peuples noirs, en général, sont persuadés que la blancheur de la peau est l'effet d'une maladie et un symptôme de faiblesse, et il n'y a pas le moindre doute que ces femmes ne m'aient regardé que comme un rebut de la nature. A Schendy on était plus accoutumé à voir, sinon des Européens, au moins des Arabes d'un teint brun-clair, et, comme le mien était très-hâlé par le soleil, j'y avais excité peu de surprise. Néanmoins les jours de marché j'entendais quelquefois crier autour de moi : « Dieu nous préserve du diable! » Un jour une fille de campagne à qui j'avais acheté des ognons, m'y dit qu'elle m'en donnerait davantage si je voulais me décoiffer et lui montrer ma tête. J'en exigeai huit qu'elle me compta sur le champ ; mais lorsqu'elle vit ma tête rasée, elle recula d'effroi, et, sur ce que je lui demandai en riant, si elle ne voudrait pas d'un mari qui eût une tête semblable, elle exprima le plus grand dégoût, et jura qu'elle préfèrerait le plus laid des esclaves amenés du Darfour. »

Près de Goz-Radjeb, Burckhardt aperçut, à une demi-heure de distance, un grand édifice que ses compagnons de voyage lui dirent être un *kenise*, c'est-à-dire une église ou un temple ; car le mot signifie l'un et l'autre. Il courait le visiter pendant une halte ; mais un cri unanime le rappelait : « Tout est plein de brigands dans ces environs! Tu ne peux faire cent pas sans être attaqué. » Il fallut retenir sa curiosité. Les murs de ce kenise, bâti sans doute en granit qui est très-commun dans les environs, paraissaient avoir trente à quarante pieds de haut. Est-ce un temple égyptien? ou n'est-ce pas plutôt un monument de l'empire d'Axum ? C'est ce qu'un voyageur placé dans des circonstances plus heureuses, décidera un jour.

La plaine de *Taka*, située au milieu des montagnes, a trois grandes journées de marche en long sur une de largeur. Régulièrement inondée par la crue d'une foule de petites rivières à la fin du mois de juin ou au commencement de juillet, elle doit au limon que les eaux laissent une fertilité étonnante : on en vante surtout et exporte au loin le dhourra. Ses habitans sont d'abord, en venant du nord, les Bischariens *Hadendoa*, aussi féroces, aussi pervers que ceux du bord de l'Atbara. Ils se font rarement scrupule de tuer un compagnon de voyage pour s'emparer de ses effets, quand ils croient pouvoir commettre ce crime impunément : mais une revanche terrible est prise par la famille du défunt, si elle vient à en connaître l'auteur. D'ordinaire les hommes passent le temps à fumer du tabac et à s'enivrer de bouza ; les travaux sont abandonnés aux femmes et aux enfans. Les Hadendou ont des villages sur les confins du désert et du sol labourable, qu'ils habitent pendant la saison pluvieuse; ils en possèdent d'autres dans le pays bas, placés sur des élévations qui forment comme des îles. Quoiqu'il y ait parmi eux des hadjis et des fakihs, ils observent mal les préceptes de l'Islam ; au grand scandale des pieux pèlerins nègres, ils mangent le sang des animaux coagulé sur le feu, le foie et les rognons tout cruds. Cependant le lait de chameau et le dhourra sont leur principale nourriture.

Les *Melikinab* et les *Segollo* viennent après eux, en allant au sud-est ; ces tribus sont moins fortes. Enfin, à l'extrémité méridionale du pays demeurent les *Hallenga* que l'on croit originaires de l'Abyssinie. Une coutume horrible accompagne chez eux la vengeance du sang. Lorsque les parens ont saisi le meurtrier, on annonce une fête de famille au milieu de laquelle il est apporté, lié sur un angareyg ; et, tandis qu'on lui coupe lentement la gorge avec un rasoir, son sang est recueilli dans une jatte, et passe de main en main à chacun des convives, qui tous sont tenus d'en boire jusqu'au moment où la victime rend le dernier soupir.

La contrée de Taka paraît nourrir beaucoup d'animaux sauvages. Le lion, d'après les assurances des habitans, y atteint la grosseur d'une vache. Ils parlaient aussi de tigres qui ne peuvent être que des léopards ou des panthères. Les loups, les gazelles et les lièvres y abondent ; les giraffes sont nombreuses sur les monts Négieb, et dans le désert voisin de Goz-Radjeb les voyageurs avaient donné la chasse à un animal nommé *homar-el-ouache*, (âne du désert.) Il s'y trouve aussi, selon les Bédouius, des serpens qui dévorent un mouton tout entier.

La chaîne de montagnes qui sépare le bassin du Nil de la mer Rouge, dont quelques parties portent les noms de Langay, de Deyaab, de Gangerab, est composée de calcaire primitif; on n'y voit ni pétrifications ni granit gris. Elle divise les saisons et les climats : au sud et à l'ouest on ne connaît pas la rosée ; au nord et à l'est elle tombe en abondance, les vallées et les ravins, ornés de buissons et d'arbres y rappellent le mont Liban. En descendant vers Souakim, la montagne n'offre plus qu'un plateau imprégné de sel ; l'air même est rempli d'exhalaisons salines, et les arbres en sont noircis.

La caravane arriva le 26 mai à *Souakim*, place située sur la mer Rouge, en face de Djidda, port de la Mecque. La ville proprement dite est bâtie dans une île au fond d'une baie longue de douze milles et large de deux; le faubourg El-Gheyf, est situé sur le continent. Le nombre des maisons à Souakim, est d'environ six cents, et la population un mélange de Turcs, d'Arabes, de Nègres et d'Indiens, soumis à l'autorité d'un mufti, d'un cadi et d'un aga, ou receveur des droits d'entrée, nommé par le pacha de Djidda. Les habitans d'El-Ghey en particulier sont Bédouins, originaires de Schahher dans le Hadramaout, qui s'enorgueillissent encore du nom d'Hadherame, ou, suivant leur prononciation, Hadherebe, et mélangés avec des Hadendoa et d'autres tribus africaines : ils parlent un dialecte du Bischarien, et sont administrés par un émir de leur choix, mais confirmé par le pacha.

A tous les vices et à la corruption des peuples de l'intérieur, celui de Souakim joint un degré supérieur de barbarie, et leur conduite envers Burckhardt n'a point démenti la réputation de perversité qu'ils ont parmi leurs voisins. « Vous aurez beau soulager leur soif, disent les Arabes, avec l'eau sacrée de Zemzem, ils ne vous laisseront pas moins manquer d'eau quand même leurs puits seraient pleins. » L'émir d'El-Ghey perçoit une contribution sur chaque caravane qui arrive. » Or, mon chameau, poursuit notre voyageur, avait un tel renom de force et d'agilité, que l'émir el Hadherebe désira se l'approprier, en me disant que tous ceux qui étaient amenés du Soudan à Souakim lui appartenaient de droit. Persuadé qu'une telle loi n'existait pas, je repoussai la prétention de l'émir, et je proposai de soumettre l'affaire à l'officier de la douane turque. Je me trouvais dans un lieu où je croyais pouvoir me servir utilement des passeports d'Ibrahim-Pacha et de Mahamed Ali, son père et mon protecteur, qui avait alors un corps de troupes sur la côte d'Arabie opposée à Souakim. Cependant, comme je n'étais pas sûr que l'émir et ses Bédouins respectassent beaucoup l'autorité du pacha d'Egypte, je ne dis rien de mes firmans et je demandai seulement à être conduit devant l'aga, déclarant que s'il l'ordonnait, je ne ferais plus aucune difficulté à lui livrer mon chameau. L'émir crut pouvoir concerter avec l'aga les moyens de dépouiller un voyageur inconnu, pauvre et sans défense; il alla le prévenir de mon arrivée, et me conduisit bientôt après en sa présence. Quand nous entrâmes, l'aga était assis, écoutant quelques matelots. Tandis que je lui fesais une profonde révérence, il m'adressa, en turc, des expressions dont on ne se sert que pour parler à un esclave. Comme je ne lui répondais pas dans la même langue, il s'écria en arabe : « Voyez ce vaurien ! il vient d'auprès de ses frères les Mamelucs, et fait semblant de ne pas savoir un mot de turc. » Je dis froidement à l'aga que mon intention, en osant l'approcher, était d'apprendre, de sa propre bouche, si l'émir avait droit à mon chameau ? « Non seulement ton chameau, répliqua-t-il, mais tout ton bagage doit être saisi, et nous rendrons bon compte de toi au pacha ; car tu ne dois pas prétendre nous en imposer, garnement que tu es ! et tiens toi trop heureux si nous te laissons la tête sur les épaules. » Je l'assurai que je n'étais qu'un simple marchand, et le suppliai de ne point aggraver les souffrances que j'avais déjà éprouvées. Dans le fait, je désirais, pour bonnes raisons, de parvenir à l'apaiser sans employer mes firmans ; mais il m'en montra l'impossibilité. Prononçant contre moi, en turc, mille juremens et malédictions, il appela un vieil invalide qu'il qualifia de *valy*, ou officier de police, et lui ordonna de me garotter et de lui amener mon esclave avec tout mon bagage. Alors enfin je produisis mes firmans cachés dans une poche secrète de mon thabout. L'un était écrit en turc, sur un papier long de deux pieds et demi, large d'un pied, et scellé du grand sceau de Mohammed Aly ; l'autre, d'un moindre format et rédigé en arabe, portait le sceau d'Ibrahim Pacha qui m'appelait « son bien aimé Ibrahim le Syrien. »

« Lorsque l'aga vit les firmans déployés, il resta stupéfait, et les personnes qui l'entouraient me regardèrent avec étonnement ; il les baisa tous deux, les porta à son front et me protesta, dans les termes les plus humbles, que le seul bien du service public l'avait porté à me traiter avec une rigueur dont il me demandait mille pardons : il ne fut plus question du droit de l'émir sur mon chameau ; on me dispensa même de la taxe que je devais pour mon esclave. Devenu de plus en plus souple et obséquieux, l'aga m'offrit lui-même, en présent, une jeune esclave ainsi qu'un habillement tout neuf ; je refusai l'un et l'autre, mais je fus bien aise de me rendre chez lui régulièrement dans la suite pour partager un bon dîner dont j'avais grand besoin, et pour fumer dans sa belle pipe de Perse.

« Les gens de la ville rirent de voir son orgueil humilié par des attentions qu'il croyait devoir montrer à un pauvre homme de ma sorte. La considération que les firmans m'avaient value, décida même les principaux habitans à me charger secrètement d'une commission auprès du pacha d'Egypte, et à dresser une pétition dans laquelle ils demandaient le changement de l'aga, en peignant sous les couleurs les plus sombres ses vices, honte du nom turc et objet du mépris des Arabes. On y donnait au pacha, parmi d'autres titres, ceux-ci : « Lion de la terre et éléphant de la mer. »

Le commerce de Souakim consiste principalement dans l'exportation d'esclaves et d'autres productions de l'Afrique, et dans l'introduction d'étoffes et de denrées de l'Inde. Les bâtimens qui font la navigation entre cette place et les ports d'Arabie sont montés par des Bédouins, assez adroits à la manœuvre, mais surtout par des *Somanlis*, ou habitans de la côte entre le détroit de Bab-el-Mandeb et le cap Guardafui. Les patrons, dénués de toute connaissance de l'art nautique, ne vont pour ainsi dire qu'à tâtons ; ils s'arrêtent à la moindre apparence de danger. Les marins dans ces parages ont un aussi profond respect que les anciens Grecs pour les dauphins. Ils ne permettent pas aux passagers de troubler ces animaux.

Burckhardt s'embarqua le 7 juillet sur un vaisseau du pays : c'était un bateau non ponté, de trente à quarante pieds de long, avec une seule voile. La navigation lente et ennuyeuse au milieu des récifs de corail, le long de la côte de Nubie, fournit à cet intelligent observateur une occasion de recueillir quelques notions géographiques, intéressantes sur la contrée et les peuples qui l'habitent. Les *Amarer*, tribu bischarienne, occupent la côte depuis Souakim jusqu'à *Mekouar*, promontoire avec une île du même nom. La plage, couverte de coquillages vivans et pétrifiés, manque de sources ; les indigènes et leurs nombreux troupeaux de chameaux, de moutons et de chèvres, boivent les eaux saumâtres de la côte sans inconvénient ; mais on trouve dans les montagnes des bassins où l'eau de pluie se rassemble. Les Amarer vendent du lait de chameau aux navigateurs de la manière suivante : ils en traient une quantité suffisante pour remplir des vases de jonc d'une dimension égale ; le voyageur place ensuite, à côté de chaque vase, autant de tabac ou de dammour qui lui paraît former l'équivalent du lait ; mais, dit B., jusqu'à ce que le Bischary eût obtenu le prix qu'il désirait, il nous criait sèchement : *Kak!* (va-t-en). Il n'y avait pas à marchander : il nous répétait sans cesse son impitoyable *kak!* Les habitans de l'île Mekouar vivent de poissons, d'œufs et de coquillages ; ils ont une trentaine de brebis et de chèvres ; mais leur îlot, ou, pour mieux dire, leur rocher, est dépourvu d'eau douce.

Burkhardt apprit qu'à une journée de navigation arabe, c'est-à-dire à vingt ou vingt-cinq milles au nord de Mekouar, on trouve une large baie, nommée *Mersa Dongola* (havre de Dongola), avec une île à son ouverture. Il y existe, au dire des marins de Souakim, un riche banc de perles à peu de profondeur ; mais la crainte d'être attaqués par les Bischariens, ou d'être dépouillés par le pacha de Djidda, empêche les marins arabes de se livrer à cette pêche. A quatre journées plus loin, se trouve le port d'*Olba*, qui est, en quelque sorte, le chef-lieu des Bischariens proprement dits. Leurs principaux cheiks résident dans les fertiles vallées de la montagne voisine. Il s'y fait quelque commerce, mais on n'y va qu'avec crainte, à cause du caractère féroce des habitans.

Burckhardt n'a pu exécuter le voyage dans l'intérieur de l'Afrique, auquel il se préparait. Il est mort, au Caire, d'une maladie de langueur dont il avait apporté le germe de l'Arabie. C'est une grande perte.

En 1814, le capitaine *Light* suivit les traces de M. Legh. Quoique il n'ait pas remonté le Nil plus haut que son devancier, il paraît avoir apporté plus d'attention dans l'examen des restes d'antiquité. A Gartaas, il a trouvé des ruines d'architecture disséminées sur un espace de deux milles. Elles consistaient principalement en masses de maçonnerie, avec des hiéroglyphes et des statues grossièrement sculptés. Un temple toutefois présentait six colonnes d'un beau fini surmontées de chapiteaux en forme de lotus épanoui, avec des têtes d'Isis. Quelques huttes, éparses au milieu de ces ruines, offrent un abri précaire aux misérables habitans. A Galabchy il rencontra un *chellaal*, ou rapide, formé par un vaste amphithéâtre de rochers qui cependant n'interceptent pas le cours du fleuve. On y trouve aussi un temple considérable, très-délabré; des fûts de colonnes, des chapiteaux et d'immenses blocs de pierre encombrent le propylée et les pièces intérieures ; des peintures tirées de l'écriture sainte sont visibles sur les murs du portique. A Garsery et à Dakkey se trouvent des restes très-bien exécutés d'ancienne architecture. A Dehr, que ce voyageur écrit Deir, il vit quelques excavations remarquables, avec des hiéroglyphes sculptés sur le roc, qui, lui dit-on, se suivent tout le long de la route jusqu'au Dongola. A Ouffedauny et à Tayfa, le capitaine Light découvrit des restes d'églises chrétiennes de forme primitive. En général, les nombreux monumens de cette religion excitèrent sa surprise ; presque chaque temple était plus ou moins orné de peintures représentant des sujets de l'histoire sainte, et ces vestiges se multipliaient à mesure qu'il avançait vers le sud. Il devait s'y attendre, puisque, suivant le témoignage unanime des auteurs arabes, le christianisme avait été florissant en Nubie jusqu'aux douzième et treizième siècles, et long-temps après que la doctrine de Mahomet se fut établie en Egypte (1).

Le capitaine Light trouva le cacheff de Nubie à Ouffeddauny, où il était venu voir deux de ses trente femmes. Il reçut notre voyageur sur un tapis à l'ombre d'un palmier, entouré de quelques valets sales et à demi-nus. Du reste il eut l'air aimable, et au lieu de montrer cette avidité de présens qui est habituelle aux princes africains, il parut même étonné d'en recevoir. Son jeune fils fit les honneurs de la maison à Deir, long village de huttes en terre, écartées les unes des autres, mais bien peuplé. Ibrim, le point le plus élevé que M. Light atteignit, n'est qu'un château qui peut être regardé comme fort contre des Ara-

---

(1) Edrisi, ed. Hartmann, p. 72. Notices des Manuscrits du Roi, II. 38 et 396.

bes, mais qu'une seule batterie démolirait à l'instant : il est dominé par les montagnes du voisinage.

« Les habitans des rives du Nil, entre Philæ et Ibrim, dit M. Light, se distinguent à plusieurs égards des nations que j'avais observées plus au nord. Ils sont désignés, par les Egyptiens, sous le nom de *Ghoulis*, ce qui, en arabe, signifie gens du sud : mes bateliers de Boulac appliquaient ce nom à tous les Nubiens en général ; cependant ils appelaient Berbers ou Beraberas ceux qui demeurent le long des cataractes. Ils ont le teint noir ; mais la gradation successive des couleurs, depuis le blanc jusqu'à la teinte la plus foncée qu'on rencontre sur la route, empêche le voyageur d'en être frappé. Leur conformation se rapproche de celle des Nègres : lèvres épaisses, nez et tête un peu plats, taille courte, jambes grêles, cuisses arquées, cheveux crépus mais non laineux. On trouve parmi eux des hommes d'un teint plus clair, qui descendent probablement de pères arabes, ou des soldats de Selim II, laissés en garnison après la conquête du pays par les Turcs. Du côté de

Galabschy le peuple paraît tenir plus encore de la race nègre qu'ailleurs : des lèvres plus grossses, la chevelure plus touffue et l'humeur plus farouche.

« L'idiome nubien diffère de l'arabe. Cette dernière langue, apprise dans les livres et de la bouche d'un maître, ne m'avait pas été d'un grand usage en Egypte; mais ici, même le dialecte vulgaire du Nil Inférieur n'a pu me servir seulement pour les relations ordinaires de la vie, excepté dans le canton entre Dakkey et Deir, où le nubien se perd et l'arabe recommence à prédominer. Cette particularité, jointe au teint plus clair des habitans, porte à croire qu'ils sont d'origine arabe. Les Ghoulis, par leur prononciation, m'ont rappelé ce que j'avais lu du gloussement des Hottentots : l'idiome paraît se composer d'une suite de monosyllabes, nuancées par des intonations alternativement hautes et basses qui ne sont point désagréables.

« J'ai remarqué parmi eux peu d'indices de gouvernement, de lois et de religion. Ils ne reconnaissent pas de maître, quoique le *kachief*, ou receveur de Deir, s'arroge une espèce de commandement qui se borne toutefois à l'envoi de ses soldats pour percevoir la taxe appelée *miri*. Le pacha d'Egypte était qualifié de souverain depuis le Caire jusqu'à Assouan, mais à Philæ et au-delà c'était le sultan régnant que l'on considérait comme souverain, quoiqu'il fût évident que l'on craignait davantage le pouvoir direct du kachief.

« Pour redresser les offenses qu'ils éprouvent, ils ont recours au droit de talion, dont l'exercice se transmet de génération en génération jusqu'à ce que le sang ait coulé. C'est par suite de cet usage qu'ils sont obligés d'être toujours sur leurs gardes et de se tenir armés, même pendant leurs occupations journalières ; les petits garçons eux-mêmes portent des armes. Ils professent l'islamisme, mais on ne les voit guères obéir aux pratiques de cette religion. Un jour que je tâchais de faire comprendre à l'un d'eux l'avantage qu'il y aurait à se conformer aux doux préceptes de la justice, au lieu de poursuivre l'offenseur jusqu'à la mort, ils me citèrent toutefois le koran pour établir qu'il fallait du sang pour du sang.

« L'habillement des hommes consiste

en une chemise de toile, ordinairement brune, avec une culotte rouge ou de couleur foncée; peu d'entr'eux ont le turban ou des pantoufles. Les femmes se vêtissent d'une espèce de robe brune, jetée avec grâce par-dessus la tête et le corps ; le bras droit et la poitrine, ainsi qu'une partie de la cuisse et de la jambe restent à découvert. Elles sont grandes et bien faites, mais très-laides de figure. Elles ont le cou, les bras et les pieds ornés de rassades ou d'os ; un anneau d'os ou de métal est en outre suspendu à l'une de leurs narines. Leurs cheveux sont oints avec l'huile du cassier dont chaque village a une plantation, et mêlés ou noués en tresses, comme on le voit aux têtes des sphinx et des statues antiques de cette contrée. J'en ai vu une de ce genre à Eléphantine, qui semblerait leur avoir servi de modèle. Les petits enfans vont nus ; les filles adultes mettent autour de leurs hanches un tablier de courroies de cuir brut, et les garçons une ceinture de toile.

« Les armes ordiniares des Nubiens que j'ai vus, sont des couteaux ou poignards fixés derrière le coude ou dans la ceinture ; des javelines, des haches ou tomahawks, des épées à la romaine, mais plus longues et suspendues au dos. On ne rencontre chez eux que peu de pistolets et de fusils : la poudre à tirer, de fabrique européenne, est le présent le plus agréable que l'on puisse faire à leurs chefs.

« Ils commercent, entr'eux et avec les étrangers, plus par voie d'échange qu'avec de l'argent dont j'appris que l'usage n'était que récemment devenu général chez eux, et parmi les objets d'échange ils préfèrent le bled à tous les autres. Les monnaies courantes sont le para, qu'ils nomment *feddah* : il en faut quarante pour une piastre turque nommée *goursche* par eux comme par les Égyptiens ; le *macbouk* fait trois de ces piastres ; enfin la piastre espagnole qu'ils appellent *réal* ou *françowy* vaut neuf et demi de leurs piastres.

« En revenant de visiter les ruines de l'ancienne capitale de Nubie, je rencontrai, poursuit M. Light, un vieillard vénérable, l'aga du village, qui me pria, à la manière des patriarches, « de m'arrêter « jusqu'à ce que le soleil fût couché ; de « mettre pied à terre, de me rafraîchir, et

» de partager la nourriture qu'il allait pré-
» parer pour l'étranger. »

« J'acceptai avec plaisir son invitation Une natte propre fut étendue pour moi à l'ombre du mur de sa maison, et l'on me servit d'abord un gâteau de froment, rompu en petits morceaux qui nageaient dans de l'eau édulcorée avec du jus de dattes; puis une caillebotte avec du beurre fondu et des dattes confites ; enfin une jatte de lait.

« M'étant restauré, j'entrai dans la maison de l'aga, qui, comme toutes les autres, était en terre. Je fus conduit dans une pièce séparée du reste de la maison par une cour, et couverte d'un toit en branches de palmier : c'était la salle de son divan. On m'y apporta ma natte et mon coussin, et les indigènes s'assemblèrent en foule autour de moi pour m'adresser leurs questions ordinaires, savoir, si je venais chercher de l'argent? si c'étaient des Chrétiens ou des Musulmans, des Anglais ou des Français qui avaient bâti les temples? Ils se montrèrent émerveillés de mon crayon, et ils ne pouvaient comprendre l'usage d'une fourchette de poche que je leur montrai : ils n'avaient aucun mot pour les désigner.

» L'Aga, ayant préparé un dîner pour moi, invita plusieurs naturels à s'asseoir. Un domestique apporta de l'eau, dans une outre, pour nous laver les mains. Deux volailles rôties furent servies, sur des gâteaux de froment, dans une jatte de bois recouverte d'une petite natte, et dans une autre jatte on apporta un certain nombre de gâteaux semblables, au milieu desquels il y avait du beurre fondu et des dattes sèches. Une partie de la société rompit ces derniers, et les retourna dans le beurre, tandis que d'autres dépeçaient les volailles. Ensuite ils mangèrent tous rapidement, et se levèrent, les uns après les autres, aussitôt qu'ils étaient rassasiés, pendant que l'Aga regardait (1).

» A l'occasion de cette visite, je vis un vieux imam entreprendre la guérison d'un des naturels, qui l'était venu trouver pour un mal de tête. Le malade s'accroupit auprès de l'imam qui, plaçant son index et son pouce sur le front du patient, les

---

(1) Comparez: Genèse, chap. XVIII, versets 7 et 8

rapprocha graduellement en serrant la peau à mesure qu'il avançait, murmurant une prière, crachant à terre et finalement sur la partie affectée. Au bout d'un quart-d'heure environ que cette opération dura, le malade se leva très-persuadé qu'il serait bientôt rétabli.

» Cette sorte de cures paraît être une superstition commune chez les Égyptiens: car à Erment, l'ancien *Hermanthis*, une femme âgée vint me demander quelque remède pour un mal d'yeux; et lorsque je lui donnai des avis, qui n'eurent sans doute pas son approbation, elle me pria de cracher dans ses yeux, ce que je fis. Alors elle partit en me bénissant et convaincue d'une prompte guérison. »

Un autre Anglais, M. *Banks*, a poussé jusqu'à la seconde cataracte, celle de Genadil, qu'aucun voyageur européen moderne n'avait visitée avant lui; car Bruce se rendit à Syene par le désert oriental du Nil, tandis que Poncet alla de Syout à Moscho par le désert occidental. Les observations de M. Banks sont, dit-on, très-importantes; il a découvert des restes de statues d'une proportion plus forte que les colossales statues de Memnon ; la tête de l'une d'elles a douze pieds, depuis le menton jusqu'au sommet : sept têtes, prises pour dimension du corps, donnent une hauteur de quatre-vingt-quatre pieds. Dans un autre endroit, tout le flanc d'une montagne est taillé, de main d'homme, perpendiculairement comme une muraille, sculpté en colonnes régulières avec leurs chapiteaux, et décoré d'une multitude d'hiéroglyphes, le tout formant la façade d'un temple magnifique. Il a rapporté beaucoup d'inscriptions et de peintures ; ces dernières représentent principalement des animaux et d'anciennes cérémonies religieuses.

De nouvelles recherches importantes sur les antiquités nubiennes et égyptiennes ont été faites par M. *Belzoni*, sous les auspices de M. Salt, actuellement consul britannique au Caire. Explorant le célèbre temple d'Ibsambol ou Ebsimbol, il en ouvrit le premier les vastes caveaux, guidé par les quatre statues colossales que Burckhardt a fait connaître : plus des deux tiers de la façade étaient ensevelis sous les sables qui, à quelques endroits, avaient cinquante pieds de profondeur. Après les avoir déblayés par des efforts inouïs, M. Belzoni découvrit quatorze chambres, ainsi qu'une grande salle, et dans cette dernière huit statues, placées debout et hautes chacune de trente pieds. Les murs et les pilastres étaient couverts d'hiéroglyphes très-bien exécutés, et de bas-reliefs supérieurs, sous plusieurs rapports, à tout ce qu'on a trouvé dans ce genre en Egypte. M. Salt croit y voir une preuve que l'Ethiopie a été pour l'Egypte le berceau des beaux arts, preuve appuyée d'ailleurs du témoignage de M. Legh qui a remarqué la plus grande analogie entre les temples de la Nubie et ceux de l'île Eléphantine dans la presqu'île de l'Inde. Au fond du sanctuaire se trouvaient quatre statues assises, hautes de trente pieds et taillées dans le roc vif. Les excavations elles-mêmes sont les plus vastes et les plus profondes que l'on connaisse en Egypte et en Nubie. En général, ce que l'Egypte offre de plus imposant en fait d'architecture est au-dessus du sol ; tandis qu'en Nubie les monumens les plus remarquables se rencontrent sous terre. Dans ce dernier pays, les temples, construits en maçonnerie, sont comparativement petits et mesquins, tandis que les souterrains y rivalisent avec la grandeur de Thèbes et de Tentyra.

En suivant les indices que lui fournirent les ruines de Thèbes, il retrouva six tombeaux dans la vallée connue sous le nom de *Biban-el-Molouk*, ou Portes des Rois. Ces catacombes, situées à un endroit qui n'aurait jamais fixé l'attention d'un voyageur ordinaire, donnent plus que tout ce qu'on avait découvert auparavant, une haute idée de la magnificence dont les Egyptiens entouraient les demeures des morts. Chaque tombeau se compose de plusieurs chambres, entièrement taillées dans le roc, ainsi que les galeries par lesquelles on y pénètre et dont l'une a 309 pieds de long. Les murs sont partout blancs comme la neige, et couverts de fresques aussi fraîches que si elles eussent été peintes la veille. Une de ces chambres renfermait notamment un superbe sarcophage d'albâtre, ayant 9 pieds 5 pouces de long, et 3 pieds 9 pouces de large, sur 3 pieds 1 pouce de haut ; il est transparent comme du verre, sonore comme une cloche d'argent, et orné, tant à l'intérieur qu'à l'extérieur, de figures joliment dessinées et gravées avec la plus grande délicatesse. D'après la magnificence extraordinaire de ce monument M. Belzoni croit qu'il avait été destiné à recevoir les restes d'Apis, d'autant plus qu'il a trouvé dans la chambre la plus reculée la carcasse d'un bœuf embaumé avec de l'asphalte.

M. Belzoni dont l'ardeur ne connaît aucun obstacle, a mis à découvert le grand sphinx et trouvé, entre ses jambes, un temple monolithique assez considérable, et un autre plus petit dans l'une de ses griffes. Le sol en face du sphinx était couvert de débris d'édifices, probablement de temples, et de différentes inscriptions qui rappellent les visites que des empereurs romains y avaient faites. Sans s'arrêter aux remarques d'Hérodote qui prétend que la pyramide de Ghizé, connue sous le nom de Cephrenes, n'a point de chambres souterraines, il s'ouvrit de même, par d'étonnans travaux, un passage dans son intérieur. Dans la grande chambre longue de 100 pieds, large de 16 et haute de 23, une inscription arabe lui apprit que cette pyramide avait été ouverte déjà sous la direction des maîtres Agbar et Otman, et examinée en présence du sultan Ali Mahomet I. Les murs offraient encore différentes autres inscriptions qu'il croit cophtes. Un grand sarcophage de granit, à demi enfoncé dans le sol, contenait quelques ossemens, dont la présence lui parut confirmer l'opinion de Strabon et de Diodore, qui prétendent que les pyramides avaient été construites par les Rois pour leur servir de sépulture : mais le fragment d'un femur, apporté par le major Fitz-Clarence en Angleterre, prouva que c'était celui d'une vache. On en doit inférer, où que les monarques d'Egypte avaient érigé ces imposantes constructions uniquement en symbole des astres du jour et de la nuit, ou que du moins ils avaient voulu rendre leurs propres restes plus sacrés en les mêlant à ceux d'Apis.

Nous n'en finirions pas si nous voulions consacrer une place, dans ce chapitre, à tous les voyageurs qui, dans les dernières années, ont visité ou traversé l'Egypte. En nous bornant à nommer ici MM. Gau, Sieber, Frédiani, Drovetti, Hugot, Smith,

Menu de Minutoli, nous devons signaler M. Cailliaud qui a redécouvert, en 1816, les fameuses mines d'émeraudes, situées près de Kharbali, dans le désert de Kous, pays de Bedjah (1), et perdues depuis plusieurs siècles.

La découverte des ruines de Berenice, dans la même région, est contestée par M. Belzoni qui croit, à son tour, les avoir reconnues sur la mer Rouge, près du cap El-Galahen. Il faut attendre que d'autres Voyageurs aient visité cette contrée, pour prononcer entre ces deux rivaux et Danville.

---

(1) Mém. sur l'Égypte, par Et. Quatremère, tome II, pages 135 et 175.

CHAPITRE X.

Barbarie.

Thomas Windham. — Voyage du navire *le Jésus.* — Captivité de Mouette. — Voyage, de Windhus, — de Shaw, — de Lemprière. — Récentes relations par Jackson, Kéating, Ali-Bey, Macgill, Blacquière et Tully.

Sous le nom de Barbarie, les modernes comprennent cette vaste partie des côtes africaines, qui s'étend de la frontière occidentale de l'Egypte à l'extrémité du royaume de Maroc. Les Sarrasins en firent la conquête dès les premiers temps de leur pouvoir, et y établirent la religion mahométane qui, depuis lors, y domine avec toutes ses superstitions. Pendant les seizième et dix-septième siècles, les Sarrasins se rendirent par leurs forces navales et leurs pirateries, extrêmement redoutables aux puissances européennes, et ce fut principalement des malheureux tombés dans leurs fers, qu'on obtint des notions sur les mœurs et le gouvernement de ces états. Parmi les relations très-nombreuses, de ce genre, nous avons choisi les plus intéressantes et les plus authentiques.

Le premier voyage, dans cette contrée, entrepris par des Anglais, date de 1551. Le maître de l'équipage se nommait *Thomas Windham*; mais Hackluyt cite une lettre d'un certain James Alday, qui affirme que le premier entrepreneur de cette branche de commerce, ayant été saisi d'une fièvre violente, fut obligé de remettre le commandement de son navire à un autre. On ne sait rien de positif sur ce voyage, mais on a la relation du second. Windham mit à la voile le 2 mai 1552, relâcha quinze jours après à Saffi, y prit des provisions fraîches, et se dirigea vers Ceuta. Il trouva dans le port un vaisseau Français qui, ne sachant s'il y avait paix ou guerre, montra d'abord des dispositions hostiles qu'une explication fit bientôt cesser. Les Anglais, reçus à leur débarquement par le vice-roi, passèrent trois mois à vendre leur cargaison : cette cargaison consistant en toiles, étoffes de laine, corail, ambre, jais et autres objets agréables aux Maures „ fut échangée contre du sucre, des dattes, des amandes. En touchant à Lancerotta, les Anglais furent attaqués par les Espagnols, mais n'éprouvèrent pas une perte considérable.

En 1583, un voyage à Tripoli fut entrepris par le *vaisseau le Jésus*, capitaine Hellier. Un Français, nommé Romain Sonnings, dirigeait les opérations commerciales. Heureusement arrivés, ils débarquèrent leurs marchandises, et prirent en retour un chargement d'huile, pour lequel le roi (ainsi se nommait le pacha de Tripoli) exigea des droits, quoiqu'il en eût solennellement promis l'exemption totale ; mais ce n'était que le commencement de leurs peines. Un Italien, nommé Patrone Norado, resté en ôtage entre les mains d'un Turc pour une somme d'argent, s'arrangea avec le facteur français, pour que celui-ci favorisât sa fuite, en le prenant à bord au moment de son départ, ce qui fut effectué. Le Turc s'étant aperçu bientôt de l'évasion de son prisonnier, porta plainte au roi, qui envoya un petit bâtiment porter à Sonnings l'ordre de revenir à terre, sans expliquer le motif du message. Sur le refus de Sonnings, les Turcs firent aussitôt feu sur le vaisseau; mais comme ils tiraient sans succès, le roi se rendit au bagne, ou prison des esclaves, et promit la liberté et cent écus à celui qui atteindrait le vaisseau anglais. Un Espagnol se présenta, et, en trois coups, le maltraita tellement qu'il fut obligé de rentrer dans le port. L'Espagnol, cependant, n'eut ni l'argent ni la liberté, fut reconduit dans sa prison, « et vit alors » comment le Turc, l'infidèle tenait ses » promesses quoiqu'il fût roi. »

Les Anglais comparurent aussitôt devant le roi, qui, après un léger examen, condamna le capitaine et le facteur à être pendus l'un à l'est, l'autre à l'ouest du port. Les Anglais, à force d'instances, obtinrent la vie de leur capitaine : le roi ordonna de le conduire au bagne avec le reste de l'équipage ; mais quelques-uns de ses officiers lui ayant représenté qu'aux termes de la loi, le navire ne pouvait être confisqué ni les matelots réduits à l'esclavage, il fit rappeler le malheureux capitaine, et prononça son arrêt de mort. « Cette sentence, dit l'auteur de la rela-

» tion, apprend à tout vrai chrétien quelle
» confiance on doit avoir dans la bonne foi
» des infidèles, puisqu'un roi, après avoir
» accordé la vie à un homme, le con-
» damne à la mort une heure après ».
Cependant, le capitaine résolut de sauver
sa vie en se faisant mahométan : on reçut,
avec les cérémonies d'usage, son abjuration ; mais cet acte de faiblesse ne le sauva
pas, car au lieu de lui rendre la liberté,
le roi le félicita seulement de mourir dans
la vraie croyance, et d'aller directement
au paradis ; puis il le fit pendre.

Ses malheureux compagnons furent livrés alors à toutes les horreurs de l'esclavage. On les embarqua d'abord sur une
galère, destinée à l'attaque d'un navire
grec qu'on savait à deux cent quarante
lieues en mer : là, nuds jusqu'à la ceinture, enchaînés trois par trois sur leurs
bancs, ils étaient exposés aux mauvais
traitemens du maître et du contre-maître
qui, placés l'un à l'avant, l'autre à l'arrière, faisaient pleuvoir sur eux, sans
motifs, une grêle de coups de fouet. Au
retour, les captifs furent employés au
travail des carrières : trois fois par semaine

on les menait, à la distance de trente milles, chercher du bois de chauffage pour la ville. Ils partaient à sept heures du soir, et revenaient le lendemain matin à la même heure. Le narrateur exprime sa surprise « de n'avoir rien vu qui ressemblât à un » bois ; quelques tiges éparses çà et là, » grosses comme le bras d'un homme, » croissaient dans le sable ». Les esclaves les déracinaient, et à force de travail, « en » recueillant un peu dans un endroit, un » peu dans un autre », parvenaient à former la charge de leurs chameaux.

Ces captifs réussirent enfin à faire connaître leur triste situation à leurs amis d'Angleterre ; et le 5 septembre 1584, la reine Elisabeth réclama auprès du Grand-Seigneur, qui fit transmettre au pacha l'ordre de remettre les hommes en liberté, et de restituer les marchandises. Le pacha, alors sujet de la Porte, n'osa désobéir.

Le 31 juillet 1670, un vaisseau destiné pour les îles Caraïbes, partit de Dieppe, ayant à bord plusieurs passagers, au nombre desquels un sieur *Mouette*. Après un séjour en Angleterre, il remit à la voile au commencement d'octobre, et le 16 se trouva en vue de deux bâtimens portant pavillon turc. Ces bâtimens, arrivés à la portée de la voix, annoncèrent qu'étant Algériens et en paix avec la France, les sujets français n'avaient rien à craindre, et demandèrent à envoyer seulement deux ou trois hommes à bord, pour examiner si le vaisseau ne renfermait pas quelque passager d'autres nations. A peine ce consentement fut-il accordé, que les Maures s'élancèrent sur le navire français, s'en emparèrent en un instant, et le conduisirent à Salé, le chef-lieu des pirates de Maroc. Bientôt les gens de l'équipage furent conduits au marché public, et mis en vente. Les acheteurs examinaient surtout leurs mains, afin de connaître la qualité de l'esclave. Un chevalier de Malte et sa mère furent vendus quinze cents écus. Après avoir long-temps marchandé, un certain Maraxchi en donna trois cent soixante de Mouette : il le conduisit ensuite chez lui, et le présenta à sa femme qui le traita avec bonté, et lui offrit du pain, du beurre, des dattes et du miel. De son côté, Maraxchi le consola, l'engagea à prendre courage, le questionna sur sa famille et ses moyens de rançon ; Mouette, dans l'espoir d'obtenir sa liberté à meilleur marché, déclara qu'il était sans fortune, et dans l'impossibilité absolue de payer la moindre rançon. Alors Maraxchi lui conseilla d'écrire à sa famille, afin qu'elle obtînt la somme nécessaire par voie d'aumône ; « car, si tu ne réussis pas, » ajouta-t-il, je te fais enchaîner comme » un chien et jeter dans un cachot ». Cette menace effraya Mouette ; il écrivit sur-le-champ à son frère, qu'il disait être un savetier, et le supplia d'amasser, en demandant l'aumône, quatre à cinq cents écus pour payer sa rançon.

Mouette n'avait pas à se plaindre de sa condition. La mouture du grain, au moyen du moulin à bras en usage dans le pays, était son plus rude travail, et comme cette occupation lui déplaisait, il obtint même d'en être dispensé, et n'eut plus rien à faire que de veiller sur l'enfant de la maison. Enfin, il captiva si bien la bienveillance de sa maîtresse qu'elle lui offrit en mariage sa nièce, riche et belle, s'il voulait abjurer, et embrasser la religion musulmane. Mouette refusa cette proposition, en répondant avec galanterie qu'il n'aurait pas montré tant de fermeté si elle-même eût été le prix de sa conversion. Malheureusement pour Mouette, il n'appartenait pas à son maître seul; parmi les associés de Maraxchi, un certain Ben-Hamet commença à s'informer plus exactement des moyens pris pour tirer parti de la propriété commune, et sachant à quoi se bornait le travail de Mouette, déclara qu'il saurait bien le contraindre à se rendre plus utile s'il était remis entre ses mains. Maraxchi accepta la proposition, et Mouette éprouva bientôt les fâcheux effets de ce changement; on lui donnait du pain noir pour toute nourriture, et, la nuit, on le renfermait dans le *Mazmorra* ou cachot, lieu si affreux que les plus tristes prisons de l'Europe eussent paru des palais en comparaison. Ces cachots, creusés sous terre dans une forme circulaire, avaient quatre à cinq toises de diamètre, et recevaient l'air par une seule petite ouverture pratiquée au sommet et fermée par une trappe de fer. On faisait descendre les esclaves dans ce trou par une échelle de corde, puis on les rangeait en cercle, la tête au mur, les pieds au centre ; lorsque le cachot s'échauffait et que l'humidité commençait à s'exhaler, l'atmosphère devenait intolérable. On les occupait principalement à des travaux de mâçonnerie, sans leur laisser un moment de repos, même pour manger, puisqu'on les forçait à travailler d'une main pendant qu'ils tenaient leur pain noir de l'autre ; le moindre instant de relâche était puni d'une grêle de coups de bâton. Se plaignaient-ils de quelques douleurs, on leur administrait un remède aussi efficace qu'il était coûteux : on faisait rougir une barre de fer qu'on appliquait sur la partie malade ; on devine aisément que la plupart des esclaves aimaient mieux souffrir sans se plaindre.

Une pareille situation força Mouette à changer quelque chose à ses premières déclarations, ainsi qu'Hamet l'avait prévu. Il offrit successivement pour sa rançon, quatre cents, cinq cents, et six cents dollards qui furent acceptés. Mouette écrivit donc : mais les communications avec l'Europe étaient si difficiles qu'il n'obtint pas de réponse. A cette époque l'empereur Muley Serrein manda son maître à Fez ;

celui-ci, soupçonnant que cet ordre ne lui présageait rien de bon, devint plus farouche encore et déchargea sa colère sur ses esclaves, dont plusieurs, Mouette entr'autres, faillirent à périr sous ses coups. Il les emmena avec lui à Fez, et, quoique suspect de trahison, il obtint son pardon de l'empereur, ce qui ne l'empêcha pas, peu de temps après, de s'engager dans la révolte de Muley-Hamet qui fut vaincu. Après la défaite des rebelles, tous leurs esclaves furent confisqués au profit de l'empereur. Mouette suivit ses compagnons d'infortune à Méquinez où sa condition devint pire que jamais. Le gardien de la prison, « noir, d'une stature prodigieuse, » d'un aspect effroyable, et dont la voix » redoutable ressemblait aux aboiemens de » Cerbère », tenait un bâton proportionné à sa taille gigantesque, et dont il salua chacun d'eux lorsqu'il entra dans la prison. A la moindre négligence, au moindre signe de fatigue, il les accablait de coups, et, s'il s'absentait, il laissait auprès des malheureux esclaves, des gardiens qui, jaloux de prouver leur zèle, se montraient plus féroces que lui et justifiaient à son retour leurs cruautés par des rapports toujours bien accueillis. A la voix du terrible Noir les appelant au travail dès l'aube du jour, les esclaves, exténués de fatigue, retrouvaient de la force et se disputaient à qui paraîtrait le premier, sachant bien que le dernier venu sentirait le poids de son bâton. Un jour, voyant passer le roi, ils se précipitèrent à ses pieds en lui montrant leurs blessures toutes sanglantes ; le monarque laissa voir quelques signes de compassion, mais ne donna aucun ordre. Furieux de cette démarche, leur tyran redoubla ses mauvais traitemens, « et ne fit trève à sa » rage qu'après en avoir fait périr une ving- » taine sous ses coups ». Les infortunés, au désespoir, projettèrent de le tuer au moment de sa ronde nocturne, mais lorsqu'il parut, personne n'osa frapper le premier. Il soupçonna probablement leur dessein, car depuis il ne revint jamais seul. Ils tentèrent ensuite de l'empoisonner dans l'eau-de-vie qu'ils étaient obligés de fabriquer : cette tentative manqua, et le Noir, prévenu de leurs desseins, les eût sans doute cruellement punis, si la peste n'était venue mettre un terme à leurs maux. Ce terrible fléau exerça d'abord ses ravages à Méquinez, moisonna une grande partie des habitans, et débarrassa les esclaves de leur farouche gardien. Au milieu de la terreur et de la désorganisation générale ils jouirent d'une plus grande liberté, et en tirèrent parti pour fabriquer de l'eau-de-vie qu'ils vendaient aux Maures. Ils établirent même des jeux de cartes et de dez, dont ils consacrèrent les profits au soulagement de leurs malades. Enfin des missionnaires, Pères de la Merci, arrivèrent de France en 1681, et payèrent leur rançon.

Mouette, pendant son séjour en Barbarie, entendit parler de Soudan et de *Tomboutou* où l'on portait du sel en échange de poudre d'or qu'on appellait tibir. Plusieurs Maures de Dras et de Tafilet lui donnèrent, sur ce genre de commerce, des détails entièrement conformes à ceux que nous avons déjà rapportés. Les parties contractantes apportaient leurs denrées en un lieu désigné, les unes en l'absence des autres, et se retiraient sans s'être vues. Les Maures trouvaient, en arrivant, un seul Arabe chargé par l'Alcaïr de régler toutes les conditions du marché. Une punition sévère était infligée à quiconque se rendait coupable de la moindre infidélité.

En 1721, le commodore Stewart, chargé du commandement d'une escadre sur les côtes de Maroc, reçut ordre de se rendre près de l'empereur pour demander la délivrance des captifs et conclure un traité durable. M. *Windhus* qui accompagnait le commodore, a composé une excellente relation de cette ambassade.

Le commodore et sa suite débarquèrent à Tétuan le 6 mai. Quoique le pacha, qui ne les attendait pas sitôt, ne fût pas arrivé, ils trouvèrent un grand nombre de tentes commodes, dressées pour leur usage, et l'on fournit libéralement à leurs besoins. Outre une grande quantité de kouskous, on leur servait des moutons entiers rôtis, sans en ôter la broche « grosse comme la jambe d'un homme ». Le pacha leur fit, à son tour, le plus gracieux accueil et leur donna le spectacle des manœuvres de sa cavalerie. Peu d'ensemble dans les mouvemens, mais une habileté individuelle au-dessus de tout éloge, voilà ce que remarquèrent les Anglais. L'ambassadeur s'empressa d'inviter à dîner le pacha qui, dans cette occasion, transgressa largement la loi de Mahomet, et s'enivra au point de courir, cimeterre à la main, sur ses sujets, malgré l'extrême douceur de son caractère.

Au mépris de l'injonction faite aux corsaires Maures de ne plus commettre d'hostilités envers les Anglais, deux pirates de Salé, depuis long-temps en mer sans rencontrer autre chose que des navires anglais, et fâchés du mauvais succès de leur croisière, se hasardèrent à en attaquer deux et s'en emparèrent. L'ambassadeur se plaignit et menaça de se retirer s'il n'obtenait pas réparation de cet outrage. Le pacha le satisfit en faisant restituer les vaisseaux et punir les corsaires.

Les maisons de Tétuan, élevées ordinairement de deux étages, et terminées par une plate-forme, sont bien construites, mais sans fenêtres aucunes du côté de la rue, si ce n'est quelques petites ouvertures pour voir au-dehors. Les fenêtres ouvrent sur une cour carrée intérieure; les rues sont très-étroites. Les femmes Maures habitent les appartemens supérieurs, se promènent dans l'intérieur et se font réciproquement des visites. Le pacha jouit d'un pouvoir absolu dans son gouvernement, et peut s'emparer, à son gré, des maisons, des terres, des chevaux, enfin de tout ce qui lui plaît ; aussi chacun cache-t-il avec le plus grand soin ses richesses.

Les femmes sont condamnées à la plus sévère réclusion, comme dans tous les états mahométans. La plupart des Maures, lorsque leurs femmes sont dangereusement malades, aiment mieux les laisser mourir qu'appeller un médecin chrétien : mais ces femmes, lorsque, du haut de leurs maisons, elles apperçoivent des Européens dans la campagne, cherchent tous les moyens de s'en faire remarquer. Elles sont, en général, d'une corpulence énorme : mais elles ont de très-beaux yeux et une peau admirable ; elles se peignent les joues avec de la cochenille qui, d'abord jaune, se colore ensuite d'un rouge éclatant ; elles teignent leurs sourcils et leurs paupières en noir, et distribuent des taches et des lignes de la même couleur sur diverses parties de leur visage et de leur sein.

En mangeant, les Maures ne se servent

ni de chaises ni de tables ; ils s'asseoient à terre, les jambes croisées, autour d'un morceau de cuir gras sur lequel on sert les alimens dans des plats de terre ou d'étaim profonds et évasés par le haut ; leur mets favori est le kouskous. Lorsqu'ils veulent tuer un animal quelconque, ils se tournent vers la Mecque, font une courte prière, et l'égorgent ensuite. Animés d'une haine inexprimable contre les Chrétiens, dans leur colère ils appellent l'homme qu'ils veulent insulter, cocu, puis Juif, puis enfin Chrétien ; ils regardent ce nom comme la plus flétrissante de toutes les injures. Il faut connaître l'horreur et le mépris que leur inspirent les Juifs, pour sentir toute la force qu'ils attachent à cette expression. Tous les jeux de hasard sont prohibés : la table, le lit, les femmes, les chevaux, les prières, voilà ce qui occupe tout leur temps.

L'auteur se trouve d'accord avec tous les autres voyageurs sur la profonde vénération que témoignent, pour leurs Saints, les habitans de Maroc. On expliquerait difficilement les causes d'un pareil titre et des prérogatives qui en résultent. Tantôt un talent particulier, tantôt un crime remarquable, quelquefois même une imbécillité complette, élèvent un individu au rang des Saints; plusieurs chevaux des empereurs de Maroc ont obtenu ce titre; un, entr'autres, jouissait d'une si grande considération auprès du souverain, qu'un coupable convaincu du plus énorme crime, même de l'assassinat d'un prince du sang royal, n'avait plus rien à craindre pour sa vie, s'il parvenait à toucher l'animal sacré. On regardait comme la plus insigne faveur d'être invité à boire dans le même vase dont l'empereur et ce cheval s'étaient servis successivement. Des superstitions de tout genre règnent dans le pays; la plus généralement répandue c'est celle des « mauvais yeux. » On dit qu'un empereur de Maroc obligea son fils favori à tenir les yeux constamment fermés, pour le soustraire à la maligne influence. Dans les longues sécheresses, ils importunent le ciel de clameurs pour en obtenir de la pluie; les enfans courent, par les rues, souvent pendant huit jours, en criant de toutes leurs forces; s'ils ne réussissent pas, les Saints et les lettrés se joignent à eux; enfin l'empereur lui-même unit sa voix aux cris de son peuple, et quand le ciel reste inexorable, ils chassent les Juifs de la ville, en leur enjoignant de n'y rentrer qu'avec la pluie : ils prétendent que les prières des Juifs sont si importunes que Dieu, pour s'en délivrer, se hâte de les exaucer.

Le 15 juin, l'ambassadeur partit pour Méquinez, résidence de l'empereur. Il vit, en route, un grand nombre de ces villages mobiles d'Arabes nomades, construits en cercle, et dont le centre est occupé par la maison du cheik. On dit qu'il existe trois cent mille de ces Arabes dans les plaines de Fez, cent mille dans l'état de Maroc, et un bien plus grand nombre dans le pays de Suz. Lorsqu'ils veulent changer de station, ils chargent leurs bœufs et leurs chameaux de tout ce qu'ils possèdent, placent leurs femmes et leurs enfans dans de grands paniers fixés sur le dos de ces animaux, et voyagent jusqu'à ce qu'ils trouvent un campement convenable.

L'ambassadeur, entré le 3 juillet dans Méquinez, reçut, le 6, l'invitation de se présenter devant l'empereur, et se rendit, avec sa suite, au palais. Après avoir passé la porte extérieure, et traversé quatre cours spacieuses, il se trouva sous un portique où il s'assit. Au bout d'une demi-heure, l'empereur parut à cheval ; un officier lui couvrait la tête avec un parasol, et ses guides se tenaient derrière lui rangés en croissant. Arrivé à quatre-vingts pas de l'ambassadeur, l'empereur descendit de cheval, se prosterna contre terre pour prier, et demeura quelques minutes dans cette posture, le visage si près de terre qu'en se relevant il conserva, sur le nez, des traces de poussière. L'ambassadeur fit alors un profond salut, auquel le monarque répondit par une légère inclination de tête, en répétant plusieurs fois : *Bono*. Au moment où l'ambassadeur lui présenta, dans un mouchoir de soie, la lettre du roi d'Angleterre, l'empereur déclara qu'il aimait les Anglais, et qu'il était prêt à faire ce qu'ils désiraient Il se montra satisfait des conditions du traité projeté, et voulut le signer de sa main, quoique l'ambassadeur assurât que sa parole était suffisante.

L'empereur Muley Ismael, âgé de quatre-vingt sept ans, éprouvait les infirmités de la vieillesse. Privé de toutes ses dents il mangeait avec une extrême difficulté, et il paraissait opressé d'une toux pénible. Sa barbe était rare, et blanche comme la neige ; ses yeux enfoncés n'avaient rien perdu de leur vivacité, et lui-même montrait encore une activité extraordinaire. Il avait régné cinquante-trois ans, ayant, en 1672, succédé à son frère Muley Arschid, dont il n'était pas, cependant, l'héritier légitime : mais, gouverneur de Mequinez, et disposant de forces considérables, il détrôna et mit à mort Muley-Hamet, son neveu. La cruauté de son caractère, manifestée par cette action barbare, produisit d'abord de salutaires effets : les lois furent exécutées, les routes purgées des bandits qui les infestaient, et le royaume jouit, sous sa longue domination, d'une tranquillité parfaite. Malheureusement sa cruauté ne se borna point au châtiment des coupables, et il conserva l'habitude de faire mettre à mort, sur-le-champ, quiconque devenait l'objet de son capricieux ressentiment. Il employait, comme instrumens de ses vengeances, huit cents Nègres, gens dévoués à toutes ses volontés, et qu'il instruisait lui-même à l'exercice de leurs fonctions. Il les éprouvait d'abord par les plus cruels traitemens ; quelquefois il en faisait tomber à ses pieds quarante ou cinquante baignés dans leur sang, et celui qui laissait voir une marque de douleur, était jugé indigne de rester attaché à la personne de sa majesté. Ces Nègres, au moindre signal, s'élançaient comme des tigres sur la victime désignée, et, non contents de lui donner la mort, lui faisaient éprouver les plus affreux tourmens, et donnaient le spectacle de « démons acharnés au supplice des damnés. » Un sort moins cruel attendait les malheureux destinés à mourir de la main même de l'empereur ; il leur tranchait la tête, ou les tuait d'un seul coup de lance, arme dont il se servait avec une adresse extraordinaire, « laissant, à » la vérité, rarement sa main sans exer- » cice ». Lorsqu'il paraissait en public le matin, chacun examinait, avec inquiétude, sa physionomie, ses gestes, et jusqu'à la couleur de ses vêtemens : « le jaune an- » nonçait toujours quelque meurtre ». Lorsqu'il tuait quelqu'un par méprise ou dans un soudain transport de colère, il faisait l'apologie du défunt, et s'excusait en disant que telle était la volonté de Dieu, et que son heure était venue. Cependant, au rapport de ceux qui le voyaient de près, de terribles et fréquens remords dévoraient son cœur ; souvent, au milieu de son sommeil, il s'éveillait en appelant ses victimes ; quelquefois même, tout éveillé, il mandait des personnes qu'il avait tuées la veille, et, en apprenant leur mort, demandait avec émotion : Qui les a tuées ? Ses confidens s'empressaient de lui répondre : Nous l'ignorons, c'est Dieu, sans doute ! et l'empereur ne poussait pas ses informations plus loin. Le plus cher de ses favoris fut Hameda, fils du gardien des esclaves, qui, tout jeune encore, s'était distingué, par son courage, au siége de Térudant : spirituel et gai, il fut bientôt admis dans sa plus intime familiarité, et jouit même du privilége unique d'entrer dans les jardins lorsque l'empereur y était avec ses femmes. Une si grande faveur n'empêcha pas l'empereur, dans un moment de colère, de frapper le malheureux Hameda avec tant de violence, qu'il mourut peu de jours après. Muley Ismael se livra aux plus amers regrets, et on l'entendit fréquemment répéter seul le nom d'Hameda.

Ce singulier personnage affichait une haute dévotion, et se vantait d'expliquer parfaitement la loi de Mahomet. Dans les circonstances importantes, il se jetait la face contre terre de la manière précédemment décrite, et faisait croire qu'il entrait en conférence avec Dieu, ou avec le prophète qui lui donnait des règles de conduite. A l'aide de ces moyens, il obtint tout pouvoir sur ses sujets qui, le regardant comme un descendant et comme un favori du prophète, le croyaient incapable de commettre même une faute. Son plus grand plaisir consistait à construire et détruire tour-à-tour : il porta cette passion si loin, que les édifices élevés par ses ordres eussent rempli tout l'espace entre Fez et Méquinez s'il les avait laissé subsister. Il justifiait ce goût singulier par la nécessité de tenir ses sujets continuellement occupés, afin de s'assurer de leur soumission. Il les comparait à des rats qui, renfermés dans un sac, le perceraient bientôt si l'on n'avait pas soin de l'agiter sans cesse.

A l'arrivée de l'ambassade anglaise, le nombre des esclaves chrétiens se montait à onze cent quatorze ; savoir : 400 Espagnols, 300 Anglais, 165 Portugais, 152 Français, 69 Hollandais, 25 Génois et 3 Grecs ; outre lesquels, 19 chrétiens de diverseses nations avaient embrassé le mahométisme. Tous les Anglais restés fidèles à leur religion obtinrent la liberté.

En 1720, le docteur *Thomas Shaw*, nommé chapelain du comptoir d'Alger, résida douze ans environ dans cette ville. Pendant ce long séjour, il fit plusieurs excursions dans l'intérieur des gouvernemens de Tunis et d'Alger, dont la méfiance des naturels a presque toujours interdit l'entrée aux étrangers. Dans sa relation, il ne parle point de ses propres aventures, mais il détaille avec le plus grand soin les curiosités naturelles et les objets d'art que renferment ces deux royaumes.

Les admirables restes de l'art et de la magnificence des Romains, épars sur toutes ces contrées, attirèrent particulièrement l'attention du docteur Shaw.

Carthage, le plus célèbre nom de l'Afrique ancienne, n'offre plus cependant que des vestiges souterrains, parmi lesquels un grand réservoir destiné au service de la ville, consistant en vingt citernes contiguës, chacune de cent pieds de long sur trente de large ; il existe en outre un grand nombre de citernes particulières. De tous les monumens de l'antique Carthage, le plus magnifique est l'immense aqueduc qui amenait l'eau de la montagne de Zowan, distante de cinquante milles. Au village d'Arriana, voisin de Tunis, on voit encore une longue file de ses arcades, parfaitement conservées, de soixante-dix pieds de hauteur, supportées par des piliers de seize pieds carrés : au-dessus des arcades régnait un canal assez large pour donner passage à une personne d'une taille ordinaire ; une teinte particulière qui colore ses parois et s'élève à trois pieds, indique la hauteur de la prise d'eau.

Le territoire de Constantine, l'ancienne Cirta, est tout couvert de murailles brisées, de citernes et autres ruines. Les aqueducs et les citernes étonnent par leurs vastes proportions et leur somptueuse architecture. Shaw fait aussi mention d'un autel de marbre blanc, d'un pont décoré de sculptures, et d'une grande porte construite avec une pierre rouge aussi belle que le marbre. Sersel, l'ancienne *Julia Cæsarea*, donne aussi la plus haute idée de la magnificence des anciens, par ses colonnades, ses chapiteaux, ses vastes citernes, et ses superbes pavés de mosaïque. A en juger par les restes qui existent dans les vallées voisines, l'aqueduc qui conduisait les eaux de la rivière Hashem à Sersel, ne cédait en rien à celui de Carthage. Quelque révolution de la nature a, sans doute, plongé l'ancien port sous les eaux : on aperçoit encore les restes de ses nombreux piliers et de ses épaisses murailles. Sbaitla, jadis Suffetula, contient des ruines d'une beauté remarquable, entr'autres un arc de triomphe d'ordre corinthien, et trois temples, dont certaines parties sont intactes. Bruce parle d'un temple d'ordre composite, selon lui le plus beau qui existe en ce genre. On admire à El-Gemme les restes d'un amphithéâtre, composé originairement de soixante-quatre arcades et de quatre ordres superposés. L'ordre supérieur a croulé : Mahomet Bey l'a employé, ainsi que les matériaux de quatre arcades, à la construction d'une citadelle ; le surplus de cet admirable édifice est presque entier. A Kairwan s'élève une mosquée, la plus magnifique et la plus révérée de toute la Barbarie, et construite, en grande partie, avec des débris antiques s'il faut en croire les naturels, car les chrétiens ne peuvent entrer dans cette mosquée ; elle renferme cinq cents colonnes de granit.

Shaw qui n'observa pas les montagnes occidentales de l'Atlas, regarde comme exagéré ce qu'on dit de leur élévation. Du côté de Tunis et d'Alger, elles sont en effet d'une hauteur très-médiocre, et leurs flancs sont couverts de vignes et d'oliviers. Au midi, elles descendent dans une région nommée Bled-el-Jercede ou contrée sèche, incapable de produire du grain, et seulement propre à la culture du dattier. Quoique ce territoire manque de sources, il suffit de creuser la terre à une certaine profondeur pour trouver de l'eau en telle abondance, qu'on peut l'appeler « une mer souterraine ». La population se compose de diverses tribus arabes, à demi tributaires du gouvernement de Tunis et d'Alger. Le sol cultivé de la Barbarie, ordinairement large de cent milles, à partir du rivage de la mer, doit son extrême fertilité aux ruisseaux nombreux qui descendent de l'Atlas, et aux particules salines dont il est imprégné. Comme dans toute l'Afrique septentrionale, il offre un caractère sablonneux qui, sans nuire à sa fertilité, le rend seulement plus facile à labourer. Peu de contrées contiennent autant de sel; presque tous les lacs, une grande partie des sources sont aussi salés que la mer, et dans le territoire de Tunis il n'existe pas une seule source d'eau douce. Le sel qu'on recueille dans l'intérieur du royaume de Maroc est rougeâtre, et plus grossier que celui qu'on obtient de l'eau de mer par évaporation.

Les animaux sauvages de la Barbarie sont le lion, la panthère, le sanglier, la hyène, appelée, dans le pays, dobbah, et l'antilope. Les animaux domestiques diffèrent peu de ceux d'Europe. On fait grand cas de chevaux barbes; mais la tyrannie des grands qui s'emparent des plus beaux par force, a découragé ceux qui se livraient au soin d'élever des races choisies. Les vaches sont petites. Ce sont les ânes et les mules qu'on emploie principalement aux travaux de l'agriculture. La contrée renferme une multitude de serpens, parmi lesquels le *boa constrictor*, ce monstre énorme qui met, dit-on, des armées en fuite ; il habite la lisière du désert de Sahara. Les scorpions pullulent d'une manière effrayante, au point d'envahir les habitations : cependant leur piqûre, bien que venimeuse, n'est pas mortelle, du moins on a observé ce fait dans ceux qui se rencontrent dans les terreins cultivés voisins de la mer. Mais aucun de ces fléaux n'est comparable à celui des sauterelles : ces insectes destructeurs sont communs, il est vrai, dans toute l'Afrique ; toutefois le désert en produit des légions innombrables, qui volent en colonnes énormes comme des armées, et dévastent tout sur leur passage. Tous les efforts tentés jusqu'à présent pour arrêter leur marche, ont complettement échoué.

Shaw observe avec surprise la décadence totale des diverses branches des mathématiques et de la chimie, sciences naguères si florissantes dans cette contrée. Il vit des cadrans, des astrolabes et autres instrumens de mathématiques, exécutés de la manière la plus ingénieuse et la plus adroite; mais on les conservait comme des curiosités, sans rien comprendre ni à leur construction ni à leur usage ; pas un individu sur vingt mille n'est capable de faire la plus simple opération d'arithmétique qui, cependant, fut inventée par les Arabes. La médecine et la chimie, tombées également dans cet état déplorable, ne conservent pas même de traditions, et l'on a peine à croire que ces sciences illustrèrent jadis le nom sarrasin.

En 1789, Muley-Absulem, héritier présomptif de l'empereur de Maroc, fit demander à M. Mattra, consul de la Grande-Bretagne à Tanger, un médecin anglais; il accompagna cette demande des plus belles promesses pour celui qui se rendrait à ses vœux. *M. Lempriere*, chirurgien à Gibraltar, consentit à faire ce voyage, et obtint, grace à ses fonctions, de précieuses notions sur les mœurs et la vie intérieure de cette cour barbare.

Le prince résidant à Terudant, M. Lem

priere voyagea le long des côtes de Maroc, et jusqu'à son arrivée à Terudant, aucun objet digne d'attention ne frappa ses regards. Cette ville, jadis capitale du royaume, n'est plus que le chef-lieu de la province de Suz. Une grande partie de son enceinte ancienne demeure inhabitée. Les maisons, composées toutes d'un rez-de-chaussée, entourées chacune d'un jardin enclos et entremêlés de palmiers, donnent à cette ville l'apparence d'un assemblage de hameaux ou de maisons de campagne. Située à vingt milles au sud de l'Atlas, elle peut être considérée comme la ville frontière du royaume de Maroc de ce côté; car les Arabes du désert de Sahara n'en sont sujets que de nom.

Lempriere, bien reçu par Muley Absulem, entra sur-le-champ en fonctions. Une cataracte sur un œil, une goutte sereine sur l'autre, ôtaient presqu'entièrement au prince l'usage de la vue, et laissaient au médecin peu d'espoir de succès, d'autant plus qu'il éprouvait de continuels obstacles dans l'administration des remèdes nécessaires. Le prince ne pouvait imaginer que des remèdes pris intérieurement produisissent de l'effet sur ses yeux, et croyait, d'ailleurs, que des drogues européennes devaient nuire à sa constitution. Cependant, il se détermina à suivre les ordonnances prescrites, et en éprouva un tel soulagement, qu'il consentit volontiers à continuer, et prit Lempriere dans la plus grande affection. Dans l'intervalle les femmes du harem désiraient vivement consulter le médecin européen ; mais Lempriere ne parvint qu'avec une extrême difficulté à se procurer les moyens de satisfaire sa curiosité, et de porter un jugement sain sur la situation des malades.

La première auprès de laquelle il fut introduit, resta derrière un rideau. On fit placer Lempriere sur un tabouret très-bas, et la dame invisible lui présenta son bras par dessous le rideau, afin qu'il pût lui tâter le pouls, persuadée qu'à l'aide de ce symptôme seul il découvrirait la nature de sa maladie, et indiquerait les remèdes nécessaires ; aussi montra-t-elle de la surprise, et même du mécontentement lorsqu'il la questionna sur son état. Le docteur insista néanmoins sur la nécessité d'examiner la langue de la malade, dans l'espoir de voir au moins son visage ; mais son attente fut trompée : après beaucoup d'hésitation, elle fit pratiquer, dans le rideau, une petite ouverture par où elle passa la langue sans laisser voir aucune autre partie de sa personne.

Lempriere, appelé par une autre affectée d'une humeur scrophuleuse au cou, n'eut pas de peine à la convaincre de la nécessité de montrer le siége du mal. Cette femme, jeune et belle, lui offrit de riches présens, et lui en promit de plus riches encore s'il parvenait à la guérir; elle témoigna la plus vive surprise lorsqu'il parut douter du succès, disant qu'elle avait toujours pensé qu'un médecin européen guérissait toutes les maladies.

A mesure que le médecin gagnait dans la faveur du prince, celui-ci montrait moins de réserve, et souvent il l'admettait auprès de lui lorsqu'il était avec ses femmes. Lempriere les trouva toutes ignorantes, sans grâces, et vaines de leur beauté jusqu'à l'enfantillage. Elles montrèrent le plus grand étonnement en apprenant qu'il savait lire et écrire ; chose qui leur fit observer que rien ne paraissait impossible aux chrétiens. Aucune d'elles ne possédait même des talens d'agrément ; elles recevaient cependant tous les jours des leçons de musique, mais faire du bruit semblait le seul but qu'elles se proposassent.

Après une résidence de cinq semaines, Lemprière reçut tout-à-coup l'ordre de se rendre à la cour de Maroc. Il lui fallut traverser une des branches les moins élevées de l'Atlas, qu'il trouva composée de roches escarpées et coupées d'affreux précipices. Cependant la vue se reposait, par intervalles, sur de profondes et charmantes vallées habitées par les Brebers, race courageuse et robuste, qui occupe toute cette chaîne de l'Atlas. Leurs cabanes grossières, construites d'un mélange de terre et d'argile, sont entourées d'un mur de la même espèce : ils manient le fusil avec une adresse extraordinaire, et ne manquent jamais le but. Chaque village élit son cheik ; c'est la seule trace de gouvernement républicain existant dans le nord de l'Afrique.

En arrivant à Maroc, Lemprière apprit que son départ avait été ordonné par l'empereur, mécontent de le savoir auprès de son fils sans son autorisation, et persuadé d'ailleurs que les remèdes d'Europe, trop violens, pouvaient altérer la constitution du jeune prince. L'empereur différa toutefois de recevoir Lemprière jusqu'à ce qu'il eût appris des nouvelles de son fils. Dans l'intervalle, d'importantes affaires lui firent oublier totalement le médecin qui, ne pouvant s'éloigner de Maroc sans une permission expresse de l'empereur, ne voyait plus de terme à sa détention. Heureusement, il guérit la femme d'un Juif jouissant, par ses richesses, d'un grand crédit à la cour ; celui-ci, pour lui témoigner sa reconnaissance, s'employa vivement pour lui faire obtenir une audience. Peu de jours après, Lemprière vit, non sans inquiétude, entrer chez lui deux soldats nègres armés de massues : ils l'invitèrent, de la part de l'empereur, à les suivre sur-le-champ, et comme Lemprière demandait quelques instans pour faire une toilette convenable, ils le menacèrent de se retirer et d'aller dire à l'empereur qu'il refusait d'obéir à ses ordres ; en achevant ces mots, ils sortirent, et Lemprière fut obligé de les accompagner dans l'état où il se trouvait. Cependant, après une si grande hâte, on le fit attendre cinq heures dans la cour extérieure ; enfin il fut mandé, et entraîné à travers plusieurs cours avec une excessive rapidité. Dans la dernière, il trouva l'empereur placé dans une chaise de poste européenne et entouré d'une troupe de gardes rangés en demi-cercle. Le prince, d'un ton sévère, fit une foule de questions qui laissaient voir ses soupçons sur le voyageur; entr'autres choses il lui demanda pourquoi il était venu dans son royaume sans sa permission, — où il avait appris sa profession, — quels étaient les plus habiles, des chirurgiens français ou des anglais, — pourquoi il avait défendu l'usage du thé à Muley-Absulem, — et, puisque le thé était une boisson pernicieuse, pourquoi les Anglais en buvaient une si grande quantité? Satisfait des réponses de Lemprière, le monarque s'adoucit et conversa familièrement avec lui. Dans le cours de la conversation, il ne lui cacha pas qu'il avait fait examiner ses ordonnances par des médecins maures qui les avaient approuvées, et finit par lui promettre de le renvoyer bientôt dans sa patrie avec une récompense convenable. Aux attentions que lui marquèrent les principaux personnages de la cour, Lemprière connut qu'il était pleinement justifié et n'avait plus rien à craindre; il s'attendait en conséquence à recevoir, d'un moment à l'autre, l'autorisation de partir : mais l'empereur, dont les facultés commençaient à s'altérer, sembla ne plus songer à lui, et Muley-Absulem, qui vint à Maroc, lui montra la plus noire ingratitude. Lemprière désespérait de jamais sortir de Maroc, lorsqu'un messager de l'empereur vint lui apporter l'autorisation de se rendre au harem auprès d'une des sultanes, dont l'état exigeait des soins. Une pareille invitation équivalait à un ordre; Lemprière suivit donc le messager au harem, sanctuaire où jamais aucun Européen n'avait pénétré avant lui. Bientôt il se trouva au milieu d'une cour remplie de femmes, de domestiques, d'esclaves nègres, tous assis à terre, les uns causant, les autres occupés d'ouvrages à l'aiguille, d'autres enfin préparant des kouskous. A l'aspect d'un Européen, une alarme générale se manifeste, les femmes prennent la fuite, tandis que les esclaves demandent tumultueusement le motif de son arrivée : mais à peine se nomme-t-il et déclare-t-il qu'il vient par ordre de l'empereur, qu'il voit les femmes sortir avec empressement de leurs retraites. Les mots de « docteur chrétien » frappent son oreille, on se rapproche et l'on forme un cercle autour de lui ; chacune lui conte ses maux, réels ou imaginaires, et lui présente son bras ; quelques-unes, même, le tirent par son habit pour attirer son attention. Loin de se conduire avec cette réserve austère prescrite aux femmes mahométanes, elles oubliaient jusqu'aux règles de la décence, et le chef des eunuques fut obligé d'employer des mesures violentes pour ouvrir le passage à Lemprière qu'elles suivirent cependant jusqu'à la porte de la sultane. Lalla-Zara, ainsi se nommait la malade, assise les jambes croisées sur des coussins, paraissait triste et abattue ; douée d'une beauté extraordinaire quelques années auparavant, elle devint la favorite de l'empereur ; ses rivales, enflammées par la jalousie, formèrent et exécutèrent le projet de l'empoisonner ; la force de sa constitution lui sauva la vie, mais, avec sa beauté flétrie par les ravages du poison, Lalla-Zara perdit toute son influence. Lemprière balançait à entreprendre une cure difficile qui pouvait retarder son départ, objet de tous ses vœux ; mais l'humanité l'emporta ; il résolut de rester une quinzaine encore, et prescrivit un régime. Il allait sortir, lorsque la première femme, Lalla-Batoum le fit appeler dans son appartement. Lemprière ne savait s'il devait la satisfaire, car l'empereur ne l'avait pas autorisé à faire le tour du sérail : mais, entraîné par la curiosité, il se rendit auprès de Lalla-Batoum, modèle accompli de beauté mauresque, âgée de quarante ans environ et extrêmement grasse ; son visage rond, enluminé de vermillon, et ses petits yeux noirs, étaient entièrement dépourvus d'expression. Elle parla très-légèrement de son mal, supposé sans doute par le désir de voir le docteur européen ; elle examina minutieusement ses vêtemens, lui fit une multitude de questions sur sa personne et son pays, et l'invita à prendre du thé. Au moment de prendre congé, Lemprière fut mandé par Lalla-Douyaw, favorite actuelle. Elle était Génoise ; prise à l'âge de huit ans par un corsaire, et introduite dans le sérail de l'empereur, elle embrassa la religion musulmane, et bientôt sa beauté et ses talens l'élevèrent au rang qu'elle occupait alors : comme elle savait lire et écrire, ses compagnes la regardaient comme un être supérieur. Elle conservait encore assez de ses premiers souvenirs pour observer « qu'elle se trouvait au milieu d'un peuple » ignorant et grossier. »

Le Harem renfermait une centaine de femmes, outre les domestiques et les esclaves. Les deux principales femmes disposaient chacune d'un pavillon séparé, composé de quatre pièces ; les autres n'avaient qu'une pièce. Les appartemens, ornés de boiseries richement sculptées, étaient tendus en damas ; de superbes tapis couvraient les parquets. L'empereur allouait à ses femmes une somme si mince pour leurs menus-plaisirs que la première n'avait pas à dépenser plus d'une demi-couronne par jour ; quelques présens, offerts par les ambassadeurs étrangers, ou par ceux qui sollicitaient quelque faveur à la cour, suppléaient à la modicité de la pension. Lemprière, désespérant d'obtenir la permission de partir, se vit forcé d'user de stratagème ; il prévint sa malade de la nécessité où il se trouvait de se rendre à Gibraltar, ne pouvant se procurer, dans le pays, les remèdes nécessaires à sa guérison. Lalla-Zara donna dans le piége, et, à force d'instances, obtint de l'empereur l'autorisation désirée.

Depuis Shaw et Lemprière, peu de voyageurs visitèrent l'intérieur de la Barbarie, jusqu'à ce que l'intérêt excité par les événemens politiques ait déterminé plusieurs voyages dont les relations ne laissent rien à désirer sur cette partie de l'Afrique. Le colonel *Keating* a publié les « Voyages en Europe et en Afrique, com- » prenant un itinéraire à travers la France, » l'Espagne et le Portugal jusqu'à Ma- « roc (1). » Ce voyage entrepris en 1785, n'ajoute rien au récit de Lemprière. Un Espagnol, sous le nom d'*Ali-Bey*, a donné

---

(1) 4°. London. 1816.

le « Voyage à Maroc, Tripoli, etc. (1). Débarqué à Tanger où il vit l'empereur, il visita Fez et Méquinez, et demeura un hiver entier dans cette ville. Il regagna ensuite la côte et s'embarqua à Larraich pour Tripoli. Le surplus de son voyage, son pèlerinage à la Mecque, forment la plus curieuse partie de son ouvrage, mais sont étrangers à notre plan. On doit un tableau de l'empire de Maroc à M. Grey *Jackson*, négociant, qui a long-temps résidé à Santa Crux (2); et une description de la ville et du gouvernement de Tunis à M. *Macgill* autre négociant (3).

Le second volume des lettres de M. *Blaquière* sur la Méditerranée (4), est consacré à la description de la situation actuelle de Tunis et de Tripoli. Une dame qui habita, pendant dix ans, Tripoli, avec la famille de M. *Tully* alors consul, a composé un journal (5) extrêmement intéressant.

---

(1) 2 vol. in-4°. London. 1816. — Il en existe une traduction française.
(2) 4°. London. 1809.
(3) 8°. Glascow. 1811.
(4) 2 vol. in-6°.
(5) 4°. London. 1816.

Avec de si nombreux matériaux, il nous sera facile de tracer un tableau satisfaisant de l'état actuel de la Barbarie.

Muley-Soliman, empereur régnant de Maroc, âgé de quarante ans environ, est doué d'un extérieur agréable et d'un esprit vif et pénétrant. Ali-Bey le vit au milieu de son camp; il y réside continuellement, négligeant ses palais de Maroc, de Méquinez, et la pompe dont ses ancêtres aimaient à s'entourer: mais, comme eux, il se place au premier rang parmi les docteurs de la croyance mahométane; il n'a rien de la cruauté si ordinaire aux souverains Maures. Les instrumens de physique, et surtout la machine électrique d'Ali-Bey, excitèrent vivement son intérêt et lui inspirèrent une foule de questions sur leur construction et leur usage. Il témoigna sa satisfaction en envoyant à ce voyageur un présent enveloppé dans une pièce d'étoffe; Ali-Bey ne fut pas peu surpris de n'y trouver autre chose que deux pains noirs: mais on lui assura que, par ce présent, gage de la plus haute estime, l'empereur le déclarait son frère.

Suivant Ali-Bey, *Fez*, mélange singulier de splendeur et de ruines, contient cent mille habitans. Les murs des maisons, bâtis en terre du côté de la rue, sont généralement en très-mauvais état; toute la magnificence, suivant l'usage des contrées mahométanes, est réservée pour l'intérieur où l'on trouve des cours spacieuses, des appartemens décorés d'arabesques peints avec goût, et souvent d'ornemens d'or et d'argent. Une foule immense se porte au marché de Fez, seule place qui mérite le nom de ville dans cette partie du royaume; toutes les tribus nomades des environs s'y rendent pour acheter les objets dont elles manquent. Fez conserve aussi la trace ou plutôt l'ombre de son antique réputation de savoir; l'instruction se borne à l'étude du Coran et de ses commentateurs, à quelque teinture de logique, de grammaire et des élémens d'astronomie nécessaires pour fixer le temps des cérémonies religieuses; ils possèdent les ouvrages d'Euclide qu'ils ne lisent et ne copient jamais. Le maître, assis à terre, les jambes croisées, au milieu d'un cercle formé par ses écoliers, crie ou chante, sur un ton lamentable, les mots que ceux-ci répètent tour-à-tour. Leurs préjugés religieux proscrivent l'anatomie, et les premiers élémens de la médecine sont entièrement ignorés.

Sidi-Hamet et Sidi-Alarbi tiennent le premier rang parmi les saints de Maroc, et rien ne se fait dans l'empire sans qu'ils aient été consultés. Ce ne sont ni les austérités, ni la réclusion qui donnent ce caractère de sainteté, mais seulement le don de prédire l'avenir et d'opérer des miracles. Les cantons habités par ces personnages sacrés ne paient de tribut qu'à eux seuls; ce revenu, ainsi que les offrandes nombreuses apportées de toutes parts, leur servent à soudoyer une garde qui les accompagne en tout lieu. Ils entretiennent autant de femmes et de concubines que leur revenu le permet, sans avoir à craindre de porter la moindre atteinte à la sainteté de leur caractère.

Ali-Bey se lia particulièrement avec Muley-Absulem, ce prince qui avait appelé Lemprière pour le guérir: il était alors tout-à-fait aveugle.

M. Jackson, d'après un relevé pris, dit-il, sur le registre impérial, donne au *royaume de Maroc* quatorze millions d'habitans. Ce calcul paraît très-exagéré quand on considère que les *douars* ou villages sont tous nomades, et qu'après avoir épuisé un terrein, ils l'abandonnent promptement et vont s'établir ailleurs. De pareilles habitudes et l'état de culture qui en résulte, s'accordent mal avec une si nombreuse population ; peut-être même faudrait-il rabattre quelque chose du calcul de Chénier qui l'évalue à six millions. L'empereur régnant a mis, par superstition, les plus étroites entraves au commerce; l'exportation des grains même, production très-abondante et par conséquent à vil prix, est sévèrement prohibée. Cette restriction impolitique existant dans presque tous les états barbaresques, il est à présumer que les gouvernans ont été forcés de l'établir pour satisfaire les soldats et les habitans des villes, de qui dépend leur pouvoir

Tunis est gouverné par Hamoada Bey, homme remarquable par la vigueur de son caractère. Depuis vingt-neuf ans, il règne sans qu'aucune révolte ait éclaté contre son autorité, circonstance peut-être unique dans un royaume maure, et d'autant plus extraordinaire qu'il n'était pas l'héritier légitime du trône : le sceptre appartenait, suivant l'ordre régulier de succession, à deux de ses cousins ; non-seulement il n'attenta pas à leurs jours, mais il continua de vivre avec eux dans la plus grande intimité, sans craindre les résultats d'une pareille confiance. Il surveille toutes les parties du gouvernement, et prononce, en personne, sur les questions judiciaires, civiles et criminelles. Entièrement affranchi du joug des Turcs, il étend la protection des lois aux chrétiens et aux juifs, livrés auparavant au plus odieux arbitraire. Aussi Tunis, sous son gouvernement, est-il devenu plus agréable et plus civilisé. Le seul défaut d'Hamoada, c'est une avarice sordide, une insatiable avidité, qui lui font commettre d'énormes exactions. Les ministres et ses favoris sont tirés de la lie du peuple, comme cela arrive ordinairement dans les états où règne un si barbare despotisme. Le Zapatapa ou garde des sceaux, et le chef de la force armée, Georgiens de naissance, étaient tous deux esclaves : l'intendance des captifs, poste aussi honorable que lucratif, est confié à un renégat napolitain.

Tripoli gémit sous le poids d'une épouvantable tyrannie. Au commencement du siècle actuel, Hamet le grand secoua le joug des Turcs, en faisant massacrer indistinctement tous les chefs de cette nation. Après cette exécution sanglante, il sut, par une activité et une énergie extraordinaires, non-seulement affermir l'indépendance de Tripoli, mais assujétir les tribus voisines. Il déclara la couronne héréditaire dans sa famille, et fixa le mode de succession. A l'époque de la résidence de M. Tully, le pacha gouvernait depuis trente ans à-peu-près, et maintenait dans Tripoli un ordre et un calme comparables à ceux d'un état européen, lorsque les dissensions de ses enfans vinrent détruire les heureux résultats de son administration. Le fils aîné du pacha, nommé Bey, montrait un caractère doux et sage, mais le cadet, Sidi Useph ou Jussuf, perfide, avare, cruel, souillé de tous les vices auxquels le climat semble donner une plus grande énergie, et sans cesse entouré

d'une bande d'Arabes vagabonds et d'esclaves noirs, prêts à le seconder dans tous les crimes, répandait partout la terreur. Une haine violente, née de l'opposition des caractères, divisait les deux frères. A la sollicitation de leurs parens, ils consentirent toutefois à une réconciliation, et Jussuf lui-même proposa de la cimenter en jurant sur le Coran, en présence et dans l'appartement de leur mère Lilla Halluma. L'entrevue eut donc lieu : après un moment de conversation amicale, le perfide Jussuf ordonna d'apporter le livre sacré ; « c'était un signal convenu avec ses
» satellites, qui lui présentent aussitôt
» ses pistolets : il s'en saisit, et soudain
» ajuste son frère, assis sur un sopha à
» côté de Lilla Halluma ; la malheureuse
» mère lève le bras pour préserver son
» fils, mais les balles lui fracassent la
» main, et vont frapper le bey, qui,
» blessé légèrement, tire son cimeterre
» et s'élance sur l'assassin ; mais Jussuf
» le prévient, et l'étend à ses pieds d'un
» second coup de pistolet. En voyant tomber son frère, il appelle ses Noirs et
» s'écrie : Achevez-le ! les monstres obéis-

» sent, et le percent de mille coups. Au
» bruit des armes, Lilla Asher, épouse
» du bey, échappe à la surveillance de ses
» femmes, se précipite dans l'apparte-
» ment, serre dans ses bras le cadavre
» sanglant de son époux, tandis que Lilla
» Halluma, pour empêcher le barbare
» Jussuf de défigurer sa victime, se traîne
» auprès de son fils massacré et le couvre
» de son corps, et, ne pouvant plus ré-
» sister à la douleur de sa propre bles-
» sure, perd l'usage de ses sens. Alors les
» Noirs, par ordre de Jussuf, mutilent,
» à coups de poignards, le cadavre du bey,
» et se retirent avec leur maître après ce
» meurtre épouvantable. ».

Soit faveur, soit crainte, le pacha ne chercha pas à punir le coupable qui, peu de jours après, en donnant une fête splendide, célébra son crime par la musique, la danse et les feux d'artifice, comme il aurait célébré un jour de noces.

Quelques années après, le pacha mourut : son fils Sidi Hamet devait naturellement lui succéder ; mais Jussuf profita de son absence pour s'emparer du pouvoir, et ferma les portes de la ville à son frère :

c'est ce monstre qui opprime actuellement Tripoli.

La parente de M. Tully entre dans de curieux détails sur les dames Maures, que son sexe lui a fourni les moyens de voir de plus près ; ce sont, en général, des esclaves géorgiennes et circassiennes, achetées, et formées, dès l'enfance, à tous les moyens de séduction. Vouées à la plus sévère réclusion, elles sortent rarement, et toujours de nuit, escortées d'une suite nombreuse qui annonce leur approche par des cris et des lumières : quiconque, malgré cet avertissement, oserait les aborder ou même les regarder, serait puni de mort. Cependant, elles ne passent pas tout leur temps couchées, et dans une continuelle oisiveté, comme on l'a faussement prétendu ; elles s'occupent de tricot, de tapisserie, de broderie ; elles surveillent les travaux de leurs nombreuses esclaves, et donnent une attention particulière à la cuisine dans la crainte du poison ; enfin, malgré la tristesse apparente de leur réclusion, elles sont généralement gaies : elles consacrent un temps considérable et des soins extrêmes à leur toilette qui, loin d'embellir, gâte leurs charmes naturels. Un grand nombre de femmes esclaves est employé à la toilette d'une femme de distinction, et chacune a sa fonction particulière : l'une peigne les cheveux, l'autre les parfume ; celle-ci arrange les sourcils, celle-là place le rouge sur le visage, et ainsi du reste. D'abord, on répand des parfums et des essences sur les cheveux, puis on les garnit d'une énorme quantité de poudre de giroffle : on donne une forme particulière aux sourcils, en les épilant en partie et en les teignant en noir ; on applique la même couleur aux ongles des mains et des pieds. Enfin la toilette d'une dame maure exige plusieurs heures, et opère un travestissement si complet que ses plus proches parens ont peine à la reconnaître. Dans les grandes occasions, elles se surchargent de bijoux d'or et d'argent et de diamans. On rapporte qu'une femme, recevant un jour compagnie, fut obligée de rester assise, ne pouvant se lever à cause du poids de sa parure

La même relation contient une description des ravages de la peste dans Tripoli. Un bruit incertain de son existence circulait d'abord sourdement: le pacha pressa vivement les Européens, établis dans la ville, de ne point augmenter l'alarme en fermant leurs maisons ; mais les effets terribles de ce fléau les empêchèrent de céder à ses instances. Ils cessèrent donc toute communication avec les naturels, et se condamnèrent à une entière réclusion ; seulement, un homme, payé pour cela, venait une fois le jour, et à une heure convenue, déposer, sous un vestibule extérieur, les provisions nécessaires avec une note qui en indiquait le prix, après quoi il se retirait promptement. Cependant le mal croissait à chaque instant, et les funérailles se multipliaient d'une manière effrayante : on les célébra d'abord avec l'ordre et la pompe convenables; mais bientôt la terreur en éloigna tout le monde, et toute distinction cessa. Les Cologlis, espèce de milice, faisaient des rondes, attachaient les cadavres à leurs chevaux, et les traînaient rapidement à la sépulture commune. La peste enleva un tiers des habitans, et comme un grand nombre avait pris la fuite, Tripoli offrait l'aspect d'une ville déserte. Toutes les cités de l'Est sont fréquemment désolées par cet épouvantable fléau.

FIN DU TOME PREMIER.

TABLE

DES CHAPITRES

Contenus dans le premier volume.

CHAP. Ier. *Navigations à l'Est.*

Commerce avec *Tharsis* et *Ophir*. — Expédition des *Argonautes*. — Périple d'Afrique, ordonné par *Necho*. — Voyages d'*Eudoxus*. — Périple de la mer Erythrée. page. 1.

CHAP. II. *Voyages à la Côte occidentale.*

Tentative de *Sataspes*. — Navigation d'*Hannon*. — Rapports d'*Euthimène*, — de *Scylax*, — de *Polybe*. 27.

CHAP. III. *Découvertes dans l'intérieur.*

Expéditions de Cambyse et d'Alexandre. — Entreprise des Nasamons. — Expéditions de Sept. Flaccus et Jul. Maternus, — De Suet. Paulinus et Corn. Balbus. — Relation de Juba. 45.

CHAP. IV. *Examen historique des divers systèmes géographiques adoptés sur l'Afrique.*

Erreurs des anciens géographes. — Système d'Hérodote; — d'Ératosthènes et de Strabon, — de Ptolémée. — Remarques sur Ophir et Taprobane. 59.

Chap. V. *Découvertes au moyen âge.*

Le Califat. — Navigation des Arabes dans l'Océan Éthiopien et dans l'Océan Atlantique. — Notions sur l'intérieur de L'Afrique. — Les Zindges et les Oucouacs. 82.

Chap. VI. *Voyages d'Arabes dans l'Afrique centrale.*

Ebn-Batouta. — Tégâsa. — Eiwelâten. — Saghari. — Kârssekhou. — Mâli. — Mœurs des Nègres. — Tombouctou. — Tekedda. — Dehkâr. — Tewât. — *El-Hassani* ou Léon l'Africain. 111.

Chap. VII. *L'Afrique centrale au moyen-âge.*

Les Arabes. — Royaumes de Ghana, Wangara, etc. — Bornes de leurs découvertes. — Révolutions dans l'intérieur de l'Afrique. — Fondation de Tombuctou. — Description de cette ville. — Ghinea. — Melli. — Gualata. — Le Niger. 135.

Chap. VIII. *L'Égypte.*

Tableau général de l'Egypte. — Alexandrie. — Basse Egypte. — Isthme de Suez. — Fayoum. — Haute-Egypte. — Côtes. — Oasis. 151.

Chap. IX. *Voyages en Égypte et en Nubie.*

M. *Denon.* — Pyramides. — Temple de Denderah. — Thèbes. — Philæ. — M. *Hamilton.* — M. *Legh.* — *Burckhardt.* — MM. *Light*, *Belzoni*, etc. 258.

Chap. X. *Barbarie.*

Thomas Windham. — Voyage du navire *le Jésus* à Tripoli. — Captivité de Mouette. — Voyage de Windhus, — de Shaw, — de Lemprière. — Récentes relations par Jackson, Kéating, Ali-Bey, Macgill, Blacquière et Tully. 377.

Fin de la table du premier volume.

Erratum.

P. 115, l. 21, *au lieu de* plaques, *lisez*, tables.

www.ingramcontent.com/pod-product-compliance
Lightning Source LLC
Chambersburg PA
CBHW071100230426
43666CB00009B/1778